JN281363

声の神話

真下　厚

瑞木書房

声の神話——奄美・沖縄の島じまから——　目次

第一部　声の神話をめぐって

第二部　説話の伝播と伝承

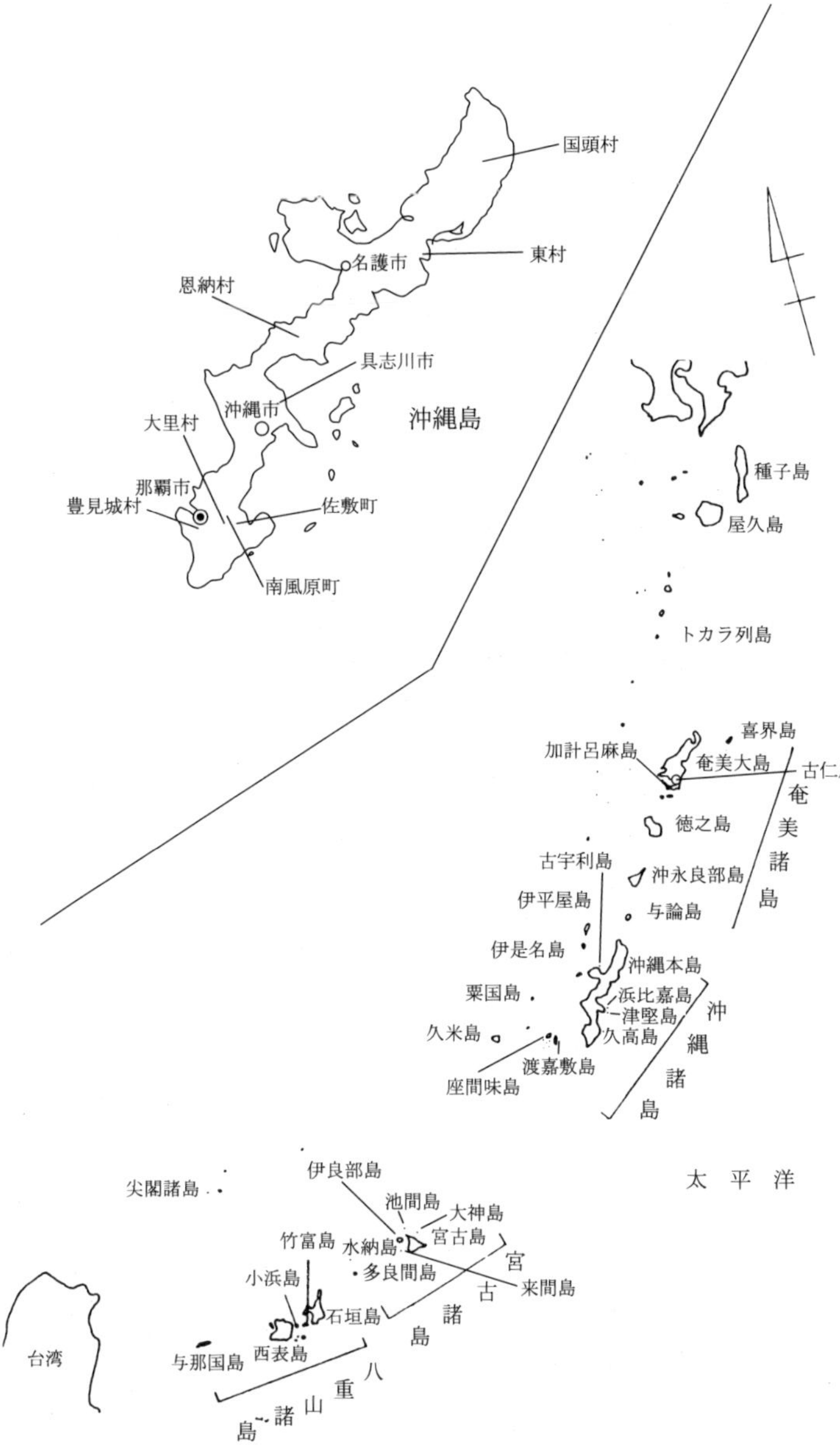
国頭村
名護市
東村
恩納村
具志川市
沖縄市
大里村
沖縄島
那覇市
豊見城村
佐敷町
南風原町
種子島
屋久島
トカラ列島
喜界島
加計呂麻島
奄美大島
古仁屋
奄美諸島
徳之島
古宇利島
沖永良部島
伊平屋島
与論島
伊是名島
沖縄本島
粟国島
浜比嘉島
津堅島
久米島
久高島
沖縄諸島
渡嘉敷島
座間味島
太平洋
尖閣諸島
伊良部島
池間島
大神島
竹富島
水納島
宮古島
宮古諸島
多良間島
小浜島
来間島
石垣島
台湾
与那国島
西表島
八重山諸島

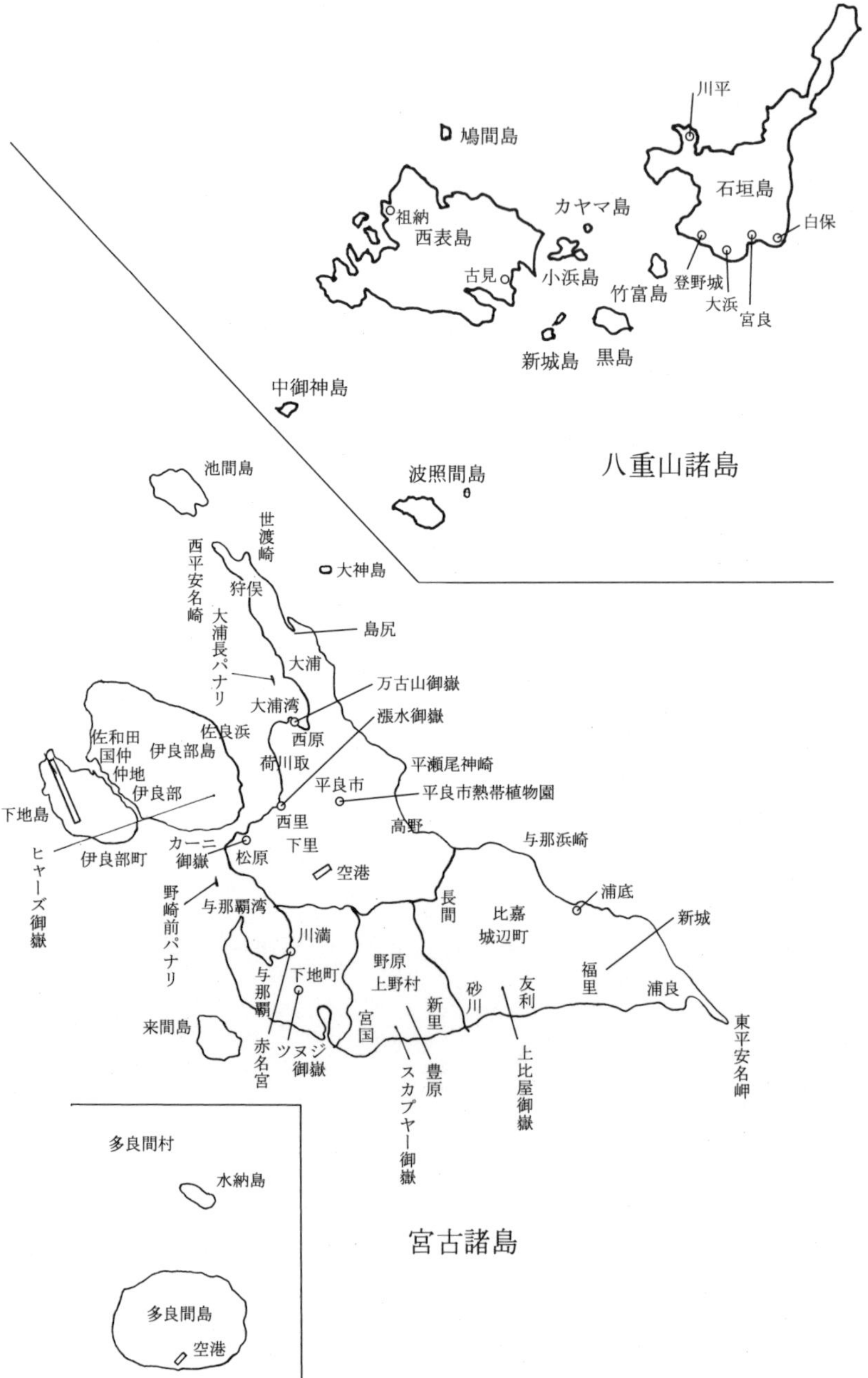
川平
鳩間島
石垣島
カヤマ島
祖納
西表島
白保
古見
小浜島
竹富島
登野城
大浜
宮良
新城島
黒島
中御神島
八重山諸島
池間島
波照間島
世渡崎
西平安名崎
大神島
狩俣
大浦長パナリ
島尻
大浦
万古山御嶽
大浦湾
漲水御嶽
佐良浜
西原
佐和田
伊良部島
国仲
荷川取
平瀬尾神崎
仲地
伊良部
平良市
平良市熱帯植物園
下地島
西里
高野
カーニ御嶽
松原
下里
与那浜崎
ヒャーズ御嶽
伊良部町
空港
野崎前パナリ
与那覇湾
長間
浦底
比嘉
新城
川満
城辺町
野原
上野村
福里
与那覇
下地町
砂川
友利
浦良
新里
来間島
宮国
東平安名岬
赤名宮
ツヌジ御嶽
豊原
上比屋御嶽
スカプヤー御嶽
多良間村
水納島
宮古諸島
多良間島
空港

第一部　声の神話をめぐって

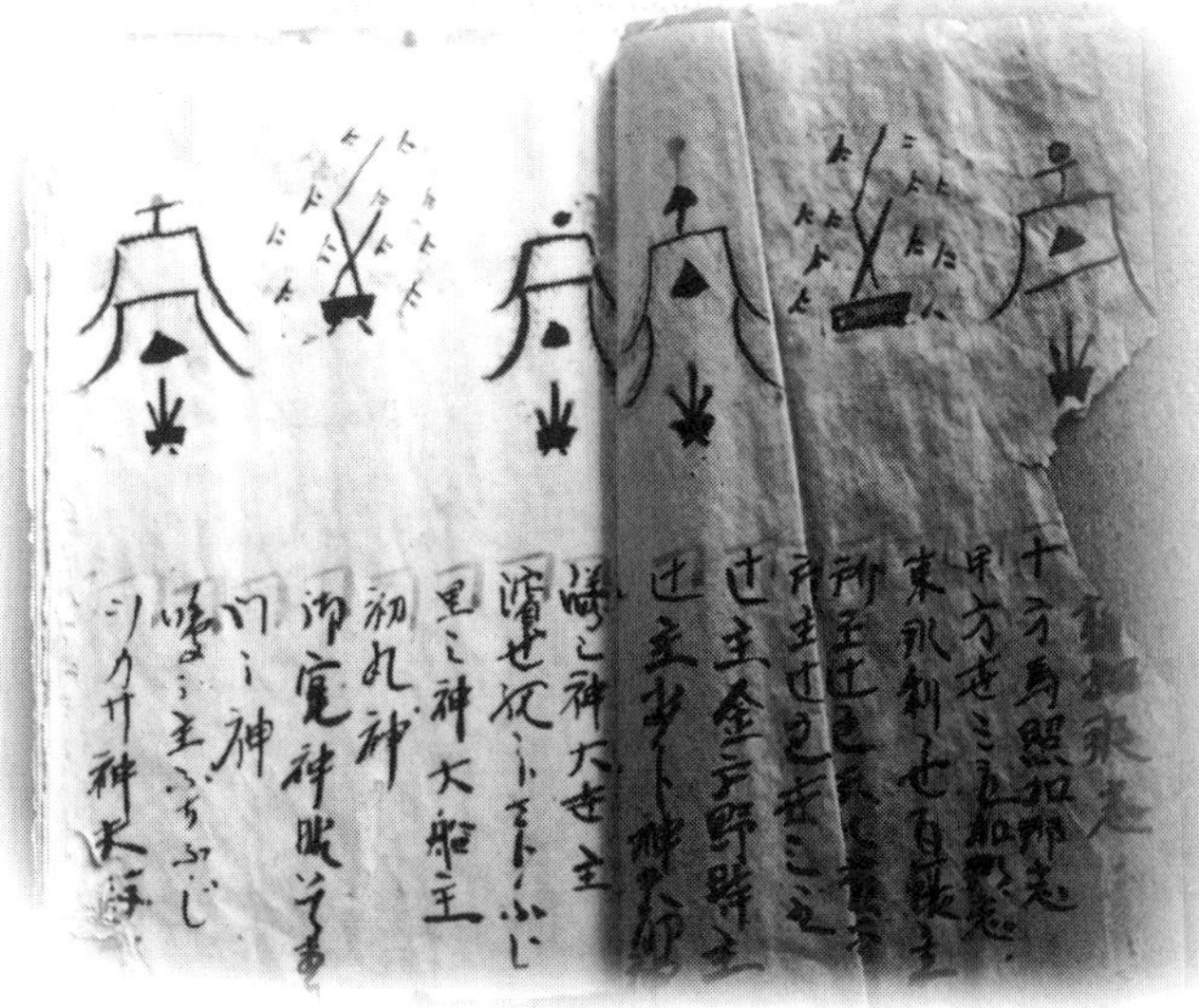

第一章　声の神話の生態
——宮古諸島からの素描——

はじめに

ある社会において声によってのみ生成・伝承される神話には、文字によって書き記されて今日の我々の目の前にある、いわゆる文献神話とは異なる諸側面がある。生み出され伝えられてきた声の神話は人々の声によってその時そのときに生成し、たえず流動する。それは声の発し手・聴き手の心身にダイレクトにはたらきかけるものとなる。他方、人々は伝えられてきた神話にはたらきかけて、それを変容させもする。こうした声の神話のダイナミックな様相は文献神話を文字で読むだけでは捉えがたいのである。発生・伝承・流動する声の神話を観察することによってその生態に迫り、またそのことによって文献神話の向こうに広がっていた声の世界に心づくことにもなろう。

世界各地には声の神話を豊かに伝承する社会が多く存するが、ここでは沖縄宮古諸島の神話伝承を材料にその生態を素描してみたい。それは文献神話を相対化する手だてともし得ると考えるのである。

一　声の神話の声と伝承

声の神話は伝承者の記憶のなかにあるわけではあるが、それが社会的に存在するものとなるのは、声として発せられる、その時点においてである。その形態として、日常の会話のかたちで話されるもの（説話としての神話）と特別の韻律と抑揚・旋律とを有した言語表現のかたちで発せられるもの（呪詞としての神話）とがあることはよく知られるようになった。日本古代の文献神話には韻律的な要素をある程度生かして書き記された神話があることやアイヌ民族のユカラが韻律をもつものであることから、かつて神話はこうした形態をもっていたのではないかと考えられた。しかし、その具体相は明らかでなかった。今日、奄美・沖縄地方の口頭伝承や近隣諸国の口頭伝承などの調査が進められることによって、韻律をもつ声の神話が次第に明らかにされてくるようになった。その一方で、日常的なことばのかたちでの神話についても、奄美・沖縄地方では数多くの伝承が報告されてきている。

さて、声の神話について考えようとするとき、その声を文字に置き換え、文字のことばとして意味内容や表現を論じるだけでは十分ではない。それは声を文字の世界に絡め取ってしまう危険性をもつ。その発せられる音声としての声がいかなるものであるのか、またどのような状況のなかにあるのか、そうしたことが明らかにされてゆかねばならない。

その点で、内田順子氏の宮古島狩俣《かりまた》の祖神《ウヤガン》祭りに朗誦される呪詞フサの声についての指摘[1]は重要である。内田氏は女性神役たちがフサを朗誦するとき最初はかすかな声でよみあげることに注意し、こうしたよみ方についての神役たちの解釈を報告しておられる。

宮古島の狩俣集落

韻律をもつ神話の発し方には、このようにかすかな声で朗誦される場合もあれば、力強く朗誦される場合もある。同じ祖神祭りの第二回イダスウプナーで新たに就任した神役が神山での秘儀を終えた後、村落内の祖神が住んだと伝えられる建物の庭に降りてきて朗誦するフサは高音のうちふるえるような声で、トランス状態にあって発せられていることが知られるものであった。神役たちがこうした韻律あることばの神話を生み出す際の意識やその発し方についての彼女たちの解釈については、このような神話が厳しいタブーを伴っているためなかなか明らかにしがたいが、声の表現方法とその意識というテーマは重要である。

また、日常的なことばによる神話においても声の質の違いに注意せねばならない。

たとえば、宮古島の民間巫者カンカカリヤーである比嘉トヨ氏は神から授けられたという宮古島創世の神話を話す際に強く力を込めて語っておられる[2]。神々への信仰の篤い社会にあっては、神話は楽しみのための話ではなく、厳しいタブーを伴った真実の話なのである。比嘉氏はトランス状態のなかで神から教えられたという神聖な神話を一般の人々に話す際、感情豊かに躍動的に語られるのであった。

狩俣祖神祭り第五回第五日、ウプグフムトゥの庭に下りる祖神たち

このように、日常のことばによる神話は話し手と聴き手との関係において一回限りで立ち現れてくる。したがって、それは聴き手や話の場の状況の違いなどで異なったものとなる。

それは声の神話の表現においても異なる。

福田晃氏は、村落社会の生活の中心である祭儀の場からその周辺の場へ、そして村落社会の日常の場から村外の人間と交流する場までを想定され、声の神話をそれぞれの場での心意と関わらせて位置づけ、神話伝承の全体像を提示された。そして、日常のことばで話されるかたちの神話もその聴き手や話の場によって表現や伝承意識が異なることを説いておられる[3]。

こうした声の神話はどのように人から人へと伝承されるのか。

この問題については、神聖な神話として伝承せねばならない、または他の人々に神聖な神話として伝えたい、という意識の明確なものの場合についてのみ述べることとする。

民間巫者の話す神話は自らの宗教的能力や教義を示そうとするものでその民間巫者にとっては揺るがしがたいものであるが、古橋信孝氏が論じられた(4)ように、その人一代限りのものであることが多く、それが信仰を伴って伝承されることはほとんどない。ただし、その信仰が教団化を志向するような場合、その神話内容は伝承されるものとなってゆくのではあるが。

これに対して、村落の祭祀を担当する神役が保持する神話は、その祭祀の根幹に関わる神聖なものとして、次の神役に厳しく伝えられてゆくものである。その伝承のかたちは当然、声を主としたものである。しかし、韻律をもつ神話は神事のなかで誦みあやまることが不都合であるため、文字によって伝えている場合もある(5)。宮古島狩俣の場合、高梨一美氏が報告された(6)ように、神話内容を含んでいるフサやタービと呼ばれる呪詞は就任時に前任者である神役のノートを借り受けて書写するのだという。フサを朗誦する役のフサヌスの一人は研究者のまとめた書物から書写したことを前任者のフサヌスからとがめられたことがあったと語っておられる。必ず前任者の神役でなければならないというのであって、伝承への厳格な意識がうかがわれる。伊良部島佐良浜においても、先代神役が呪詞を書き記した冊子から書き写すのだということである。

しかし、先にも述べたように、これらの呪詞は文字から受け取られることばだけのものではなく、その抑揚・旋律が学ばれねばならない。フサヌスの場合、ノートから書写したあと、その前任者から教授されるのだという(7)。その詞章の意味については、内田氏によれば、それを考えることなくことばを記憶するのだという。これは、これらの呪詞の詞章のほとんどが神話としてのストーリー性をもつものであるため、それが朗誦されることによって朗誦者の感情が移入され、詞章が改変されやすいということを避けようとしているのだと思われる。ただ、そうであっても、こうした呪詞を主唱する個々の神役においては、その詞章がどのような意味なのかを常に反芻しているようである。狩俣の祖神祭りの中心となる神役アブンマは狩俣の祭祀集団の一つウプグフムトゥの始祖神話の内容をもつフサを主唱するのであるが、先年引退したアブンマは村外の仕事に従事しているときに泉を見つけ、これがこのフサにみえる祖神が最初に発見した泉なのだろうと思ったと語られた。また、元フサヌヌスはムトゥでの行事の際、先輩のフサヌヌスにフサの意味の不明な部分についてたずね、そのことにまつわる話を聞かされたということである。このムトゥでのフサ朗誦の場は日常のことばで話される神話が伝承される機会であることも注意されよう。

二　声の神話の知識

ある神話が地域社会や集団のなかで伝承されるとき、そこに属するすべての人々がそれを知っているわけではない。

なかでも、韻律をもつ声の神話は神事のなかである限られた人々によってひそかに朗誦されるものであって、それ以外の機会には朗誦してはならないという厳しいタブーを伴っているものであるから、こうした立場でない多くの人々はそれを耳にすることもできない。その声を耳にしなければ、それはほとんど存在しない、全く知識をもたないということにほぼ等しい。

狩俣では冬季の祖神祭りや夏季の数多くの農耕に関する神事が行われており、神々への信仰はきわめて篤い。神は人々を加護してくれる一方で、その意志にそむけば厳しい罰が下されるものと信じられ、畏怖・畏敬すべき存在と考えられている。このことは狩俣集落に限ったことではなく、神々への信仰の篤い宮古諸島の村落では一般に神に関する事柄にむやみに関わってはならないとされている。

神話は単なる話ではなく、真実なる神聖な話として神々への信仰を伴って伝承されてゆくものである。したがって、一般の人々は立場を越えてこうした神話にむやみに触れてはならず、日常のことばで話される神話のようなものでも気軽に話されることにはならないのである。狩俣では神々への不敬な言動をした者は命を落としたとうわさされたり、命を落とすことになると厳しく戒められたりする。

宮古島島尻にあるヤマダガー

狩俣東海岸

狩俣の男性は、女性に比して、こうした神事のなかで神を祀る重要な役割を担うことが少なく、したがって神話からも遠いということになる。ただ、夏季の豊年祭ナツプーズでは聖所ウプグフムトゥの庭で祖神たちの系譜に沿ったニーリという呪詞を朗誦する。こうしたニーリを朗誦する役割の年齢層を過ぎ、その責務を果たした長老たちは村落行政の責任者ともなって、その指導者的地位についてゆく。そうした人物は村落社会の知識人ともみることができよう。しかし、このような人物にあっても、神話についての知識は確かなものではないのである。

狩俣の祭祀集団ウプグフムトゥの始祖神話は、祖神祭り第二回のイダスウプナーでの第四日の山下り、および第五回トゥディアギでの第五日の山下りの際にのみアブンマが主唱して朗誦されるものであるが、男性たちが果たす役割はこの場にはない。したがって、彼らはこの神話を耳にすることがないのである。

この神話は、天から降臨したンマヌカン（母神）と呼ばれる祖神の女神がよい水を求めてタバリジ（『御嶽由来記』には「島尻當原」とある）にあるカナギガーからクルギガー、さらにヤマダガーを巡り、最後に狩俣東海岸にあるイスガー（磯井）でよい水を発見してそこに家を建てて住むことになったというものである。この呪詞はアブンマが主唱するものであるが、その詞章の順序は間違えてはならないもののようである。あるとき、間違えたことに気づいて朗誦し直されたことがあった。こうしたことから考えると、泉巡行の順序なども変わってはならないことであろう。

狩俣東海岸上方にあるイスガー

しかるに、男性長老たちの伝承[8]ではカナギガーとクルギガーとの順序が入れ替わっているのである。彼らは村落の祭祀を中心とする民俗について書物として刊行しておられるような知識人である。村落の祭祀についても豊富な知識を有しておられるはずである。しかし、そのような長老たちにして十分に知り得ていないのである。アブンマの主導する、このフサを男性たちが聴くことができたならば、入れ替わるはずがなかったと思われる。神話についての知識がその立場によって異なることをよく示す事例といえよう。

声の神話はこうした地域社会や集団のなかで知識の濃淡を有しながら伝承されているのであって、こうした伝承の異なりをも含めた総体がそこに伝承される神話なのだということとなろう。

三　声の神話の体験

声の神話は単なる話ではない。神々への信仰を心に宿して神々の物語がその発し手の身体を共鳴させて朗誦され、あるいは話されるとき、神話の声はその聴き手たちだけでなく、発し手自身の心身にも強くはたらきかけることになる。(9)

奄美大島の民間巫者ユタは巫祖神話の内容をもつ、オモイマツガネと呼ばれる呪詞を朗誦して神がかりするのであるが、その際呪詞の声が朗誦するユタの心身にも強く響くことによって、そのことばが生み出す物語に没入し、前半部の主人公である、太陽神の妻として選ばれた聖女オモイマツガネと、後半部の主人公である、神の子で巫祖となったイシクンダマルに一体化するのであろう。(10)

宮古諸島の民間巫者は線香を立てて神がかりしたり、神名を連ねるかたちの呪詞を朗誦して神がかりしたりするのであるが、神話の内容をもつ呪詞を朗誦するようなことはないようである。しかし、彼らはトランス状態のなかで神から教授されたという神話をしばしば保持し、自らの宗教的能力や信仰体系を示すことを目的として、儀礼を離れた場で日常の意識において人々に話すことがしばしばある。その際、ときにトランス状態に入りがちとなり、話の声が高い調子となることもある。第一節で例示した比嘉氏の場合はそれである。自らの話に憑かれたのだということができよう。

こうした声の神話の力は、それが発せられる瞬間にはたらくばかりではない。それは聴き手たちの心に、ある程度の時を経て、ある条件のなかで突然によみがえってくるのである。

高梨氏は沖縄本島の民間巫者ユタについて論じられるなかで、彼らの神話的体験がさまざまな神話モチーフを

三つの香炉のうち、一番左が亀川イシメガさんのマウの神の香炉

コードとして組み立てられていると説いておられる。[11] 私も宮古島の神役たちについて論じたことであった。[12]

いま、その二つの事例を簡潔に示しておきたい。

一人は、松原集落のユーザスと呼ばれる神役であった亀川イシメガ氏である。

彼女は四十代の半ばになったある朝、いつもとは異なって、雨戸の隙間から太陽が自分の身体をとても強く照らしていることに気づく。また、別の日、畑に出てアダンの木の下で休んでいると太陽が自分の身体を強く射し、逃げても逃げても追いかけてくるのだという。彼女は不思議に思って、民間巫者を訪ねると、村落の御嶽《ウタキ》の神である太陽神をマウの神（守護神）として祀らねばならないと教えられ、そのときから神を祀るサスになられたという。

これは、東アジアに広範に伝承され、日本では本土地方においては古く、また宮古諸島を含め、奄美諸島から八重山諸島にかけての島々においては今日もなお色濃く伝承されている日光感精神話のモチーフに重なるものである。先に述べた奄美大島の民間巫者ユタが朗誦する呪詞オモイマツガネもこうした神話の一つである。

宮古諸島でも、宮古島を守護する十二方位の神々の始まりについて説く神話など、日光感精神話が伝承されてきた。亀川氏にはこうした神話をはっきりと、あるいはかすかに耳にする機会があったのであろう。彼女はこうした神秘的な特別の体験をし、太陽神を祀る巫者となった。これは、太陽の光によって身体を強く射され、太陽神の子を身ごもって誕生させるという神の妻の物語を彼女が体験し、生きたということなのである。

いま一人は、狩俣集落のアブンマをかつて務められた根間チヨ氏である。

彼女は、アブンマを選出する神籤に当たった夜、家の座敷を見たこともないような大きな蛇が這っていったのを、一緒にいた夫と二人で見ておられる。

狩俣の祭祀集団ウプグフムトゥの始祖神話では、天から降臨して狩俣の地で家を建てて住まいした女神ンマティダのもとにはその後大蛇神の化身が通ってくることとなり、女神は身ごもり、出産することになる、とされる。この大蛇神との婚姻の伝承は十八世紀初めの『御嶽由来記』にみえるものであって、狩俣に古くより伝えられてきたものであった。日常のことばのかたちでのこの神話は、今日さまざまな伝承の異なりが存しながら、狩俣で伝承されている。根間氏自身もこれを伝承しておられるが、大蛇神が通ってくる相手をンマティダではなく、その娘神ヤマヌフシライとするところが他の伝承と大きく異なる。このヤマヌフシライという神は、琉球王国の地誌である『琉球国由来記』（一七一三年）によると祖神祭りの初めとなる神で、代々の神役はこの神の起源に倣うのだという。また、この大蛇神はアサティダという神名をもって父神として崇敬する伝承も行われている。

祖神の霊が憑依することとなる神役に選出されたときに根間氏が不思議な大蛇を見たということは、彼女の伝承する神話を彼女自身が体験し、そのヤマヌフシライの物語を生きたということになるであろう。

このように、声の神話は、文字で書かれた神話以上に、力あるものとして直接に発し手や聴き手にはたらきかけてくるものなのである。

四　声の神話の発生

文字で記された神話においては、神話がどのように生み出されたかという、その発生の時点を観察することができない。これに対して、声の神話は神話が生み出されてくる様相を観察することが可能である。そして、そのような観察を行うことによって、文字で記された神話の向こうにある世界をうかがうことができるのである。

こうした声の神話がいかに生み出されてくるか。そのことを奄美の民間巫者ユタや宮古島の民間巫者カンカカリヤーにおいて論じられたのは山下欣一氏である。氏は奄美のユタたちが伝承する呪詞を中心としてその周辺にはそれと関連する神話モチーフをもつ説話群が伝承されてきたことを説かれ、またこうした神話が民間巫者の成巫過程のなかで体系化されて形成されてきたことを宮古島のカンカカリヤーにおいて論じておられる[13]。

また、福田氏は韻律をもつ神話が、民間巫者の成巫過程におけるトランス状態のなかで対句・繰り返しの表現のかたちをとって生み出されてくるところに迫ろうとされた[14]。

私も、優れた巫者たちがその成巫過程において自らの心身の深い根源にまで降り立ち、新たに巫者として再生してゆくなかでその世界の始まりを説く創世神話を生み出していることを論じてきた[15]。

宮古島の巫者が話す創世神話は聖所の起源と神々の機能の体系を説くものであって、巫者としての信仰体系を具現化したものと考えられる。

宮古島万古山御嶽の森

岡本恵昭氏の報告[16]によって紹介された与那覇メガ氏、佐渡山安公氏の報告[17]によって紹介された先の比嘉氏はこうした人々である。与那覇氏も比嘉氏も宮古島創世の神話を話しておられる。

宮古島の創世神話は夙に十八世紀中葉の『宮古嶋記事仕次』に記録されるが、それにはこの創世神話が「神託」によって明らかにされ、それを伝えてきたものであることが記されている。この文献からは神話の生まれ出る様相をうかがうことはできないが、先の二人の体験によってその具体相に迫ることができるのである。

与那覇氏の場合、使いの神が毎晩のように訪れ、彼女を伴っていろいろなものを見せて、宮古島がどのようにできあがってきたのかを教えたのだという。比嘉氏の場合は、四十二歳のとき、三カ月間神にあちこち歩かされ、ある朝早くまた神に歩かされて、宮古島中央部に南北にのびる丘陵の一角にある平良市植物園内の高い嶺の頂上まで行き、足を止められてしまう。神はそこが「宮古島の元（根源）だ」と教え、彼女に激しく乗ってきてその始まりのできごとを語ったと言われる。それが宮古島創世の神話であった。

比嘉氏の話されるところでは、宮古島創世の神がこの場所に蛇の姿で降臨してきたのは二千八百年前だったのだという。そして、その三百年後に人間が住み始めたため、神はそれまで隠れていた洞窟を出て、ある人間の娘のもとに通って妊娠させ、子神を誕生させた、そしてその子神たちが宮古島の各地を守っているのだ、というのである。

宮古島の万古山御嶽（佐渡山安公氏撮影）

これは昔話「蛇聟入〈苧環型〉」の話型に沿うものであるが、比嘉氏が創設した拝所の根拠になる神話となるのである。この創世神話は『宮古嶋記事仕次』所載の創世神話や与那覇氏の説く創世神話とは異なっている。与那覇氏のものは、原古の宮古島に夫婦の男女二神が降臨してきたとするもので、これもやはり与那覇氏が創設した万古山御嶽の根拠になる神話となるものであった。このように、民間巫者はそれぞれ自分独自の創世神話を保持している。それは、こうした神話が自らの信仰の根拠、さらには自らの存在の根拠だからである。

そして重要なことは、こうした神話が、成巫過程のトランス状態のなかで神から授けられたものと受けとめられながら、その巫者自身によって生み出されているということである。

ここに、声の神話発生の一つのすがたをみることができよう。

なお、これは革新性を志向する民間巫者の場合であるが、伝統性を保持し、保守性を有する神役たちの伝承する、韻律ある声の神話はいかがであろうか。

狩俣集落の呪詞を朗誦する神役たちは祖神祭りにおいて聖地に籠もって、祖神の神霊を身に帯びることとなる。その点で、彼女たちは巫者性を有するとみることができる。巫者的神役というべき存在なのである。

そうした神役たちが朗誦する声の神話はどのようにして生み出されたのか。その発生の時点に立ち会うことはできず、その問題は明確にしがたい。しかし、こうした呪詞には宮古・八重山に伝承される長歌謡の詞章と共通する表現があることを考えると、これらの呪詞がある時点において神役たちによって作り出されたものであることが想像される。(18) そして、そのある時点とは、地域社会の大きな変動のなかで、その祖神が神役の心身によみがえって強く意識されることになるというような機会だったのではなかろうか。伝統性・保守性を有する集団の祀り手たちが新たなものを生み出すためには、彼女たちが革新性を志向せざるを得なくなるような社会的な危機が生じることが必要だと考えられる。そのような時点において、神役たちのおそらくは浅いトランス状態のなかで神授のものとしてこうした声の神話を作り出すことになったのではないかと推測されるのである。

五　声の神話の変容

ここで問題にしたいのは「忘却」による消極的な変容の問題ではない。集団の構成員による積極的な神話改変へのはたらきかけについてである。

村落社会の構成員はすべて等質だというわけでは決してない。狩俣の場合、祖神祭りの際に神山に籠もる巫者的神役、籠もらない祭司的神役、補助的な役割の女性たち、男性の祭祀担当者、神役を引退した女性たち、男性長老たち、一般の大人の男女、青年の男女、子どもたちなどさまざまである。このなかには、村落に居住する民間巫者または巫者的な人物も含まれている。

こうした民間巫者または巫者的な人物が神から指示されたとして、村落に伝承される神話や祭祀について改変を迫ることが生じるような場合がある。伊良部島佐良浜地区では、民間巫者が神役に加わっても祭祀全体を統括するウフンマと呼ばれる神役が強い指導力で統御するシステムが存する。(19) しかし、他の集落ではうまく統御できず、葛藤が生じるような場合もある。

島村恭則氏が調査・解明された狩俣集落のウプグフムトゥ祭祀と神話をめぐる問題はこの点に関わる問題である。神役のなかで補助的な役割を果たしていた、ある巫者的な女性が大蛇神アサティダから指示を受けたとして聖所ウプグフムトゥにその男神の香炉を祀るようにはたらきかけたという。また、彼女には狩俣で一般的に知られている始祖神話と異なる、男女二神が天地から出現する神話が神から授けられたという。このことによって、彼女と神役たちとの間で葛藤が生じるが、最終的には聖所の祭壇に男神の香炉がそのまま置かれて、昔からこうであったと説かれるに至っているとのことである。(20) 狩俣の巫者的神役にも、神意は知りがたくはかりがたいということなのであろう。そのため、毎年、旧暦二月にはニガチマーイという行事を行って、平良の街の民間巫者に神意を問うのである。この場合、巫者的女性に現れた神意とされるものに抗しがたかったということであろう。ここでは村落の祭祀において改変を受け入れることになったのであるが、神話と関わり深い祭祀が改変されてその解釈が異なるようになると、神話そのものも変容してゆく可能性をはらむこととなる。

声の神話はいつも安定していて、昔と変わらずにひたすら伝承されてきたわけではない。こうした改変のはたらきかけに対して抗し、あるいは受け入れながら、常に変容してきたのである。

おわりに

以上、声の神話の生態について、長年調査を重ねてきた宮古諸島のフィールドから素描を試みたことである。文字によって書き記された神話を子細に分析したとしても、十分には明らかにしがたいダイナミックな世界がそこには豊かに広がっているのである。

注

(1) 内田順子『宮古島狩俣の神歌 その継承と創成』(思文閣出版、二〇〇〇年)。
(2) 拙稿「神話の表現・叙述―文献神話から民間神話に及んで―」(講座日本の伝承文学第三巻『散文文学〈物語〉の世界』三弥井書店、一九九五年、本書第一部第三章所収)。
(3) 福田晃『南島説話の研究』(法政大学出版局、一九九二年)。
(4) 古橋信孝『神話・物語の文芸史』(ぺりかん社、一九九二年)。
(5) 日本古代の韻律をもつ神話としての中臣寿詞が『台記』「別記」のなかに記されていたことが思い合わせられる。
(6) 高梨一美「南島の神女の『うた』と『ことば』」(『女性文学の現在』東横学園女子短期大学女性文化研究所、一九九七年、『沖縄の女性祭司の世界』東横学園女子短期大学女性文化研究所、二〇〇二年、所収)。
(7) 内田注(1)書。
(8) 上地太郎『狩俣民俗史』(私家版、一九七三年)など。
(9) E・A・ハヴロックがこうした声の力をよく捉えている(『プラトン序説』一九六三年。村岡晋一訳として新書館、一九九七年刊)。
(10) 福田注(3)書。

(11)　高梨一美「いなくなった女の話―文化としてのシャーマニズム―」(『東アジアのシャーマニズムと民俗』勁草書房、一九九四年)。
(12)　拙稿「神役・巫者と神話―沖縄宮古諸島から―」(『巫覡・盲僧の伝承世界　第一集』三弥井書店、一九九九年、本書第三部第一章所収)。
(13)　山下欣一『奄美説話の研究』(法政大学出版局、一九七九年)、同『南島説話生成の研究』(第一書房、一九九八年)。
(14)　福田注(3)書。
(15)　拙稿注(12)論文。
(16)　岡本恵昭「平良市下崎・万古山御嶽道開け縁起」(『宮古研究』第五号、一九八九年二月、日本民俗文化資料集成第六巻『巫女の世界』三一書房、一九八九年、所収)。
(17)　佐渡山安公「シャーマンが語る創世神話〈宮古島〉」(『奄美沖縄民間文芸研究』第十三号、一九九〇年七月)。
(18)　拙稿「声の歌の表現―奄美・沖縄の呪詞・歌謡から―」(『論究日本文学』第六十八号、一九九八年五月)。
(19)　拙稿「沖縄伊良部島佐良浜集落の女性神役ウフンマについて」(『巫覡盲僧学会会報』第十二号、二〇〇〇年三月、本書第三部第二章所収)。
(20)　島村恭則「民間巫者の神話的世界と村落祭祀体系の改変―宮古島狩俣の事例―」(『日本民俗学』第百九十六号、一九九三年五月)。

第二章　声の神話の形態
――奄美・沖縄の呪詞と説話――

一　民間神話の内容と伝承形態

奄美・沖縄の島々には、島・人間・農耕などの起源を説く創世神話や村の始まりを説く村立て神話などが口頭伝承として豊かに伝承されてきた。これには、説話として話されるものと呪詞として朗誦されるものとがある。(1) 山下欣一氏は、文献化された琉球王朝神話に対して、民間で口承されたものを一括して「民間神話」という概念で捉えられた。(2)

つまり、「民間神話」とは、口承のかたちで、共同体の内部の人々やその周辺・外側に位置する巫者によって真実のこととして伝承される神々の物語なのである。

大林太良氏は、王朝神話をも含めた奄美・沖縄の神話を周辺の諸民族の神話と比較し、系統づけようとされたが、その際に、「原夫婦天降」「天からの土砂による島造り」「流れ島」「風により孕む」「粘土から人間製造」「兄妹始祖」「始祖の渡海と漂着」「生み損ない」「犬祖」「土中より始祖」「天地分離巨人」「楽園状態」という十二のモチーフを抽出しておられる。(3) これらのモチーフは、必ずしも単一で神話を構成しているのでなく、複合して構成している場合も多いのである。これに対して、先の山下氏は、「国土創造」「人類の起源」「農耕の起源」「巨人天地分離」「楽園状態とその喪失」というモチーフを抽出し、単一モチーフからなる神話といくつかのモチーフが複合したものとに整理された。(4)さらに、小島瓔礼氏は、「神の世界」「国土の形成」「人間の起源」「穀物の起源」という四つのものにまとめておられる。(5)福田晃氏は、奄美・沖縄地方の民間神話を手がかりに日本の民間神話の体系を構想して、「国土の起源」(「神々の国造り」・「巨人神の足跡」・「神々の葛藤」・「神々の土地分け」)・「人類の起源」(「夫婦の始まり」・「兄妹婚姻」・「日光感精卵生型」・「日光感精英雄誕生型」・「日光感精昇天回帰型」・「日光感精昇天邂逅型」・「日光感精控舟型」・「犬聟入」・「蛇聟入」・「天人女房」)・「文化の起源」(「火の始まり」・「穀物の始まり」・「家屋・舟・道具の始まり」など) のように細分化されている。(6)

ここに分類されていることからうかがわれるように、奄美・沖縄の神話伝承の特徴は、きわめて多様な内容のものが濃密に伝承されているということである。

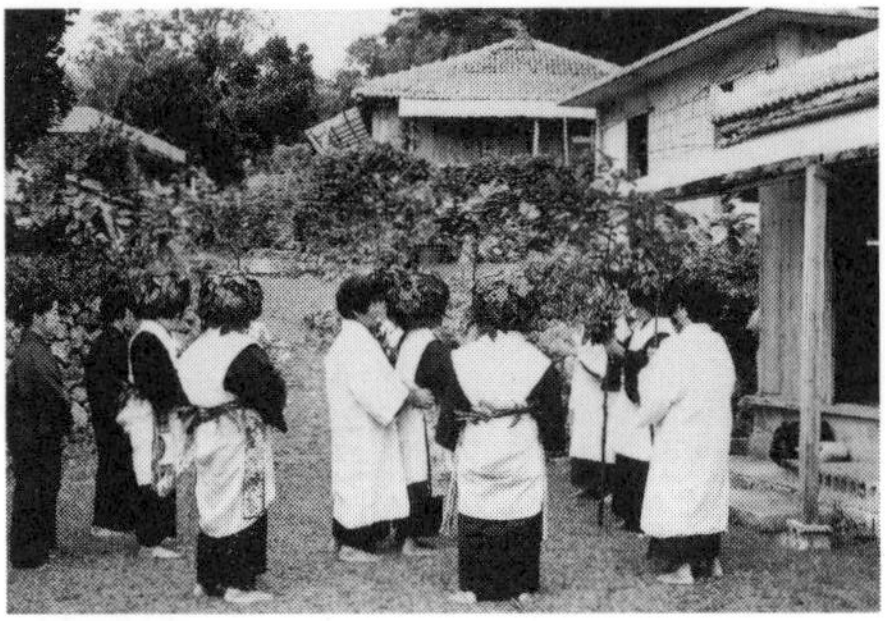

呪詞「ハライグイ」を朗誦するアブンマ

北風が吹き、荒々しい白波の立つ狩俣東海岸

さて、当該地域の神話伝承として驚くべきことは、祭儀のなかで特別の人々によって朗誦される呪詞としての神話が伝えられていることである。特別の日に特別の場所でのみ特別の人々によって朗誦され、原則としてそれ以外の時・所では口にしてはならない呪詞、これこそ宗教・人類学者たちがその神話的機能に注目して「生きた神話」と呼んだものである。(7)

たとえば、沖縄宮古島の西北端の狩俣という集落では、旧十月(年中行事は旧暦で行われている。以下、特に断らなければ旧暦である) から十二月にかけて五回にわたって行われる祖神祭りという神事のなかでフサと呼ばれる数多くの呪詞が朗誦されている。村落の中心となる一つの祭祀集団の祖神が住まったと伝えるウプグフムトゥと呼ばれる聖なる建物やこれに関連する聖なる建物のなか、およびそれらの庭で朗誦される呪詞を中心に限られたものしか知られていないが、その数は二十数種類にものぼる。(8) その五回目（トゥディアギと呼ばれる）、祖神となる神役たちは五日間にわたって神山に籠もっているが、最終日の午後にウプグフムトゥ（ムトゥとは村落のなかの祭祀組織で、それぞれの祖先の神の出自を異にすると伝える。また、それぞれの祖神が住んだと伝える建物で、現在の祭場となる聖所をも指している。ここでは祭場となる聖所の意味）に現れる。そのとき、最初に、集落の最高神女でウプグフムトゥのウヤパー（各ムトゥの中心となる司祭者）であるアブンマが朗誦するのが「ハライグイ」と呼ばれる呪詞である。これは、村の始祖である祖神が天から降臨してよい泉を求めてめぐったという村立て神話と関わる内容をもつものである。このとき、神役たちは祖神そのものとなっている。その口から神話が朗誦されることによって、はじまりのとき祖神が泉を求めて村落を開いたさまが再現されるのである。太陽の力が弱まり、まがまがしいものが跳梁跋扈する冬の季節、始源の力を呼び寄せて集落の世界を更新しようとするのだと考えられる。

この「ハライグイ」については論じられる機会も多いので、本章では「フナンダキツカサのタービ」と村立て神話を中心として次に述べることとしよう。

二　祭儀のなかの呪詞

宮古島狩俣では、一月から九月までが夏、十月から十二月までが冬の季節と認識されているが、この夏の祭りに女性の神役たちによって朗誦される呪詞がタービやピャーシである。

「フナンダキツカサのタービ」は二月の豆の播種儀礼であるアージヤマ（一回目）や三月の麦の収穫儀礼であるムギプーズ、六月の粟の収穫儀礼ナツプーズにシダティムトゥのウヤパーであるユーヌヌス（世の主）やナーンミムトゥのウヤパーであるミズヌヌス（水の主）という神役によって朗誦されている。なお、タービと呼ばれる呪詞は、この二人のウヤパー以外に、ウプグフムトゥのウヤパーであるアブンマとナーマムトゥのウヤパーであるミョーニヌヌスなど各ムトゥのウヤパーたちも朗誦する。

アージヤマ（一回目）では、ウフミナー（大庭）と呼ばれる祭場でミズヌヌスが両手で衣を持って顔の前で震わせながら左右に揺すり、このタービを朗誦する。

その詞章は、次のようなものである。

てぃんだオぬ　みゅーふぎ　　天道のお蔭で
やーきゃ〈以下略〉　　〈囃子〉
やぐみょーいぬ　みゅーふぎ　　恐れ多い神のお蔭で
やーきゃ〈以下略〉　　〈囃子〉
にだでぃぬシ　みよぷぎ　　根立て主のお蔭で
やぐみ　うふかんみょ　　恐れ多い大神よ
ゆーむとぅぬ　かん　　四ムトゥの神は
ゆーにびぬ　かん　　四イビの神は
かんま　やぱたりる　　神は穏やかに
ぬっさ　ぷゆたりる　　主は静かに
きゅーびゅイ　ういや　　今日の日取りの上は

アージヤマ（一回目）のウフミナーでのミズヌヌスによるタービ朗誦（佐渡山安公氏撮影）

きゅーなオイ　ういや　　今日の直る日の上は
ばーむとぅが　ういん　　わがムトゥの上に
にーむとぅが　ういん　　根ムトゥの上に
かんするーイ　さまい　　神揃いをなされて
ういするーイ　さまい　　上揃いをなされて

―〈中略〉―

ばー　にふチ　オこい　　わが根口のお声で
かんむだま　まこい　　神の真玉の真声で
たーびふチ　オこい　　タービ口のお声で
びゅーぎふチ　まこい　　神座口の真声で
うとぅむん　とぅゆま　　（神の）お供も鳴響もう
うチきゆん　みゃーがら　　（神の）お付きも名を揚げよう[9]

発端はこのようなカンナーギ（神の名を崇べること）が朗誦され、次に神話的内容が朗誦されてゆく。

いちゅらけんな　　一番新しくは
いっちゅ　ぱジみんな　　一番初めには
ふなんだぎ　チかさ　　舟んだぎ司〈神女名〉は
ふにぬまーむイ　　舟のマームイ〈神女名〉は
なら　んまりさまじがー　　自分で美しく生まれなされているから
ちゅら　んまりさまじがー　　美しい生まれをなされているから

はるかっちゃ　んなかん　　張る蚊帳の真中に
まるかっちゃ　なかん　　丸蚊帳の中に
やぱだりゅーイ　かんぬ　　穏やかにいます神の
なぐだりゅーイ　かんぬ　　和やかにいます神の
びきイしゃーが　ういや　　兄の上が
たぬがしゃーが　ういや　　種子〈男〉の上が
みーぶシみ　とぅらまい　　見欲しさをとられて
キむぶシみ　とぅらまい　　肝欲しさをとられて
ゆなーぐとぅ　さまい　　夜這いごとをなされて
かっふしぐとぅ　さまい　　隠しごとをなされて
んキチみ　とぅらまい　　向かいつめをとられ〈向かいつづけ〉て
だキチみ　とぅらまい　　抱きつめをとられ〈抱きつづけ〉て
んキチみぬ　ぶんな　　向かいつめの分は
だキチみぬ　ぶんな　　抱きつめの分は
つシなかぐどぅんま　　立派な子供殿を
かぎなかぐどぅんま　　美しい子供殿を
とぅーうチ　くみてぃ　　胴の中に籠めて
やーうチ　くみてぃ　　体の中に籠めて[10]

のように、フニヌマームイという美しい娘が兄弟と共寝をして子どもを妊んだことが朗誦される。

その内容を要約すると、およそ次のようなものである。

兄と妹とが結婚して子どもを妊んだことによって父親の怒りを買い、穀物の種を積んで守り姉と一緒に船出をした。風にまかせ、舟の赴くままに行って各地の神々に出会う。宮古島近くの大神島で上陸し、御嶽を造って神祭りをしたが、水の味が淡くて適さなかった。そこで、再び船出し、また神々と出会いながら、狩俣のアカグ浜に着いた。そこから村の東の門まで行ったところ、ユーナ山から鳥のひなが羽を濡らして来るのを見つけた。そこにきれいな清水が湧いているのを発見し、飲んでみるととてもおいしかった。それで、そのそばのナーンミ（仲嶺）の地に家を建てて住み、そこで守り姉は水の守り神となった。兄妹の夫婦はシダティ（志立）の地に移り、そこに家を建てて豊穣の神となった。

兄妹の神が舟でたどり着いたと伝える狩俣の浜

守り姉が住んだと伝えるナーンミムトゥ

これは兄妹始祖神話と呼ばれる神話に属するもので、シダティムトゥ・ナーンミムトゥの起源を語るものとなっている。

この呪詞は、粟・麦・豆などの豊穣を祈願する祭儀において、神役たちのみの参加する神事のなかで朗誦されるのであって、それ以外の機会には決して朗誦しないのである。

また、これを朗誦する神役ユーヌヌス、ミズヌヌスは、シダティムトゥ、ナーンミムトゥのウヤパーとして、その名の通り、豊穣の神、水の守り神をまつっており、冬の祖神祭りでは神自身になる。夏の

兄妹の神が住んだと伝えるシダティムトゥ

シダティムトゥでの正月ニガイ

これらの祭りにおいては神の姿に化すわけではないが、このタービに、「ゆーにやま　ういゆ／だりーやま　ういゆ／ただぬ　ぴとぅとぅキん／ただぬ　かたとぅキん／ばん　まどーぎ　みりば／かん　まどーぎ　みりば（ユーナ山の上を／大きな山の上を／ただのひと時も／ただの片時も／わたしが薙ぎ払ってみると／神が薙ぎ払ってみると）」「あオギみジ　あたり／くるギみジ　あたり／あたらしゅーイ　わんな／みチキしゅーイ　わんな（きれいな水にあたり／清水にあたり／あたらしているわたしは／見付けをしているわたしは）」[11]とあるように、神の資格で自叙伝を語っているのである。そして、そのようなかたちで朗誦されることによって、穀物の種子を将来した豊穣の神が鎮座して村立てをした、その始源の力が喚び起こされると観念されることになる。

三　祭儀周辺の説話

一方、これと同じような内容のものが説話のかたちでも口承されている。本永清氏の紹介されるものを次に掲げてみよう。

昔、久米島に特別睦まじい兄妹がいた。妹は美貌にすぐれ、気だてもやさしかったので、兄は他の男の嫁にやるのがつらさに妹と夫婦の契りを結んでしまった。そのことが両親に知られて、二人は父親から勘当され、守り姉一人をつけて島流しにされることになった。いよいよ三人が小舟に乗せられようとしたとき、兄妹の母親が現れた。そして、島流しにされる二人のわが子を不憫に思い、泣きながら娘の着物の袖下に五穀の種子を忍ばせてやった。三人が漂着した場所はいまの狩俣の南の浜であった。三人は上陸して、どこか適当な場所を選んで村立てしようと考え、まず飲み水を探し求めた。けれども、見知らぬ土地で飲み水を探すことは容易でなかった。三人は毎日朝から晩まで飲み水を求めてさまよい歩かねばならなかった。ところが上陸して七日目の朝、三人が疲れた足どりで歩いていると、前方の草藪のなかから一羽の鳥が両翼を濡らして飛び立つのが見えた。三人がその場所へ急いで近づいてみると、草藪のなかから清水がこんこんと湧き出ていた。その清水を両手ですくって飲んでみると、とてもおいしい水であった。三人はともに喜び合い、さっそくその近くに村立てすることにし、新しく土地を耕して畑をつくり、五穀の種子を播いた。種子は発芽し、すくすくと成長して、豊かに稔るようになった。三人はその場所でしばらく同居していたが、その場所はあまりに狭かったので、のちに兄妹二人は守り姉をそこに残して今のシダティムトゥの建つ場所へ住居を移した。後世、兄はユーヌヌスと呼ばれてシダティムトゥの祭神となった。妹はユーヌスミガと呼ばれたが、ひとり近親相姦の不義をとがめられ、シダティムトゥにまつられることなく追放された。また守り姉はミズヌヌスと呼ばれてナーンミムトゥの祭神となった(12)。

カラスが発見したと伝える井泉ズーガー

この伝承を先の「フナンダキツカサのタービ」の内容と比較してみると、大筋では同じであるが、タービに叙述されていない部分があって詳細なものになっている。その相違の主な部分は、兄妹の出身を久米島とすること、兄妹婚姻の理由を語ること、五穀の種をもらう事情を語ること、住居の移動の理由を語ること、妹が近親相姦の不義によって追放されたと語ることなどである。タービでは主として兄妹の婚姻と追放、旅、村立ての事柄のみが朗誦されるが、この伝承ではその事柄の理由や事情も表現される。こうした祭儀周辺で伝承される説話としての神話は事柄の経緯やその理由を解き明かすことを欲求する伝承心意に関わっていると考えられる。また、近親相姦の罪を問題とするのも、居駒永幸氏のいわれるように[13]、祭儀の外側の論理がはたらいたことによるものであろう。もっとも、別の伝承では兄妹をともにシダティムトゥで祀っているとするものもある。さらには、この祭儀に直接関わらない村の長老の伝承では、ナーンミムトゥに妹を祀り、シダティムトゥに兄を祀ったとするものもある[14]。祭儀の外側では祭儀内部を十分に知ることができないため、説話としての神話において、さまざまな伝承の異なりをも生み出してゆくことになるのである。

なお、祭儀内部で伝承されるタービにおいてもこの伝承とは異なった独自の内容をもっている。これも居駒氏の指摘されるところであるが[15]、カンナーギの部分から始まり、

ばがにふつ　うくいゆ　　　　わたしがうたいはじめたお歌を
かむむだま　まくいゆ　　　　神の分のま歌を
んきゃぬ　たや　とぅたむよーい　　　　昔から伝わった通りうたい終わった
にだり　まま　よーたんよー　　　　村立ての頃から伝わった通りうたい終わった[16]

のようにうたい納めの部分で終わること、また舟旅の部分において各地の神々に出会いながら行くという表現をとっていることが異なっている。

このように、祭儀のなかで朗誦される呪詞、祭儀の周辺や外側で伝えられる説話は、それぞれ独自な表現をもっ

ているのである。

四　説話の広がり

奄美・沖縄の島々には、これに類似する、兄妹婚姻・漂着のモチーフや動物による泉発見のモチーフをもつ村立て神話が広く分布している。

たとえば、奄美諸島の喜界島手久津久では、朝戸神社の祭神である朝戸瀬戸・万の瀬戸という夫婦神についての伝承として、沖縄に住んでいた兄妹が舟で漂流中に夫婦となり、喜界島に流れついて住みついて手久津久村の開祖となった、という神話がある。(17) 兄妹婚姻・漂着のモチーフをもつ同様の伝承は奄美大島や宮古島大浦などにも伝えられている。(18) このうち、宮古島大浦の伝承は、兄妹が中国から漂流して大浦の浜にたどり着き、結婚して村を立てたというもので、鳥による泉発見のモチーフも備わっており、狩俣シダティムトゥ、ナーンミムトゥの神話によく類似する。

犬が発見したと伝える竹富島の泉インガー。井戸枠が犬のかたちにかたどられているという。

これ以外にも、発端が戦乱を逃れて兄妹が別の島に渡ったとするもの、津波などで兄妹二人だけが生き残ったとするものなどがあり、奄美大島、沖縄本島、宮古諸島の来間島・多良間島、八重山諸島の鳩間島・波照間島などに広く伝承されている。(19)

さらに、動物による泉発見のモチーフをもつ伝承には、兄妹始祖神話となっていないものも各地にみられる。

たとえば、八重山諸島の竹富島では、インガー（犬井戸）の由来伝承として、次のようなものがある。

昔、仲筋村の首長であった新志花重成は一匹の犬を飼っていた。ある日、散歩の途中、姿の見えなくなっていた犬が尾に泥水をつけて現れた。犬の後について行ってみたところ、蟹の穴に水が湧き出していた。そこで、その穴を掘り下げて立派な井戸とした。それから、竹富島では、正月の若水や出産祝いの命名水などには必ずこの水を使うようになった(20)。

これは村の始まりにつながらない話ではあるが、動物の不可思議な力によって泉の場所を知るというモチーフは先の神話と共通している。そして、このようなモチーフをもつ説話は、奄美諸島の徳之島、沖縄本島、宮古諸島の伊良部島・多良間島、八重山諸島の波照間島などに伝承されている(21)。

狩俣シダティムトゥ、ナーンミムトゥの神話では、呪詞、説話いずれの形態の伝承にあっても、兄妹の婚姻・漂着、動物による泉発見のモチーフをもっている。このような神話の内容は狩俣独自の孤立したものではなく、以上述べてきたように、奄美、沖縄各地に広く伝承されているのである。

五　呪詞から説話へ、そして説話から呪詞へ

祭儀のなかで朗誦される呪詞と祭儀の周辺で伝承される説話は、どのように関わり、どのように発生してきたのであろうか。

村落の人々の精神生活にとって、その中心となるのは神々への信仰であり、その実践としての祭儀である。口頭伝承は、これと関わって、山下欣一氏が説かれたように(22)、祭儀のなかで朗誦される呪詞を中核にして、それに関連する説話群が伝承されているのである。その点で、祭儀周辺の説話は「説明」的で、二次的な神話ということもで

きよう。[23]しかし、説話は秘儀的な祭儀の周辺の立場での精神性と関わるものであり、また、さまざまなモチーフを取り込むなどのように、その固有の表現・叙述に従って伝承されてゆくものなのである。

では、祭儀の内部から周辺、外側へと呪詞、説話の形態の神話が伝承されているとき、それぞれの伝承の発生は、やはり祭儀の内部—呪詞—からその外側—説話—へというものだったのだろうか。

先に述べたように、「フナンダキツカサのタービ」および説話伝承としての村立て神話の内容は周辺地域の神話と決して無縁であったのではない。そうであるとすると、狩俣シダティムトゥ、ナーンミムトゥの神役たちが生み出した呪詞の、兄妹婚姻・漂着、動物による泉発見というモチーフをもつ内容から祭儀周辺の説話が生まれ、さらにそれが周辺地域へと伝播していったとみるべきなのであろうか。

いや、そうではあるまい。兄妹始祖神話は奄美・沖縄地方だけではなく、本土地方にも、さらにはアジア各地にも広く分布している。[24]また、異界から穀物の種子をもたらした神が鎮座してまつられるとする話も例が多い。[25]おそらく、そのような周辺地域で伝承されていた説話形態の神話が流入し、その刺激によってこの両ムトゥの神話が生まれたのであろう。それは、あるいは今日伝えられる神話とまったく同一内容のものではなかったかもしれない。しかし、いずれにしろ、そのようなものを素材としつつ、祭儀のなかで朗誦する呪詞が生み出されてきたのであろう。

構造的には呪詞から説話へというかたちで伝承されているが、その発生においては、逆に説話から呪詞へという過程をたどったと推定されるのである。

六　シャーマニズムの精神風土

このような神々の行為を叙述する呪詞を伝承する者として、よく知られているのは奄美の民間巫者ユタである。先田光演氏によって報告された[26]、沖永良部島のユタが伝承する呪詞「シマダティシンゴ」は創世の神の誕生に始まり、国土の起源、人類の起源、穀物の起源について叙述される壮大な創世神話である。ユタは、家々の中心である火の神をまつるかまどを更新する祭儀などにおいて、これを朗誦するのである[27]。それによって、新築した家という世界に創世の力を呼び込もうとするのだと考えられる。

沖永良部島北部の国頭をのぞむ。「シマダティシンゴ」のなかで「浮き島」とあるように、どこまでも平坦な島である。

奄美大島のユタは「オモイマツガネ」という日光感精のモチーフをもつ巫祖神話を伝承する。しかも、この呪詞はユタになる成巫過程のなかで神から授けられるという[28]。彼女または彼は、神からこの呪詞を授けられたと幻想することによって、神の不可思議さに触れ、神の妻に選ばれたことの確信をもつのである。このことは、実は彼女または彼が無意識のうちにことばをつむぎ出しているのだと考えられよう。

加計呂麻島のある男ユタは天人女房譚と関わる内容をもつ呪詞を伝承しているが、これは他に例をみないものである。このユタが巫病にかかっていたときに実久三次郎神社の神から授けられたものだという[29]。かつて聞いた話をもとに、彼は無意識のうちに呪詞として新しくことばを生み出したものと思われる。

宮古島狩俣の女性神役たちも、このような奄美ユタにかなり類似するシャーマン的な性格を有している。ユタの巫病に類似する身体の変調を体験し、神から選ばれたことを暗示する夢を見る。(30)いま彼女たちは数多くの長大な呪詞を先輩の神役たちから教わって伝承し、新たな呪詞を生み出すことはないようである。しかし、かつて村落の祭祀組織が整えられたり、再編されたりするなかで、あるいは神の意志としてのさまざまな異変が生じるなかで、新たな神話が呪詞として彼女たちの幻想のなかから生み出されてきたのではなかろうか。

神々の行為を叙述する呪詞は、沖縄本島や八重山諸島の祭儀のなかでも伝承されているが、それらもおそらくはかつてシャーマン的な性格を有していた神役たちによって生み出されてきたのであろう。

ともあれ、村落のシャーマニズム的な精神風土は神々の存在を実感させ、これに対する畏怖を生み出すこととなる。そこでは、神々についてのさまざまな話が語られ、個人や社会の異変はそれらの意志と結びつけて解釈される。また、社会を指導する民間巫者や神役たちのもつ根＝根源への志向性も強く存在する。(31)そのような精神風土が、祭儀のなかの呪詞としての神話、祭儀周辺の説話としての神話を濃密に伝承させることになったのであろう。また、これらは相互に支え合ってその濃密さを保持することともなっているのである。

おわりに

奄美・沖縄地方では、本土地方に比して、多様な話型の民間神話が濃密に伝承されている。しかも、祭儀のなかで呪詞が朗誦され、生きた神話として機能している。

このような神話の発生と伝承には、その土壌としてシャーマニズムの精神風土が深く関わっているのである。

注

（1）沖縄の神話が韻文的形態のものとしても伝えられていたことを最初に学会に報告したのはおそらく加藤三吾であろう。彼は『東京人類学会誌』第百八十八号（一九〇一年十一月）に「沖縄の石器時代遺跡」と題する論文を発表しているが、そのなかに「沖縄の神話」という節を設けて、五月稲穂祭のときに謡われるオモロ歌謡がアマミキヨの創世神話を叙述するものであることを指摘している。また、説話形態のものについて論じたものとしては、鳥居龍蔵「日本古代の神話と宮古島の神話」（『東京人類学会雑誌』第百三十号、一八九七年一月、『鳥居龍蔵全集』第四巻、朝日新聞社、一九七五年、所収）が早いもののようである。なお、この論文名の「神話」には「ミス」というルビが付されており、「神話」という用語の早い使用例であることも注意される。

（2）山下欣一「琉球王朝神話と民間神話の問題」（『琉大史学』第七号、一九七五年六月）。

（3）大林太良「琉球神話と周囲諸民族神話との比較」（『沖縄の民族学的研究』民族学振興会、一九七三年）。

（4）山下注（2）論文。

（5）小島瓔礼「琉球における創世神話」（『日本神話と琉球』有精堂出版、一九七七年）。

（6）福田晃「民間神話の伝承世界―南島の視座から」（『日本伝説大系』別巻一、みずうみ書房、一九八九年、『南島説話の研究―日本昔話の原風景―』法政大学出版局、一九九二年、所収）。

（7）マリノウスキー『神話と社会』、エリアーデ『神話と現実』など。なお、柳田国男監修・民俗学研究所編『民俗学辞典』（東京堂出版、一九五一年）にいう「神話」、松村武雄『日本神話の研究』第一巻（培風館、一九五四年）にいう「聖性神話」は祭儀のなかで伝承されるものとしており、その機能性を注目する点において、この「生きた神話」という概念と重なる部分をもつ。

（8）外間守善『宮古島の神歌』（三一書房、一九七三年）。外間守善・新里幸昭編『南島歌謡大成Ⅲ　宮古篇』（角川書店、一九七八年）。

（9）外間・新里注（8）書。

（10）外間・新里注（8）書。

（11）外間・新里注（8）書。

（12）谷川健一編『日本の神々』第十三巻「南西諸島」（白水社、一九八七年）。
（13）居駒永幸「南島歌謡論―狩俣・志立元の叙事伝承」（『明治大学人文科学研究所紀要』第三十六冊、一九九四年十二月、『古代歌謡と叙事文芸史』笠間書院、二〇〇三年、所収）。
（14）上地太郎『狩俣民俗史』（私家版、一九七三年）。
（15）居駒注（13）論文。
（16）平良市史編纂委員会編『平良市史』第七巻・資料編5「民俗・歌謡」（平良市役所、一九八七年）。
（17）竹内譲『喜界島の民俗』（黒潮文化研究会、一九六九年）、高橋一郎「喜界島・手久津久集落の兄妹始祖伝承」（『奄美沖縄民間文芸研究』第七号、一九八四年六月、『伝承のコスモロジー』第一書房、一九九四年、所収）。
（18）福田晃編『日本伝説大系』第十五巻「南島」（みずうみ書房、一九八九年）。
（19）福田注（18）書。
（20）崎山毅『蟷螂の斧』（錦友堂写植、一九七二年）掲載の「犬の発見した仲筋井戸について」の話を要約した。
（21）福田注（18）書。
（22）山下欣一『奄美説話の研究』（法政大学出版局、一九七九年）。
（23）古橋信孝「原神話への構想」（『解釈と鑑賞』第四十二巻第十二号、一九七六年十月、『神話・物語の文芸史』ぺりかん書房、一九九二年、所収）。
（24）大林注（3）論文、山下欣一「南西諸島の兄妹始祖洪水説話をめぐる問題」（『昔話伝説研究』第二号、一九七二年四月）、伊藤清司「沖縄の兄妹説話について」（『沖縄学の課題』木耳社、一九七二年）、小島注（5）論文、福田晃「兄妹婚姻譚の行方―カミとホトケのはざまから」（『大系・仏教と日本人』神と仏』春秋社、一九八五年、注（6）書所収）など。
（25）たとえば、宮古島砂川集落のウイピャー御嶽に祀られているウマニヤーズという女神は天から降臨して、最初に出会った男と結婚し、穀物の種子をもたらして農耕が始まったと伝える。拙稿「南島説話の源流」（『日本昔話研究集成』第二巻「昔話の発生と伝播」名著出版、一九八四年、本書第二部第二章所収）参照。
（26）先田光演「ユタのオタカベ」（『民俗研究』第三号、一九六六年八月、『沖永良部島のユタ』海風社、一九八九年、所収）。
（27）山下注（22）書。

(28) 福田晃「成巫儀礼と神口・神語り」(『口承文芸研究』第十五号、一九九二年三月)、拙稿「南島民間神話発生の諸相」(『神々の祭祀と伝承』同朋舎出版、一九九三年)。
(29) 登山修「天人女房とその周辺の説話」(『奄美沖縄民間文芸研究』第三号、一九八〇年七月)。
(30) 拙稿「祖神祭りと神女たち」(『まつり通信』第四百十二号、一九九五年五月)。
(31) 宮古島のカンカカリヤー根間ツル子さんの言に端的にみられる。松浪久子「宮古カンカカリヤーの成巫譚」(『奄美沖縄民間文芸研究』第十三号、一九九〇年七月)参照。

第三章　声の神話の表現
――宮古島の呪詞・説話から――

はじめに

神話には、声の神話と文字によって文献化されたものとの二つのかたちがある。

声の神話においては、さらに、祭儀の中心で朗誦される特別な韻律をもつ呪詞としての神話と祭儀の周辺または外側で話される説話としての神話とがある。

本章では、宮古島の伝承を手がかりとして、こうした声の神話の表現の特質について論じることとする。

一　呪詞としての神話の表現

祭儀のなかでは、さまざまな詞章がよまれ、うたわれ、あるいはとなえられる。

そのなかで神々の物語の内容をもつ呪詞が朗誦されたり、神々が憑依したとして神自身が発するかたちをとる呪詞として神々の物語の内容をもつものが朗誦されたりする。それらは祭儀のなかで朗誦されることによって神話世界を現出させたり、神自身のことばとしての呪力をもったりするという機能を有し、日常の言語とは異なる特別の韻律をもっているのである。

奄美・沖縄地方では、神の資格で臨んだ人が神自身のことばを発するというかたちの祭儀をいくつか見出すことができる。

なかでもよく知られているのは沖縄宮古島西北部の狩俣・島尻両集落、そしてその近くの大神島で行われる祖神祭りである。その祭儀においてシャーマン的な神役の女性たちが祖神の憑依によって神自身となり、フサと呼ばれる神々の物語を朗誦する。それはヨムものでありながら、神自身のことばゆえに高揚してウタウものに近づいている。

トゥディアギと呼ばれる第五回の行事の最終日、神山に籠もっていた祖神たちが人間世界との接点であるウプグフムトゥの庭に現れ、村の最高神役アブンマの主唱によって最初に朗誦するのが「ハライグイ」と呼ばれる呪詞である。

やふぁだりる　むむかん　　　稳やかな百神
はらい　　はらい　　　祓い　祓い（以上、アブンマの独唱）
やふぁだりる　むむかん　　　穏やかな百神（他の祖神たちの唱和）
なゴだりる　ゆなオさ　　　和やかな世直さ（大皿の名）
はらい　はらい　　　祓い　祓い（以上、アブンマの独唱）
なゴだりる　ゆなオさ　　　和やかな世直さ（他の祖神たちの唱和）
てぃんだオノ　みオぷぎ　　　天道のお蔭で
はらい　はらい　　　祓い　祓い（以上、アブンマの独唱）
てぃんだオノ　みオぷぎ　　　天道のお蔭で（他の祖神たちの唱和）
やぐみゅーいノ　みオぷぎ　　　恐れ多い神のお蔭で

島尻の祖神が籠もる聖なる森と海の向こうの大神島

はらい　はらい　　祓い　祓い（以上、アブンマの独唱）
やぐみゅーいノ　みオぷぎ　　恐れ多い神のお蔭で（他の祖神たちの唱和）
あさてぃだノ　みオぷぎ　　父太陽のお蔭で
はらい　はらい　　祓い　祓い（以上、アブンマの独唱）
あさてぃだノ　みオぷぎ　　父太陽のお蔭で（他の祖神たちの唱和）
うやてぃだノ　みオぷぎ　　親太陽のお蔭で
はらい　はらい　　祓い　祓い（以上、アブンマの独唱）
うやてぃだノ　みオぷぎ　　親太陽のお蔭で（他の祖神たちの唱和）
ゆーチキ　みうふぎ　　夜の月のお蔭で
はらい　はらい　　祓い　祓い（以上、アブンマの独唱）
ゆーチキ　みうふぎ　　夜の月のお蔭で（他の祖神たちの唱和）
ゆーてぃだノ　みうふぎ　　夜の太陽（月）のお蔭で
はらい　はらい　　祓い　祓い（以上、アブンマの独唱）
ゆーてぃだノ　みうふぎ(1)　　夜の太陽（月）のお蔭で（他の祖神たちの唱和）

これはその冒頭部分である。このように、ここは基本的に五・四音という韻律から成っている。アブンマは杖を地面に突き立てて拍子をとりながら朗誦するが、呪詞の定型的な韻律はこのような身体的動作と結びついている。また、「あさてぃだノ　みオぷぎ／うやてぃだノ　みオぷぎ」のように、同内容のことを対句的に表現する。土地の老媼が神のことばは必ず対になっているのだと語る所以である(2)。そして、そのアブンマをまるく囲む他の祖神たちはアブンマの朗誦する対句的な詞章を唱和してゆく。

狩俣祖神祭り第五回第四日、ユーシ参りの後に集落を通って山に帰る祖神たち

さて、その内容は天から降臨したンマティダ（母なる太陽）という祖神によってなされた村の始まりを説くものであった。これは、泉の発見による村立てというモチーフにおいて、沖縄の他地域にみられる説話形態の村立て神話と共通するものである。

しかし、その表現の仕方において、説話形態の神話が一般的には外形的に語られるのに対し、これは三人称的に外形的に表現するものから、「にだりノシ　わんな（根立て主のわたしは）」のように、一人称的に表現してゆくものへと移行する。ただ、それらは完全に分離しているのではなく、未分離で混融した状態にあるといえる。[3] なお、このような呪詞形態の神話はいつも一人称で表現されるとは限らない。奄美大島のユタが祭儀のなかで朗誦する呪詞「オモイマツガネ」は、日光感精のモチーフをもつ巫祖神話として知られているが、三人称的に表現され、一人称的な表現をとることはない。これは、この呪詞「ハライグイ」がシャーマニスティックな状態で神自身のことばとして発せられるように生み出されたものであり、その典型であるからである。

声の説話の表現では三回の繰り返しのモチーフがしばしばみられるが、この呪詞においても泉発見の部分で四回の繰り返しがみられる。しかし、声の説話にあってはしばしば繰り返しの語りが簡略化するのに対し、呪詞では、

かなぎかーぬ　みずざ　　カナギ井戸の水は
はらい　はらい（以下略）　祓い　祓い（以上、アブンマの独唱）
かなぎかーぬ　みずざ　（他の祖神たちの唱和。この部分、以下略）
かんぬかーぬ　みずざ　　神の井戸の水は

みず　うふさやイシが　　水量は多いけれども
ゆー　うふさやイシが　　湯量は多いけれども
みず　あふぁさやりば　　水は淡いので
ゆー　あぱさやりば　　湯は淡いので
シとぅギみず　ならん　　粢水にはならない
いノイみず　ならん　　祈り水にはならない

くるぎかーぬ　みずざ　　クルギ井戸の水は
かんぬかーぬ　みずざ　　神の井戸の水は
みず　んまさやイシが　　水は旨いけれども
ゆー　んまさやイシが　　湯は旨いけれども
みず　いきりゃがりば　　水量は少ないので
ゆー　いきりゃがりば　　湯量は少ないので
シとぅギみず　ならん(4)　　粢水にはならない
いノイみず　ならん　　祈り水にはならない

のように、完全に定型的に繰り返して表現される。これは呪詞が韻律をもつ詞章だからである。

二　説話としての神話の表現

説話としての神話は、共同体の祭儀の周辺から外側にかけてさまざまに伝承される。[5]また、これとは別に、巫者が神からの託宣として、あるいは神との出会いの体験として、周りの人々に神話を語り出すことがある。この巫者を中心に新しい教団が生まれるとき、教義体系として整理され、中核に据えられることにもなるものである。[6]

沖縄宮古島の巫者カンカカリヤーである比嘉トヨさんが語られた島の始まりの神話もそのようなものである。彼女は四十二歳のとき、トランス状態のなかで神に歩くことを命じられ、宮古島の背骨とされるところまで来たところ、ミタイヌシ（見張りの主）の神という神から島の始まりのできごとを教えられたという。

その神が語ったという宮古島創世の神話は佐渡山安公氏によって報告されている。[7]

宮古島は蛇の落とし子なんです。宮古島に初めて神様が蛇の姿で、降りてやってきたのは、二千八百年前ですって。植物園の一番高い所でね。昔はその嶺のことをナビフタンミ（鍋蓋嶺）といったらしい。

そこに、いちよう降りて、神様が、「宮古島に根を降ろす。人々を増やすよう

宮古島の背骨のように島中央に連なる森
（佐渡山安公氏撮影）

比嘉トヨさんの創設した拝所

に、島立てをしなさい」とおっしゃって降ろされた。けれども、このころ宮古島には人間は誰もいなくってね。ここで、十年も二十年もおって、三十年もたつと体が大きくなったもんだから、ここにいられない。それで、そこから、嶺の奥の方にリュウヌムイ（竜の洞窟）があるが、―「自然の家」の後ろの方―どうしても体を隠さなくちゃいけない、として、その洞窟に入っていた。

これはその語り出しの部分であるが、神が語ったということばそのままではない。神が語ったことばそのままが再現されるならば、巫女の語りの如く、神が直接的に語りかけてくるかたちがとどめられるはずである。しかし、ここでは比嘉さんが神に教えられた話を聴き手に向かって説くかたちで語っておられる。これは、いうならば審神者としての立場に立ち、神と人との間を繋ぐ位置に身を置いて語っておられるからである。(8) ここに、神に憑依された巫女が無意識のうちに語る神のことばと審神者の位置に立って神のことばの内容を説くことばとの間には、その表現において大きく異なることが知られよう。

しかも、ここではその表現は、「植物園の一番高い所でね」とか「嶺の奥の方にリュウヌムイ（竜の洞窟）があるが、―「自然の家」の後ろの方―」のように、場所の位置などについてさらに説明的である。これは、その聴き手が信仰的には外部の人間であるからであろう。神話は神々への信仰と深く関わるのであるから、語り手と聴き手との関係によってその表現も異なることとなる。

さて、比嘉さんの語る神話を要約して掲げると、次のようなものである。

Ⅰ二千八百年前、宮古島のナビフタンミに初めて神が蛇の姿で降臨した。
Ⅱ体が大きくなった神はリュウヌムイで三百年間身を隠していた。
Ⅲ三百年目に洞窟を出ると、人間が住み始めていたので、神は漲水に行って三日間人の様子を窺っていた。
Ⅳ漲水の近くには二、三軒の家があった。そのうちの立派な一軒の家にきれいな娘がいた。神は、宮古島を広げるために子を産ませようとして、男の姿に化けて娘を抱いた。娘は、男がどこから入っていつ帰ってしまうのかわからないうちに、とうとう妊娠してしまった。

Ⅴそこで、娘が隣りの老婆に相談すると、老婆は近所の三軒の家でうわさをしていないことを確かめ、針に糸巻きの糸を通して男の髪に刺すことを教えた。娘は教えられた通りにした。

Ⅵ翌朝、娘が糸をたどってみると、大蛇が丸い円を作って頭を上に上げて岩の上で座っていた。そして、目には針が刺さっていた。

Ⅶ娘が驚いて再び老婆に尋ねると、老婆はその蛇は神様だと教え、線香三本・粟一摑み・酒一杯をもってお詫びするように指示した。娘は老婆とともに大蛇のところに出かけ、老婆がお詫びの祈願をするなかで、教えられるままに大蛇の目の針を抜いた。すると、蛇の片目がポッと出てしまった。娘は老婆の唱えによって救われた。悪いことをすれば「ごめんなさい」と詫びれば神様に許していただけるというのもこのことから始まったという。漲水御嶽で拝むのもこのことに始まる。

Ⅷ娘はお腹が大きくなってきたので、さらに老婆に相談したところ、旧暦三月三日の夜明けに浜辺の波打ち際を歩くように教えられた。

Ⅸ娘がその通りにすると、七匹の蛇が流れ落ちた。老婆が線香三本をもって再びお詫びするように教えたので、娘は一緒に拝みに行った。

Ⅹさらに、三日後の三日マンサンの神事の最中、老婆の耳に、自分は神だ、宮古島を大事にして発展させよ、という神のことばが聞こえてきた。老婆は、信じると言った。

Ⅺこのときに生まれた七匹の蛇の子が神様の子として宮古島を守っている。長男は漲水御嶽、次男は赤名宮、三男はツヌジ御嶽、四男は新里ツカサヤー御嶽、五男は保良の先、六男は浦底、七男は狩俣の先の方にいて、

宮古島の漲水御嶽（佐渡山安公氏撮影）

それぞれ島を守っている。

これが、昔話「蛇聟入〈苧環型〉」の話型に沿うものであることは明らかである。

宮古島には、島の中心地平良市にある漲水御嶽の神についてのこの型の伝承が、広く島内に流布している。その伝承には、娘が出産して子を連れ、神である大蛇と再会する出産再会型とでも呼ぶべきものと、子を流産させる流産型とでも呼ぶべきものとに二大別される。[9] このうち、流産型のなかで御嶽の由来となるものの内容は次のようなものである。

①美しい女のもとにとてもきれいな男が毎晩通ってきて、その女は妊娠した。

②女が隣りの老婆に相談すると、老婆は「針に長い糸をつけて、その針を男に刺せ」と教えた。女はその教えのままにした。

③糸をたどると、漲水御嶽の洞窟のなかに入っていた。中には針に片目を刺された大蛇がいた。

④老婆は女に再び「三月三日にヨモギ餅を食べ、潮を浴びるとよい」と教えた。

⑤女が教えられた通りにすると、蛇の子は流れ落ちた。

⑥それ以来、三月三日には浜下りをするようになった。また、流れた七匹（または十二匹とも）の蛇の子は下地御嶽その他（または漲水御嶽付近の御嶽）の神々となった。

これらを比較してみると、Ⅳと①、Ⅴと②、Ⅵと③、Ⅷと④、Ⅸと⑤、Ⅺと⑥がそれぞれほぼ対応しており、比嘉さんの創世神話がこの漲水御嶽伝承に依拠したものであることは間違いあるまい。おそらく、比嘉さんのトランス状態のなかから、この漲水御嶽伝承にもとづいて、宮古島創世の神話が生まれたのであろう。

しかし、そこには大きな差異も存する。

比嘉さんの神話にみられるのは、まず時間へのこだわりである。[10]「二千八百年前」「三百年間」「三日後」などのように、きわめて具体的な時間として表現されている。これは、神から教えられた島の始まりのできごとが疑うべからざる事実として語られることに関わろう。虚構か事実かあいまいなままに語るのではなく、時間の確かさによって、事実であることが強調されるのである。しかも、「二千八百年前」「三百年間」のように、一人の人間にはとうてい知り得ないような時間の長さが表現されることによって、神の教えるところの不可思議さが強調される。比嘉さんは、「宮古島に初めて神様が蛇の姿で、降りてやってきたのは、二千八百年前ですって。」のように、ためらうことなく「二千八百年前」というだれも知り得ないはるか昔のできごとを語り始める。

また、Ⅶにみられるような、神事の次第についての叙述が著しく詳細であることも注目されよう。比嘉さんは、カンカカリヤーとして、神事を執行する知識を有している。Ⅶの部分で神を祀ることを語るとき、自ら神に触れるかたちが自ずととられることになったものであろう。

さらに、Ⅺの蛇の子が島の神々となったという部分は、

三男坊はユーヌヌス（世の主）といって、ツヌジ御嶽に。この三男坊は「どうしても、この宮古島に作物をでかしたい。この畑に青ものから実をつけてあげたい」というような感じでね、宮古中を回って、水を掘って歩いてみるけど、水の豊富なところは下地町しかないということで、自分は島の「雨の主・露の主」として雨を降らして、作物をでかして住民を救ってあげるんだ、ということで、向こうにお座りになったのが三男です。

というように、それぞれの神々の役割が語られていて、詳細なものとなっている。これは、比嘉さんの信仰の体系を具現化する神々の機能と体系を示すものであり、地理空間にもとづく世界観の現れである。このような神々の機能と体系を獲得することは巫者の職掌にとってきわめて重要なことであり、それは、山下欣一氏が論じられるよう[11]

に、成巫過程の儀礼の実修を通して行われることとなる。なお、この部分は老婆の立場からの語りであり、古橋信孝氏が指摘されるように[12]、語り手の視点は巫者的な性格をもつ老婆に重ねられている。この神話では、ⅠからⅢまでは神の立場、ⅣからⅥまではどちらかといえば娘の立場を中心に、Ⅶ以降は老婆の立場を中心に語られている。

このように、神の託宣にもとづいて巫者が語る説話としての神話は、不可思議な話を現実と密接に関連づけることから叙述されている。この神話は、比嘉さんを歩かせて島の始まりのできごとを教えたというミタイヌシの神が天から降臨してきた場所を聖地として祀ることになった由来を説明するものとして語られている。加えて、神への許しの儀礼・漲水御嶽祭祀の起源などがここには語られている。

宮古島には、他にも「蛇聟入〈苧環型〉」の話型をもつ神話がある。これは狩俣のウプグフムトゥに伝承される村立て神話で、先にとり上げた呪詞「ハライグイ」とも関わるものである[13]。それを要約したものを掲げると、次のようなものとなる。

①母神ンマティダが娘神ヤマヌフシライを連れてテンヤ・ウイヤからナカズマに降臨した。

②飲み水を探してカナギガー、クルギガー、ヤマダガーと移動し、ついに水量も豊富で水のおいしいイスガーを発見し、その近くのウプフンムイに小屋を建てて住みついた。

③小屋を建てる途中でヤマヌフシライが怪我をして死んだ。

④ンマティダはその後ナカフンムイに移り住んだ。

⑤ンマティダは毎夜枕上に一人の青年が座ると夢見、懐妊した。

⑥ンマティダは青年の素性を知ろうとその右肩に糸のついた針を刺した。

⑦翌朝糸をたどると近くの洞穴に続き、中では大蛇が右目に針を刺されて苦しんでいた。

⑧その晩夢にいつもの青年が現れ、自分はテンヤ・ウイヤから降臨した神と名告り、必ず男の子が生まれるだ

ろうと告げて消えた。
⑨数カ月後男の子が生まれ、その朝大蛇は七光を放って天上に舞い上がって消えた。
⑩男の子はテラヌプーズトュミヤと名づけられ、成長した。
⑪狩俣には娶るべき女性がいないため、八重山に渡ってヤーマウスミガという女性を妻とした。

なお、この神話について、『御嶽由来記』（一七〇五年成立）に記載された伝承では苧環のモチーフをもたず、また今日の伝承のなかにも同様の伝承があることから、苧環のモチーフをもつものは漲水御嶽伝承の刺激を受けて取り込まれたと考えられる。[14] 説話が伝承されてゆくなかでモチーフが取り込まれることになったり、話型に組み込まれることになったりするという傾向が、ここにもみられるのである。

ところで、別に詳述した[15]ことであるが、この神話に関連すると思われる神役の女性の体験がある。

狩俣の祭りを執り行う神役の女性たちは神聖な神籤によって選出されるが、彼女たち自身も神秘的な体験や夢によって神からの召命を強く感じている。先代のアブンマ（ウプグフムトゥの司祭者で村の最高神女）であった根間チヨさんは、籤に当たる前には聖地に籠もるなかで神から神聖な衣裳を授けられる夢を見、また籤に当たった夜には見たこともないような大きな蛇が部屋を這ってゆくのを夫とともに見られたという。[15]

このうち、大蛇が家のなかを這うのを見たとされる体験には、先の神話が関わっていたと思われる。アブンマは天から降臨して村を開き、大蛇神と結婚したンマティダと呼ばれるウプグフムトゥの祖神と観念上一体化することになるのであろう。先代のアブンマ選出のときに大蛇が這ったというのは偶然のできごとであったかもしれない。しかし、根間さんの脳裏にこの神話が浮かび上がり、それと結びつけて大蛇神の妻になると意味づけされることによって、このできごとは必然のこととしていつまでも心に留められることになったと思われる。ただし、根間さんの語る神話では大蛇神と結婚したのは娘神ヤマヌフシライとされており、この神と重ねられているのかもしれない。[16]

そして、根間さんが大蛇を見たときの驚きは、この神話のなかで女神が糸をたどっていって大蛇を見たときの驚きと符合することとなったであろう。蛇を神と信じる人々にとっては、そのように受けとめられよう。しかし、その場面の語りは、狩俣での伝承では、たとえば、

糸をたどっていったら、ここの裏の川に、川の方にずうーと伝っておって、そこの洞穴のところに水たまりが―いまもちょっとした水たまりがありますがね―ここに蛇がぐうーと巻いておった。刺しておったところが目だったんですよね。(17)

のように、特別詳細なものではなく、その語りの調子（口頭の言語表現であるから、「語りの調子」という音声的要素は重要である）も平板なものである。もちろん、これは神役以外の話者が外部の者に語ったものであるからでもあろう。

一方、これと異なる神話ではあるが、巫者である比嘉さんの先の神話では、

入ってみると、大きなのが座って、丸い円を作って、こう、頭を上にあげているけど、目に針を刺されて、ものすごく出血していた。それを見て、わっと、この娘さんはそこで倒れて、何時間経ったかわからないけど。(18)

のように語られている。文字化してみると、説明的な叙述になっているといえようが、「大きなのが座って」「丸い円を作って」「ものすごく」「わっと」などの部分に力を込めて語っておられるのである。第三者的、説明的な叙述のようにみえるが、その語りの調子は躍動的なのである。

そしてまた、根間さんのような聴き手にとって、あるいは比嘉さんのような聴き手にとっては、たとえ簡略で平板な調子の語りであったとしても、豊かな想像や感動を喚び起こすことになるのである。

おわりに

以上、声の神話である呪詞・説話のそれぞれのものについて、その表現の特質を論じてみた。神々の物語がそれぞれの形式によって音声化されるとき、その表現は、いずれもその内容が神聖なものとして信じられるようにはたらき、聴き手に受け入れられることになるものと思われる。とりわけ、呪詞や説話の口頭表現の場合、その機能はその場や語り手・聴き手の関係に関わるのであり、またそれは音声面において十分に考慮されねばならないのである。

注

（1）外間守善・新里幸昭編『南島歌謡大成Ⅲ　宮古篇』（角川書店、一九七八年）。
（2）元シダティムトゥのツカサ久貝キヨさん（一九二一年生）のご教示による。
（3）藤井貞和『古日本文学発生論』（思潮社、一九七八年）、拙稿「ウタの表現」（『講座日本の伝承文学』第二巻、三弥井書店、一九九五年）。
（4）外間・新里注（1）書。
（5）福田晃「民間神話の伝承世界―南島の視座から」（『日本伝説大系』別巻一「研究編」みずうみ書房、一九九〇年、『南島説話の研究』法政大学出版局、一九九二年、所収）は祭儀の内部・祭儀の周辺・祭儀の外という各段階における神話伝承を詳細に論じている。
（6）たとえば、天理教の教祖中山ミキが神の憑依のうちに記したという「お筆先」は整理されて教義書となっている。
（7）佐渡山安公「シャーマンの語る創世神話〈宮古島〉」（『奄美沖縄民間文芸研究』第十三号、一九九〇年七月）。
（8）彼女たちは神事におけるトランス状態のなかで巫女・審神者両方の立場に身を置いて依頼者に神の託宣を説き明かすこ

とができるが、ここではそのようなトランス状態にあるわけではない。
(9) 拙稿「宮古島漲水御嶽伝承の位相」(『ゆがたい』第三号、一九八一年十月、『日本昔話研究集成』第四巻「昔話の形態」名著出版、一九八四年、に「蛇聟入の位相」と改題して掲載。本書第二部第三章所収)。
(10) 三浦佑之「古代説話論・試論―語臣猪麻呂の〈事実譚〉―」(『説話・伝承の日本・アジア・世界』桜楓社、一九八三年、『古代叙事伝承の研究』勉誠社、一九九二年、所収)は説話における時の記載がその事実性を保証するものの一つであることを明らかにしている。
(11) 山下欣一「異界としての山―南島の視点から―」(『説話―異界としての山』翰林書房、一九九七年)。
(12) 古橋信孝「カンカカリャ(ユタ)の神話」(『物語』第一号、一九九〇年七月、『神話・物語の文芸史』ぺりかん社、一九九二年、所収)。
(13) 本永清「三分観の一考察」(『琉大史学』第四号、一九七三年六月、日本文学研究資料叢書『日本神話Ⅱ』有精堂出版、一九八一年、所収)。
(14) 拙稿注(9)論文。
(15) 一九九二年八月、佐渡山安公氏とともに訪問してうかがったところによる。
(16) このような神の召命の徴証と解されるできごとに声の神話の世界が関わることについては、山下欣一『奄美のシャーマニズム』(弘文堂、一九七三年)、同『奄美説話の研究』(法政大学出版局、一九七九年)参照。筆者も拙稿「南島民間神話発生の諸相」(『神々の祭祀と伝承』同朋舎出版、一九九二年)、同「祖神祭りと神女たち」(『まつり通信』第四百十二号、一九九五年五月)で論じている。
(17) 一九八三年八月、奄美沖縄民間文芸研究会昔話調査において、筆者が狩俣集落の砂川栄次郎さん(一九〇七年生)から聞いたものである。
(18) 一九八九年十二月、佐渡山安公・古橋信孝・居駒永幸・狩俣恵一の各氏が訪問したときのビデオテープのものによった。

第四章　声の神話の地域性
――奄美・沖縄の呪詞をめぐって――

はじめに

奄美・沖縄の村落祭祀を担う女性たちの中心となるのがノロやツカサなどと呼ばれる神役である。彼女たちは村落祭祀全体を統括し、神への祈願のための、または神自身の立場での神聖な呪詞を伝承して、それを神事の場で朗誦する。

こうした呪詞を対象として在地伝承について考えようとするとき、どのような問題を設定しうるであろうか。ここでは、およそ次のような問題を立ててみたい。

ある地域が他の地域から伝播してきた詞章をいかに受容したか、またその地域に存する別の言語伝承をもとにしていかに新たなものを生み出したか、さらにはそうしたものの伝承の位相の問題、伝承のシステムの問題、伝承に関わる意識の問題などである。

これらの問題設定が有効か否かについては、これらを論じることによって在地の文化の問題がどの程度明らかとなるかにかかっていよう。

一　外部からの呪詞の受容

奄美・沖縄の島々では、各村落を単位として数多くの祭祀が執り行われる。その中心となる神事の場では、神への祈願のことばとして、あるいは神の立場に立って神そのもののことばとしてさまざまな呪詞が朗誦されるが、それを担うのは女性の神役たちであって、彼女たちはさまざまな呪詞を伝承してきた。

琉球王朝の史料『琉球国由来記』（一七一三年）には伊平屋島の呪詞ミセセルが収載されているが、それは次のようなものである。(1)

いれきやゝ	甍は
いれきやゝ	甍は
なまたこめあらぬ	今巧み〈計画〉ではない
なまこのめあらぬ	今企み〈計画〉ではない
あまみきよがはじめ	アマミキヨの初め
しねりきよがはじめ	シネリキヨの初め
てるきやちが［か］なみや	テルキヤチの金庭
なでしによがかなみや	ナデシニヨの金庭
のろぼり大ごろ	祝女誇れ　大男
ぬしぼこり大ごろ	主誇れ　大男
角たかはこのみやひ	角高〈牛〉を企んで

足四つはこのみやひ
あら田けこけぎよけて
そこ田けこけぎよけて
十月がなれば
よかる日より愛らで
あまたねはまきをるちへ
しらたねはまきよをるち
つやみつきなれば
つやよつきなれば
をしゆはかて植へとて
みようはかてうへとて
しらねさちへもへづちへ
赤根さちへ萌づちへ
青たれてもへて
しけたれてもたへて
八よださちへをまらちへ
十枝ささちへあまへよへ
五月がなれば
しらもゝにならば

足四つ〈牛〉を企んで
新田をこねて
底田をこねて
十月になると
良き日和を選んで
甘種を蒔き降ろして
白種を蒔き降ろして
つや三月になると
つや四月になると
潮〈水〉を計って植えておいて
澪を計って植えておいて
白根を差して萌え付いて
赤根を差して萌え付いて
あお〈聖域〉に垂れて萌えて
しけ〈聖域〉に垂れて盛って
八枝差して生まらせて
十枝差して歓える
五月になると
白もも〈成熟〉になったら

赤もゝにならば
穂さきとて
あまみきよに
いせ祭すれ
穂本とて
のろ神に
いせ祭すれ
真にしふきすれば
真南風のあづらをちつみ
真南風吹すれば
真にしあづら打つみ
あぶしかたわからぬ
あきのゑららもつもつ
あきの鎌もつもつ
八つまたに刈満へ
庭まで積あます
おにからや
又からや
島尻の

赤もも〈成熟〉になったら
穂先を取って
アマミキヨに（捧げて）
立派な祭りをせよ
穂本を取って
祝女神に（捧げて）
立派な祭りをせよ
真北風が吹くと
真南の畔に打ち積み
真南風が吹くと
真北の畔に打ち積み
畦の形がわからない（ほど稔る）
秋のゑらら〈鎌〉を持つ持つ
秋の鎌を持つ持つ
八つ俣〈倉〉に刈り満たせて
庭まで積み余す
それからは
又からは
島尻の

国の根の　　　　　　国の根の
嵩の辻　　　　　　　嶽の頂
森が辻　　　　　　　森の頂
あやはべる　　　　　綾蝶
こせはべる　　　　　奇蝶
飛やへしゆへ　　　　飛び合いする
舞やへしゆへ　　　　舞い合いする
雨やふよひ　　　　　雨は降っている
こせやふよひ　　　　こせ〈雨〉は降っている
あふへ持やへこう　　煽りを持って来い
手がさもちやへこう　手傘を持って来い

このミセセルは、同書に「柴差の時あむがなし屋敷の庭にて」唱えるものとする。八月十日に年の折目の行事として農作物の豊穣・村民の健康祈願をする際に、伊平屋島の神事を統括し、王朝で聞得大君に次ぐ神職として王家鎮護に当たったアムガナシ屋敷の庭でまず朗誦されたのである。

アマミキコ・シネリキヨによる創世の時代の稲の作り始めをその農耕の過程に従って叙述する。こうした叙述は小野重朗氏が論じられる(2)「生産叙事歌」の様式にあたるものである。氏が説かれるように、こうした稲の「生産叙事歌」は今日に至るまで奄美・沖縄の各地域に広く伝承されてきた。このミセセルの場合は神事の場で朗誦することによって、アマミキヨ・シネリキヨ時代のこととして活力ある始源の世界が顕現するとされたのである。

この「生産叙事」的な叙述のなかにみえる「真にしふきすれば（真北風が吹くと）／真南風のあづらをちつみ（真

南の畔に打ち積み）／真南風吹すれば（真南風が吹くと）／真にしあづら打つみ（真北の畔に打ち積み）」の部分から、かなり明確にこれらの詞章の系統を考えることができる。

これに類する表現は、沖縄本島地方では、王朝時代の同じ伊平屋島のオタカベと呼ばれる呪詞の詞章(3)、国頭地方・島尻地方で今日も伝承される古歌謡クェーナやウムイの詞章(4)にみえる。また、奄美地方では、奄美大島南部古仁屋のノロの呪詞(5)に類似のものがみえ、およそ同系統のものと考えられる。さらに、八重山地方では、石垣島川平のシチ祭りに登場する来訪神マユンガナシの唱える呪詞カンフチィの詞章(6)に同系統のものがみられる。

宮古地方では現在こうしたものを確認することはできないが、それ以外の地域では広く伝えられてきたのである。

さて、本土地方の田遊びの詞章と芸能の体系的な研究は新井恒易氏によってなされたが(7)、氏によって紹介された

竹富島種子取祭「参詣」の主事宅での「稲が種子アヨー」歌唱。この歌謡も「生産叙事歌」の様式をもつ。

福井県敦賀市金山彦神社の『金山村神事講　金山村神事覚帳』（正徳四年〈一七一四〉）に記される田遊び詞章(8)の、

東の畷にかぜふけ（風吹け）バ／西のなわてに穂ぶさ（房）ハゆらり／西の畷ニ風ふけバ／東のなわてにほぶさハゆらり／

という一節が注目される。なお、これに類するものは福井県今立郡池田町・同丹生郡清水町・岐阜県加茂郡富加町の田遊び資料に見出され、このうち最も古い資料の原本は元禄十三年（一七〇〇）成立と推定されるという(9)。

田遊びの詞章は、奄美・沖縄の呪詞・歌謡と同様に、稲の成育過程を対句的に叙述し、その豊穣を実現させようとするものであるが、こうした部分の表現の類似は両者が決して無縁でなかったことを示している(10)。しかも、十八世紀初めというほぼ同時期において、こうした詞章が本土地方の中部地方と奄美・沖

石垣島登野城の盆アンガマ。本土地方から伝播した念仏口説が唱えられる。

縄地方の沖縄本島地方との両地域で民間の宗教・芸能者によってともに伝承されていたのである。

それでは、これらのものはいずれからいずれへと伝播していったのであろうか。

真鍋昌弘氏は本土地方の中近世歌謡の表現が近世沖縄地方の琉歌に影響を与えたことを豊富な事例を通して論じておられる。(11)また、小野氏も近世本土地方の歌謡の「あぜまくら」という表現が伝播して、奄美・沖縄の先の呪詞・歌謡の表現に関連する「あぶしまくら」という表現が生み出されたことを説いておられる。(12)

田遊び詞章のような宗教的な呪詞は民間宗教者・芸能者によって伝えられていったものであるから、こうした歌謡の伝播と同じであるとは性急に認めることができないが、こうしたものの本土地方から奄美・沖縄地方への伝播というおよその方向性を示唆しよう。

中世以降、山伏や念仏聖のような民間宗教者たちは宗教的活動として本土地方から奄美・沖縄地方へ渡っていった。(13)また、本土地方の念仏芸能や祝福芸能も沖縄へ伝えられていった。(14)

田遊び詞章の伝播の実態そのものは明らかではないが、こうした宗教・芸能の伝播のありようからすると、こうした詞章が奄美・沖縄にも伝播し、祭儀の呪詞として受容されたことが考えられよう。

このように、奄美・沖縄の村落共同体の女性神役たちが伝承し、神事において朗誦する呪詞のなかには本土地方から伝来した呪詞を強い力をもつものとして積極的に受容したと考えられるものが存するのである。

二　在地における呪詞の発生

こうした外来の表現を受容する一方、その地域で新たに呪詞が生み出されるような場合も存する。奄美・沖縄の女性神役のなかには、シャーマン的な傾向を強く示す者たちがいる。こうした民間宗教者たちは、理論的にはプリースト（プリーステス）とシャーマンとに分けられるが、奄美・沖縄地方の女性神役・巫者の場合、その境界は実態としては判然としない点があり、神役たちにも、程度の差はあれ、しばしばシャーマン的な要素を見出すことができる。(15) 現在でもそうした傾向を強く保持するのは宮古諸島の神役たちである。この地域では、村落祭祀において神の憑依・託宣をその中核としていたり、神が憑依することによって神自身と化すというかたちの神事が行われたりしている。

そうした村落のなかには、その地域で呪詞を新たに生み出しているところもあるのである。

たとえば、沖縄宮古島の西北端の狩俣という集落では、旧暦十月から十二月にかけて五回にわたって行われる祖神祭りという神事を中心にして多数の長大な呪詞が伝承され、神事のなかで朗誦されてきた。それらは外間守善・新里幸昭の両氏や本永清氏などによって調査・報告されたの(16)であったが、これらのもの以外にも山の聖地で籠もる際などに朗誦される多数の呪詞が伝承されてきたようである。

これらの呪詞は村を開いた先祖の神々の事跡を物語る内容のものである。

赤豆の播種儀礼であるアージヤマー回目のニガイ。ここからムトゥ、そしてウフミナーに移動し、そこで「フナンダキツカサのタービ」が朗誦される。

たとえば、祖神祭りで朗誦される「ハライグイ」と呼ばれる呪詞は、村の始祖である女神の神霊が憑依して神自身となるアブンマという神役の女性が主導するが、その内容はその女神が天から降臨してよい泉を求めてめぐり、村を開いたというものである。神役の口からこうした神話が朗誦されることによって、祖神が泉を求めて村落を開いたさまが再現されることになる。太陽の力が弱まり、まがまがしいものが跳梁跋扈する冬の季節、始源の力を呼び寄せて集落の世界を更新しようとするのだと考えられる。

また、狩俣には、これとは別系統の村立て神話の内容をもつ呪詞も伝承されている。粟・麦・豆などの作物の豊穣を祈願する農耕の神事において朗誦される「フナンダキツカサのタービ」と呼ばれる呪詞がそれであり、ユーヌヌス（世の主）・ミズヌヌス（水の主）という神役たちによって朗誦される。(17)

その詞章は神の名を讃えることから始められ、次に神話的な内容が述べられる。

いちゅらけんな　　　　　一番新しくは
いっちゅ　ぱジみんな　　一番初めには
ふなんだぎ　チかさ　　　舟んだぎ司〈神女名〉は
ふにぬまーむイ　　　　　舟のマームイ〈神女名〉は
なら　んまりさまじがー　自分で美しく生まれなされているから
ちゅら　んまりさまじがー　美しい生まれをなされているから
はるかっちゃ　んなかん　張る蚊帳の真中に
まるかっちゃ　なかん　　丸蚊帳の中に
やぱだりゅーイ　かんぬ　穏やかにいます神の
なぐだりゅーイ　かんぬ　和やかにいます神の

びきイしゃーが　ういや　　兄の上が
たぬがしゃーが　ういや　　種子〈男〉の上が
みーぶシみ　とぅらまい　　見欲しさをとられて
キむぶシみ　とぅらまい　　肝欲しさをとられて
ゆなーぐとぅ　さまい　　夜這いごとをなされて
かっふしぐとぅ　さまい　　隠しごとをなされて
んキチみ　とぅらまい　　向かいつめをとられ〈向かいつづけ〉て
だキチみ　とぅらまい　　抱きつめをとられ〈抱きつづけ〉て
んキチみぬ　ぶんな　　向かいつめの分は
だキチみぬ　ぶんな　　抱きつめの分は
っシなかぐどぅんま　　立派な子供殿を
かぎなかぐどぅんま　　美しい子供殿を
とぅーうチ　くみてぃ　　胴の中に籠めて
やーうチ　くみてぃ　　体の中に籠めて

のように、フニヌマームイという美しい娘が自分の兄弟と共寝をして子どもを妊んだことが述べられてゆく。

その内容を要約すると、およそ次のようなものである。

　兄と妹とが結婚して子どもを妊んだことによって父親の怒りを買い、穀物の種を積んで守り姉と一緒に船出をした。風にまかせ、舟の赴くままに行って各地の神々に出会う。宮古島近くの大神島で上陸し、御嶽を造って神祭りをしたが、水の味が淡くて適さなかった。そこで、再び船出し、また神々と出会いながら、狩俣のアカグ浜に着いた。そこから村の東の門まで行ったところ、ユーナ山から鳥のひなが羽を濡らして来るのを見つけた。そこにきれいな清水が湧いているのを発見し、飲んでみるととてもおいしかった。それで、そのそばのナーンミ（仲嶺）の地に家を建てて住み、そこで守り姉は水の守り神となった。兄妹の夫婦はシダティ（志立）の地に移り、そこに家を建てて豊穣の神となった。

これは兄妹始祖神話と呼ばれる神話に属するものである。

狩俣では、これと同内容のものが説話的なかたちでも口承されているが、奄美・沖縄の島々ではこうしたものに類似する、兄妹婚姻・漂着のモチーフや動物による泉発見のモチーフをもつ村立て神話が広く分布している。たとえば、奄美諸島の喜界島手久津久では、朝戸神社の祭神である朝戸瀬戸・万の瀬戸という夫婦神についての伝承として、沖縄に住んでいた兄妹が舟で漂流中に夫婦となり、喜界島に流れついて住みつき手久津久村の開祖となった、という。兄妹婚姻・漂着のモチーフをもつ同様の伝承は奄美大島や宮古島大浦などにもあり、その大浦の伝承では、兄妹が中国から漂流して大浦の浜にたどり着き、結婚して村を立てたというもので、鳥による泉発見のモチーフも備わっており、狩俣の神話によく類似している。

つまり、こうした狩俣の神話は狩俣独自の孤立したものではなく、奄美・沖縄さらにはアジアの各地に広く伝承される村立て神話との関わりのなかで生まれてきたものなのである。おそらく、そうした周辺地域で伝承されていた説話形態の神話が流入し、その刺激によってこうした狩俣の神話が生まれたのであろう。

そして、そうした説話形態の神話（必ずしも細部まで叙述が定まっていたわけではないであろう）を素材としつつ、祭儀のなかで朗誦する先の呪詞が生み出されてきたと考えられる。

狩俣の女性神役たちは、先に述べたように、民間巫者とかなり類似するシャーマン的な性格を有している。ユタの巫病に類似する身体の変調を体験し、神から選ばれたことを暗示する夢を見、祭儀のなかで神霊が憑依するかたちをとる。[18]いま彼女たちは数多くの長大な呪詞を先輩の神役たちから教わって伝承し、新たな呪詞を生み出すことはないようである。しかし、かつて村落の祭祀組織が整えられたり、再編されたりするなかで、あるいは神の意志としてのさまざまな異変が生じるなかで、奄美ユタが呪詞を生み出すのと同様に、説話形態の神話を素材として呪詞のことばを彼女たちの幻想のなかから生み出してきたのではなかろうか。

宮古地方の覇者仲宗根豊見親の墓
（佐渡山安公氏撮影）

宮古地方では、少なくとも十八世紀前期を遡る時期から、仲宗根豊見親などの英雄を主人公とする歴史伝承にもとづいて長大な叙事歌謡が生み出されてきた。慶世村恒任氏によれば、さらに古く宮古島を最初に統一した目黒盛豊見親はカカリ部・ブドゥイ部・アヤゴ部を置いたという。[19]こうした歴史伝承を素材とした叙事歌謡の発生・伝承はこのアヤゴ部が担当したのであったろうか。

こうした口頭表現の文化的状況のなかで、女性神役たちが集落の神役集団に伝えられる説話形態の神話にもとづいて呪詞を生み出すことはそれほど困難なことではなかったろう。しかも、それが聖地での籠もりなどにおける幻想のなかで神から教えられたと感じられれば、揺るぎない真実の神聖なことばとして信ぜられることとなろう。

狩俣の長大な呪詞の発生には、こうした強いシャーマニズム的精神風土と叙事歌謡発生の土壌が関わっている。そして、おそらくかつては他地域もそうした状況であったことが推察されよう。

三　口頭伝承の位相

さて、奄美・沖縄の女性神役たちが主として伝承するこうした呪詞は、ある一つの集落において、他の歌謡などの口頭伝承とどのように関わるであろうか。

八重山地方石垣島川平集落での場合を例として取り上げてみよう。

この集落では、先にも触れたように、一年の折り目となるシチの祭りに来訪神マユンガナシが出現してカンフチィと呼ばれる呪詞を朗誦し、作物の豊穣を約束するという神事が行われている。この神は集落の青年たちによって演じられるが神自身と信ぜられ、またその呪詞も神のことばそのものと受けとめられている。これは男性によって伝承されているものではあるが、神事における呪詞として、女性神役たちの伝承する呪詞と共通する役割を担うものとみることができよう。

その呪詞には稲・粟・麦・赤豆などさまざまな作物についてのものがあるが、それらはいずれもその作物の成育過程を表現する形式をとっている。

たとえば、稲についてのカンフチィは次のような内容である。(20)

まず、苗代田に種蒔きをすると「いんぬきー　まやぬきー　ぬんぐと（犬の毛、猫の毛のように）／くいりなーくいり　すぬかふーで（太く、固くなる果報だと）」のようになり、次に田植えをすると「したかいや　しすにうり（下には白根が降り）／ういかいや　ばがばいんで　すぬかふーで（上には若芽が出る果報だと）」のようになり、さらに草取りをすると「ゆすきたき　ぬんぐと（薄のように）／いぱきたき　ぬんぐと（力芝草のように）／むとい　さかい　すぬかふーで（もと栄えする果報だと）」のようになり、初夏に穂が出ると「やましだまぬ　なりぬんぐと（山数珠玉の実のように）／ゆでまーり　ぴきまーりし（たれまがり引きまがりして）／のーる　みぃーいりすぬかふーで（稔り実入りする果報だと）」のようになり、「ぱいかじしーば　にしあじら　まくらし（南風が吹いたら北畦を　枕にし）／にしかじ　ぬしーば　ぱいあじら　まくら　すぬかふーで（北風が吹いたら　南畦を枕にする果報だと）」のようになり、刈り入れをすると穂は豊かに積み広がり、鍋・瓶の中身が増すので、見たり聞いたりするのはうらやましいことだ。

さて、この呪詞には、稲の生育の段階を表すものとして、「いんぬきー　まやぬきー　ぬんぐと」「やましだまぬなりぬんぐと」のような比喩表現が多く用いられている。

こうした比喩表現を含む詞章の一部は他の祭祀の場での口頭伝承にもみられる。

川平集落の稲の播種儀礼である種子取祭のときに各家の家長のブナリ（姉妹）が火の神の前で行う神事の際に唱える呪詞ニガイフチィ「あかつきびの願い」では、このカンフチィと同様の叙述をとって種蒔きの過程を述べ、「いんぬきー　まいぬきー　ぬぐとぅく　いらしたぼーり（犬の毛、猫の毛のように生えさせてください）」と唱える。(21)

こうした呪詞にみられる比喩表現は神事周辺でうたわれる歌謡のなかにもみられるのである。「いにがたにあよう（稲が種子アョー）」は種子取の日にトゥニムトゥヤーで行われる儀礼のなかで参加者全員によって歌唱されるが、そこでは稲の成長するさまを「いぬがきーに　まゆがきーに　くいりぃしい（犬の毛〈のよう〉に、猫の毛〈のよう〉に太く、固くして）」とうたっている。

また、同じ場でこの歌謡の後にうたわれる祝儀的な内容の「たらまゆらじらば」でも、「まぎでぃすぬ　ぷゆちぃくり　うがみばどぅ（米というものの穂を作り拝めば）／やましぃだま　なりぃんぐとぅ　うがまり（山数珠玉の実の如く拝まれる）」とある。さらには、収穫感謝・豊穣祈願を目的とする豊年祭の巻踊りで歌唱されるユンタ「東かーら」でも「まいぬぷうゆ　ちぃくりてぃ　うがみばどぅ（米の穂を作って拝むと）／やますだま　なりぬんぐと　う

がまり（山数珠玉の実のように拝まれる）」とうたう。(22)

このことから、これらの歌謡は神事のなかで朗誦されるこうした呪詞を中心としてその周辺に歌唱されるあり方を考えることができる。そして、このことからこれらの歌謡の比喩表現は神のことばと信ぜられる神聖な呪詞の呪的な表現によって支えられているということができよう。

もっとも、歌謡はこうした呪詞とは必ずしも結びつくことなく伝播してゆくものであって、実際にはこうした口頭伝承の構造をもたない場合も存する。しかし、伝承構造のモデルとしてこうしたかたちを提示しうるのである。

四　呪詞伝承のシステム

次に、こうした呪詞伝承のシステムについて述べよう。

こうした呪詞は呪的な力をもつと信ぜられるところから、みだりに朗誦されたり、またみだりに他人に伝承されたりすることはない。しかし、定まった神聖な詞章であるため、前任者からの伝承の継承が地域々々に合わせたかたちのシステムとして存している。

宮古地方の伊良部島佐良浜集落では、神役は神籤によって選出され、三年間の任期を努めるが、引退後も一年間は新しく選出された神役に任務のすべてを伝えるため行事に加わる。そして、その伝承のなかで呪詞もそれぞれの神役が伝えるというシステムをとっている。

宮古島狩俣集落でもおよそ十二年を目安にした任期となっており、新しく選出された神役は呪詞を朗誦しなければならない場合は引退した先代の神役の家を訪ねて伝えを受けてきた。これは終身制をとっている宮古島松原集落の場合も同様で、祭祀を統括し、かつ神の憑依を受ける神役である、先代のユーザスも先々代の引退後に祭祀の次第から呪詞に至るまでこの先々代の女性から伝えられたという。

ただ、こうした終身制の場合、あるいは任期制の場合においても、神役の女性の突然の死去によって直接的な伝承が困難になることがある。狩俣では、アブンマという集落の最高神役を務めていた女性が在任中に死去し、跡を継いだ女性が困難に直面したことがあった。このときの呪詞の継承は印刷された書物によったとのことであったが、それ以外にも他の神役たちなどからの伝えもおそらくはあったものと推察される。

しかし、こうした場合でも呪詞の伝承が比較的容易に行われるのは、彼女たちが神事に参加するのが全く初めてでないという事情によっている。彼女たちは呪詞を朗誦しない神役や補助的な役を努めたという経験をもつことが多く、そのなかでさまざまな呪詞をある程度身体化してゆくのだと考えられる。

宮古島松原のカーニ御嶽での旧正月ニガイの夜籠もり

たとえば、沖縄本島南部の豊見城村平良のノロ職は家系に沿う継承であるが、祖母から受け継いだ現在のノロは子どもの頃から後について手伝うなかで呪詞の詞章もおのずと身につけたという。また、宮古島松原集落の先々代ユーザスは、前任者からの伝えによらず、祭祀の次第から呪詞の詞章に至るまですべて神が教授してくれたとのことであった。これは、彼女が長年サスとして祭祀のときにユーザスなどの神役とともに御嶽に籠もり、その際にそれらを無意識のうちに身体化していったということであり、それを、ユタやカンカカリヤーと同じように、彼女の幻想のなかで神からのはたらきかけと受けとめたものと推察される。

このように、呪詞の伝承は前任者からの伝えによるのが原則であるが、神役組織による祭祀の繰り返しが、こうした伝承を阻害するさまざまな突発的状況にも対応できるような基盤を作り上げていると考えられるのである。

五　呪詞の伝承意識

最後に、呪詞伝承に関わる意識について述べておこう。

神事のなかで朗誦される呪詞が厳しいタブーを伴っているのは当然のことであろう。神事の場で身にまとう衣装をそれ以外の場で身につけたり、みだりに他人の目にさらしたりしてはならないのと同じように、呪詞もそれ以外の場で朗誦したり、みだりに他人に伝えてはならなかった。また、神役以外の者は呪詞や神のことについて積極的に触れてはならないものであった。

また、その朗誦は伝えられたままに忠実に行おうとするものであった。狩俣のタービやフサと呼ばれる呪詞の多くが「んきゃぬたや　とぅたん〈昔の力〈霊力〉をとった〉／にだりまま　ゆたん〈根立てたままを申し上げた〉」という句で結ばれるように、その力は始源に依拠するものであり、その詞章を忠実に伝えられるままに朗誦されねばならなかった。朗誦する際に誤ったと意識された場合にはすぐにその部分からやり直しをするのである。

もっとも、こうしたことはあくまで呪詞朗誦の際の意識についてのことであって、実際に呪詞の詞章が常に変わることなく伝えられてゆくということではない。口頭伝承の表現は声に発せられる一回一回がすべてなのであって、文字テキストの表現のように厳密に固定的ではないのである。狩俣の祖神祭りでアブンマが朗誦する呪詞「ハライグイ」でも、朗誦される際に異なる部分も存している。しかし、それは誤ったものとは意識されていないのであった[23]。

こうした詞章伝承への忠実さの意識が徹底されてゆくとき、口頭で伝承されてきた呪詞は文字化されることになる。たとえば、八重山地方竹富島のカンツカサたちは、神祈願の呪詞を誤って唱えてはいけないという強い意識から、これを文字化して伝え、神事の際にはその文字テキストをもとに唱え、音声化している。また、伊良部島佐良浜のカカランマは神事の際にはこうしたテキストをもたずに朗誦するが、前任者から受け継ぐ場合、文字テキストを書写することによって継承するのである。宮古島狩俣でも同様であった。ここに口頭伝承と文字テキストとのさまざまな関わりという問題が浮かび上がってくることにもなろう。

おわりに

以上、五つの問題を設定して、奄美・沖縄の女性神役たちによる呪詞の伝承について論じてきた。村落共同体は決して文化的に閉じられた存在でなく、外から伝播してきたものを受容しつつ、新たなものを生み出すエネルギーをもち得る世界であった。そして、こうした呪詞は共同体の信仰の中心となる神々に関わることによって力をもった言語表現なのである。

注

(1) 共通語訳を施した、外間守善・玉城政美編『南島歌謡大成Ⅰ　沖縄篇上』(角川書店、一九八〇年)所収のものによった。

(2) 小野重朗『南島歌謡』(日本放送出版協会、一九七七年)、同『南島の古歌謡』(ジャパン・パブリッシャーズ、一九七七年)。

(3) 『女官御双紙』「伊是名のろくもい火神の御前にてのだて言」など。

(4) 外間・玉城注(1)書所収の沖縄本島南部玉城村仲村渠集落などに伝承される「アマウエーダーのクェーナ」や北部の本部町崎本部集落の「ウフユミのウムイ」などにも同様の詞章はみえている。

(5) 田畑英勝・亀井勝信・外間守善編『南島歌謡大成Ⅴ　奄美篇』(角川書店、一九七九年)「米ぬナガレ(5)」。田畑氏の解説によれば、折目祭（霜月の祭）にノロが唱える呪詞で、一般の人はもちろん、ユタ、ホゾンも知ることもまねることも許されなかったという。

（6）川平村の歴史編纂委員会編『川平村の歴史』（川平公民館、一九七六年）所収。本章では、カタカナ表記をひらがな表記に改めて共通語訳を施した外間守善・宮良安彦編『南島歌謡大成Ⅳ　八重山篇』（角川書店、一九七九年）所収のものによった。

（7）新井恒易『農と田遊びの研究　上・下』（明治書院、一九八一年）。

（8）新井恒易『農と田遊びの研究　上』（明治書院、一九八一年）。

（9）新井注（8）書。

（10）末次智「神謡の再生」（説話・伝承学88『説話の始原・変容』桜楓社、一九八八年、『琉球の王権と神話』第一書房、一九九五年所収）、竹内重雄「記紀歌謡以前」（『日本文学誌要』第四十四号、一九九一年三月）、同「農耕儀礼と歌謡」（『沖縄文化研究』第二十号、一九九三年十二月）など。このうち、竹内氏の論は本土地方と沖縄地方の口頭伝承のつながりを古代以来のものとみているが、そこまで遡り得るかについては疑問である。なお、本土地方に伝承される呪詞・呪文と奄美・沖縄地方の呪詞・呪文との関わりを示す例として、近世の女性教訓書『女用訓蒙図彙』（一六八七年刊）に「又ほね立さうなるときにまじなひ　鵜の喉と三べんとなへてさすればたゝず／奇妙のまじなひ也」とあるものと奄美の「にぎグチ」と呼ばれる、魚の骨が喉に刺さったときに唱える「うぬとぅりぬ　ねぃぶに　はし　かけてぃ　あさされぃば　いじれぃ　ふかされぃば　うてぃれぃ（鵜の鳥の　喉に橋をかけて　浅ければ口に出よ　深ければ下に落ちよ）」というような呪文などもあげられよう。

（11）真鍋昌弘「琉歌覚書―中世近世歌謡史の一端として―」（『沖縄地方の民間文芸』三弥井書店、一九七九年、『中世近世歌謡の研究』桜楓社、一九八二年、所収）。

（12）小野重朗「畔枕考」（『田唄研究』第十六号、一九七九年七月）。なお、この論のなかで紹介されている種子島の習俗は、田遊びの伝播を考える上で重要な事例である。下野敏見『種子島正月習俗（一）』（種子島科学同好会、一九六三年）によると、南種子町平山向井里では正月元日朝「ちいなびき」の行事が行われる。各戸の主が一軒の家に集まって、唱え言をとなえながら盃事をした後、「今年や、本当に雨も順調に降って、水も豊富にあった。カラ立ちも最初から非常によくて、実いりも大へん良かった。西の風がソヨソヨと吹けば、東の方に、畦を枕に寝申す」ととなえて、一同がそれぞれ隣りの人の膝を枕にして東の方に寝る。「また、風が東の風ぇなっちぇ、西の方さな、皆倒れ申した」というと、みな起き直って西の方に寝るのだという。田遊び芸能の民俗行事化の事例として興味深い。

(13) 念仏聖の渡来については、島尻勝太郎「沖縄仏教史の一側面（漂泊の芸能者）」（『興南研究紀要』一九七二年五月）などが論じる。

(14) 念仏口説や春駒、鳥刺舞などが伝えられたことは、折口信夫「沖縄採集手帖」（『折口信夫全集』第十六巻、中央公論社、一九五六年、所収）、宮良当壮『沖縄の人形芝居』（郷土研究社、一九二五年）、池宮正治「沖縄の人形芝居―チョンダラー芸能と念仏歌―」（『沖縄文化研究』第二集、一九七五年、『沖縄の遊行芸』ひるぎ社、一九九〇年、所収）、島尻勝太郎「ニンブチャー―民間念仏者―」（『沖縄の外来宗教』弘文堂、一九七八年、『近世沖縄の社会と宗教』三一書房、一九八〇年、所収）、福田晃「念仏聖の伝承文芸―沖縄のニンブチャーの場合―」（『講座　日本の民俗宗教』第七巻、一九八九年、『南島説話の研究』法政大学出版局、一九九二年、所収）などが論じる。

(15) 津波高志「祭祀組織の変化と民間巫者―沖縄本島北部一村落における巫者的司祭―」、大本憲夫「祭祀集団と神役―宮古群島の場合―」、佐々木伸一「宮古島の民間巫者と神役―その重層化と分化―」（以上、『南西諸島における民間巫者（ユタ・カンカカリヤー等）の機能的類型と民俗的変容の調査研究』一九八三年）、拙稿「南島民間神話伝承の諸相」（『神々の祭祀と伝承』同朋舎出版、一九九一年）など。

(16) 外間守善「宮古の文学」（『宮古諸島学術調査研究報告―言語・文学編』琉球大学沖縄文化研究所、一九六八年）、同編『南島古謡』（三一書房、一九七一年）、外間守善・新里幸昭編『宮古島の神歌』（三一書房、一九七二年）、同『南島歌謡大成Ⅲ　宮古篇』（角川書店、一九七八年）、本永清「フサ」「タービ」・岡本恵昭「ピャーシ」・平良新亮「ニーリ」（『平良市史』第七巻「民俗・歌謡」編、一九八七年）など。

(17) 拙稿「民間神話と呪詞」（『民話の原風景』世界思想社、一九九三年、本書第一部第二章所収）参照。

(18) 拙稿「神役・巫者と神話」（『巫覡・盲僧の伝承世界　第一集』三弥井書店、一九九九年、本書第三部第一章所収）参照。

(19) 慶世村恒任『宮古史伝』（南島史蹟保存会、一九二七年）。

(20) 川平村の歴史編纂委員会編『川平村の歴史』（川平公民館、一九七六年）、外間守善・宮良安彦編『南島歌謡大成Ⅳ　八重山篇』（角川書店、一九七九年）。

(21)　外間守善・宮良安彦編『南島歌謡大成Ⅳ　八重山篇』（角川書店、一九七九年）。

(22)　注(21)書。

(23)　拙稿「声の歌の表現―奄美・沖縄の呪詞・歌謡から―」（『論究日本文学』第六十八号、一九九八年五月）。

第二部　説話の伝播と伝承

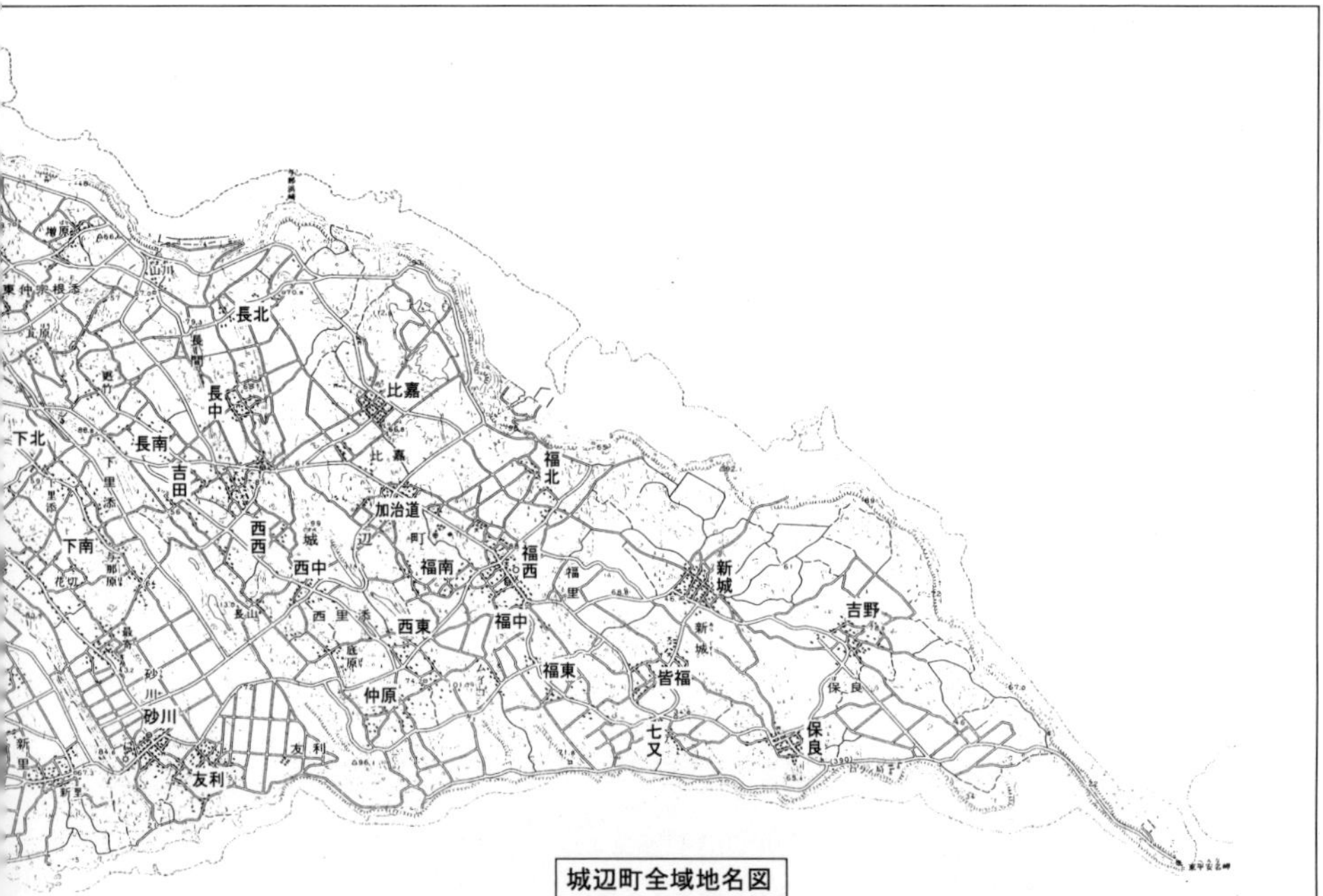

増原
長北
比嘉
下北
長南
長中
吉田
福北
加治道
西西
西中
福南
福西
下南
新城
吉野
西東
福中
砂川
仲原
福東
皆福
七又
保良
友利

城辺町全域地名図

第一章　奄美・沖縄地方の民話の特質
――〈島〉の文化――

はじめに

奄美・沖縄は〈島〉である。大小多くの島々が南北に連なり、それらをたどるようにして南から北へと潮が流れている。もちろん、本土地方も〈島〉であるが、奄美・沖縄地方はより小さな島々であるため〈島〉の文化としての特徴がより顕著にあらわれるのである。

これらの島々にはさまざまな文化が海を渡ってもたらされた。人と人との出会いによってなされる口承文芸も例外ではない。

また、こうした小さな島の生活は海と深く関わる。海は陸地に比べて危険性が高く、そこから得る海の幸も自然の諸条件によって大きく左右される。加えて、島での農耕は台風や水不足などによって不安定なものとならざるを得ないものであった。こうしたために、人々は神々を頼ることによって豊かな世を願ってきたのである。この神々への信仰の篤さもこの地方の口承文芸の性格を特徴づけるのである。

沖縄本島北部にある、兄妹始祖神話で知られる古宇利島

一　海のネットワークと民話

この島々に海を渡って民話を伝えていったのは船乗りや漁師、商人や宗教芸能者たちなどであったろう。そこにおいて好まれたのは滑稽な話、珍奇な話であった。港ごとに話が落とされ、潮待ちや風待ちのときなどにその話が広められる。

かつて論じた鱏《えい》女房譚はそうした伝播の様相をよく示すものである(1)。

これは男が鱏を釣り上げて交わり、そのため陰部がものを言うようになり、それを次々に移していった結果大地がものを言うようになる（山彦由来型）、またはそれによって生まれた子どもに導かれて竜宮に行き、宝の壷をもらうが、結局失ってしまう（宝の壷喪失型）という話である。この話は本土地方ではあまり見出すことができないが、奄美・沖縄地方では豊かに伝承されているのである。

西表島祖納の浜につながれた一艘のサバニ

奄美・沖縄で伝えられている、この話は近世初期の成立と推定される(2)『奇異雑談集』や正徳三年（一七一三）序の『滑稽雑談』に採録されている話と関連があり、これに類似する話が島々をたどって伝えられていったものと思われる。

たとえば、『滑稽雑談』には次のようにある。

或人曰、漁人乱婬の者有て、鱝の腹中の口と交合をなせり、其儀女の前陰におなじ、只其口より声を発して男陰に移す、此音声さらに止事なし、件の漁人一生是を苦しめりと也、甚笑ふべし。

これは鱏の下の口が女性の性器に似ていることから漁師のあいだでそれと交わる奇習があることから生まれたもので、それによって男の性器がものを言うようになったとする艶笑譚的な世間話であった。

これに類するもので山彦の始まりにつながる話が今日伝承されている。本土地方では山梨県で一話採録されるのみであるが、この地方では奄美大島・沖縄本島北部・宮古島・池間島・多良間島・石垣島・西表島など多くの島々で採録されている。しかも、山梨県の話では、海から遠く鱏が身近でなかったためであろう、何の魚か不明のまま語られるのに対し、奄美・沖縄の島々ではすべて鱏との婚姻とする。この話は海辺で語られるにふさわしいものなのである。

また、この話が旅を生活とする人々によって伝えられていったものであることは、山梨県の話が四国の薬売りによって伝えられたとされることから知られよう。彼らはこうした珍奇な話を持ち歩いたのである。そして、その話が島々において艶笑譚として語られたものであることは、酒を飲んだ後に語られた話であったり、伝承者の老婆が恥ずかしそうに語ったりしたものであることから知られよう。

奄美・沖縄の島々のなかでもとりわけ宮古島地方は民話を豊かに伝承する地域であるが、こうした艶笑譚においても伝承の豊かさを窺うことができる(3)。これらの話のなかには十八世紀に長崎県壱岐島で執筆された『神国愚童随筆』(吉野秀政著)の説話と共通するものが多く見出される。この書は当時壱岐島で伝承されていた民話を主に採録しているのであって、民話における「海のネットワーク」を窺うことができるのである。

たとえば、『神国愚童随筆』には、長崎のある男が一人の比丘尼と旅の途次出会い、自分の家に泊めて犯そうと思って宿泊を勧めるが、比丘尼は実は男であって、自分の帰宅前に娘二人と妻を犯され、ついには自分までも犯されて「毛尻一番とられたり」と言った、という話が載せられているが、宮古島に伝承される話にも、ある男が女装して好きな娘の家に遊びに行って泊まることとなり、戯れているうちに交わり、さらに入ってきた母親、父親までも犯してしまう、父親は「尻を裂かれて痛くてたまらない」と言った、という話がある。『神国愚童随筆』の話は愚か者を主人公としているのに対し、宮古島の話は知恵ある男を主人公としたものであって、両話は力点の置き方を異にしているが、同一話型に属するものと考えられる。宮古島の話でも父親が犯され、尻が痛いと言ったという結末になっていることから、これはおそらく『神国愚童随筆』のような話をもとに知恵ある男の話として語り変えられていったのであろう。

このほか、妻の陰部を知らなかったという愚か者話「嫁のまさかり傷」、自分の男性器の皮がむけてしまったのを飛び立った鳥が盗んだと思いこんだという愚か者話「皮盗人」、大きな男性器を持つ男が大きな女性器を持つ女と会おうとしたものの恐れをなして逃げ、その男性器が大木のようにそそり立ったという大話「大物比べ」が共通し、『神国愚童随筆』に採録されている艶笑譚十話のうち四話までが共通しているのである。

このように、奄美・沖縄の島々には壱岐島などとこうした民話における「海のネットワーク」が存していたことが考えられる。

そして、こうした艶笑譚は、奄美・沖縄の島々では、神々への信仰を伝える精神風土のなかで性の持つ豊穣性と関わって語られてきたのであろう。

二　〈島〉の精神風土と民話

先にも述べたように、奄美・沖縄の島々は神々への篤い信仰を伝えている。

こうした精神風土が伝播してきた珍奇な話を神聖な話に変えてしまいもする。

先の鱓女房譚のうち、誕生した鱓の子どもと出会って竜宮に行き、宝の壷をもらうが結局失ってしまうという「宝

宮古島カンカカリヤーのニガイ

の壺喪失型」の話は十八世紀初めには宮古島まで伝えられており、スカプヤー御嶽という聖所のンナフカ祭祀の起源を説く伝承となっているのである。この話は琉球王府の宮古在番所が編纂した『御嶽由来記』（一七〇五年）のなかに採録されている。宝の壺が白い鳥と化して飛び行き、木に止まってもとの壺に戻ったところを聖所として祀ったというのである。もとは艶笑譚であったこの話がこうした精神風土のなかで聖所の祭祀起源伝承という神聖な話へと変わったのだと考えられる(4)。

奄美・沖縄の島々には、こうした聖所・祭祀の起源、島・人間・農耕などの文化の起源、さらにはさまざまな事物の起源を説く民話が豊かに伝承されている。本土地方にあっては虚構をたのしむ内容の話であっても、それが伝播してきたときこの地方においてはこうした起源を説く民話として語られることも多い。奄美・沖縄地方の民話が「真実」に傾斜しているといわれる(5)所以である。そして、そこには、山下欣一氏が説かれる(6)ように、ノロ・ツカサやユタ・カンカカリヤーのような奄美・沖縄の宗教者たちが深く関与しているのである。

こうした「真実の話」として伝承される民話には、人間の女性が蛇と交わり、その正体を知るために糸の付いた針を刺してその後をたどり、正体を知ることになるという「蛇聟入〈苧環型〉」の話が例にあげられよう。

この話型は東アジアに広く分布するものであり、本土地方においては早く八世紀の『古事記』に三輪大物主神を奉斎する三輪氏の始祖大田田根子という司祭者の誕生伝承として記載されている。また、十三世紀の『平家物語』には豊後国の緒方三郎という英雄の始祖伝承として採録され、蛇神との婚姻によって神の子を宿すものとしている。しかし、今日の伝承では蛇との交わりによって邪悪なものを宿したため、五月五日の菖蒲湯を使うなどによって流産させてしまうとしている。

奄美・沖縄地方においても本土地方の五月五日の菖蒲湯行事に通じる三月三日の浜下り行事の起源を説く民話として語られることが多いが、なかには天の神の化身である蛇神と結婚することによって神の子または子神を誕生させたといまも語るものがある。先の『御嶽由来記』に記載される漲水御嶽の伝承は「蛇聟入〈苧環型〉」の話型に沿うもので、蛇神との婚姻によって誕生した子神たちが御嶽に祀られたとするものであるが、この伝承はほぼ同内容のものとしていまも島の各地で民話として広く語られている。(7)

「犬聟入」も同様である。福田晃氏は、宮古島や与那国島に伝えられる犬祖伝説について、東アジアに広がる古層の大祖伝説に本土地方から伝播した「犬聟入」型の民話が複合したものであることを詳細に論じておられる。(8)奄美・沖縄に伝播してきた「犬聟入」の民話は本土地方にあっては虚構をたのしむ話として語られるものであったが、こうした精神風土のなかで犬祖伝説と結びついて「真実の話」として伝えられたのである。

もっとも、この地方におけるこうした民話がいつも「真実」そのものとして伝承されているわけではない。福田氏が説かれるように、祭儀周辺から祭儀の外へ、そして村内から村外へ、さらには広地域へと拡大するにしたがって虚構性を許すものとなってゆき、話をたのしむ要素も加わってくるのである。(9)とりわけ宮古島では、相づちを打ちながら民話を聴くというような、話の形式も一部にみられもするのである。

三　史譚と話型

こうした民話の「真実に傾斜する」傾向は島々の英雄たちについての伝承を豊かに伝えていることにもみられる。沖縄本島南部を中心に伝承される琉球王第一尚氏初代の王尚巴志、伊平屋島の鮫川大主、宮古島の目黒盛豊見親、西表島の慶来慶田城用緒など、琉球王朝成立前後の英雄たちについて今日まで語り伝えられている。それらの伝承の事実性についていまは問うものではない。ここで注目しておきたいのは、本土地方から伝播してきた民話の話型がこれらの伝承のなかに取り込まれていることである。

たとえば、沖縄本島南部島尻地方は第一尚氏ゆかりの地で、その初代の王尚巴志についての伝承が豊かに伝えられている。彼は佐敷小按司という名で呼ばれているが、その出世譚は次のような内容のものである。

伊平屋島出身の鮫川大主は佐敷の地まで渡ってきて、大里城の按司の娘と密通し、生まれた赤子を棄ててしまう。その子どもは鳥（鳥または白鷺）に抱かれているところを老婆に見つけられ、連れ帰って育てられる。五、六歳の頃、藁しべを持って遊んでいたところ、味噌売りがそれを欲しがるので、味噌と取り替える。すると今度は鍋修理屋がその味噌を欲しがったので、鉄と取り替える。その鉄で刀を作ったところ、それを見たオランダ船の船長が欲しがり、船内の金の屏風と取り替える。その屏風を南山王が欲しがったので、水と取り替え、水源となる大里井戸をもらう。その水を汲む者は彼に従わねばならず、南山王の部下もみな佐敷小按司に付いてしまう。そしてその結果、小按司は南山王を滅ぼしてしまったという(10)。

この話は島尻地方だけでなく、本島中部・北部でもおおよそ同内容の話として伝承されている。捨て子の貧しい少年が一本の藁しべを取り替えて次々に品物を手に人れた末に南山王の地位についたとするもので、昔話「藁しべ長者」の話型に沿うものとなっている。

奄美・沖縄の島々には口承文芸が豊かに伝承されており、文字化された記録以外に、こうした英雄の歴史的な伝承、いわゆる史譚も数多く伝承されてきたのである。

こうした説話が声によって語り伝えられるとき、民話のさまざまな話型が取り込まれて伝えられることになる。

本土地方ではこうした「藁しべ長者」のような本格昔話は虚構の話としてたのしまれることが多いが、奄美・沖縄の島々ではこうした話はしばしば「真実」を伝えようとする史譚として語られているのである。

四　奄美・沖縄地方の自然と民話

亜熱帯に属する奄美・沖縄地方の自然は温帯に属する本土地方のそれと異なっており、そこに生きる動植物の種類や生態も同様である。そうした自然との関わりを通して、人々は島の外から伝播してきた話のモチーフや要素を変えて受容し、伝承してゆくことにもなった。

たとえば、動物昔話の「梟紺屋」は本土地方ではカラスとフクロウとの葛藤として語られるが、フクロウの生息しない沖縄ではカラスとリュウキュウアカショウビン（方言名コハル、クッカル、コカウ、など）との葛藤として語られている。リュウキュウアカショウビンはカワセミ科の鳥で、四月上旬にアジア東南部から渡来してきて繁殖し、十月下旬に飛び去ってゆく。この鳥は鮮やかな赤褐色の羽を持ち、「キュロロロー」と高らかに鳴くことから、人々の目につきやすく親しまれてきた鳥である。この鳥が選ばれたことについて、真下美弥子氏は飛来の季節が稲の稔ってゆく穀雨の時期で印象深く受けとめられたこと、その鳥の形がカラスに類似し、しかもその色がカラスと対比的であることによるのではないかと述べておられる(11)。

また、本土地方と共通する動物であっても、海に親しい〈島〉の生活ゆえに、その形態の由来が語り伝えられることにもなる。

たとえば、本土地方の近海にも生息するサヨリは、下嘴が長くて上嘴が短いという、特異なかたちをしている。宮古島松原集落のような漁業に携わる村などでは、この魚のかたちに興味を覚えたのであろう、次のような内容の「サヨリの縁談」という話が伝えられる。

ニバリヤ（ハタの類）がピャイス（サヨリ）に縁談を頼んだところ、ピャイスはピィフキャ（ブダイの類）に話を持ちかけ、ピィフキャは承知する。ニバリヤとピィフキャがお見合いをしたところ、相手の姿を見て互いに悪口を言い合う。それを見ていたピャイスは笑いすぎて岩にぶつかり、上嘴を折って、それ以来短くなってしまった。(12)

こうした由来譚が伝えられるのは、海に親しい生活のなかでサヨリの形状について熟知していたことによるものであった。

小浜島の星見石

五　外国との繋がり

奄美・沖縄の島々では、外国で伝承され、本土地方においてはほとんど伝承されていない民話の話型がいくつか見出されている。

福田晃氏はこの問題に注目し、そこに奄美・沖縄の精神風土が関与することを説いておられる。福田氏は、中国に伝承される「星女房」に類するものや羽衣型「天人女房」にこれを複合させて七つ星や群星の由来を説く星由来型「天人女房」の民話が奄美・沖縄の島々に色濃く伝承されていることから、その伝承は本土地方と異なる「星と関わる風土的生活条件と、これにともなう群星信仰、あるいは七星信仰とに支えられ」たものであったと説かれている。(13)

また、丸山顕徳氏は、中国・朝鮮半島の国々に伝承される、若死にすると予言された子どもの寿命を神に願って長命を得るという「子どもの寿命」の話が、本土地方ではわずかに分布するに過ぎないのに対して、奄美・沖縄では豊かに伝承されており、その内容が中国のものに近いことから、この話は長寿祝いの習俗とともに中国から直接伝播してきたものであることを論じておられる。(14)

奄美・沖縄地方は、地理的・歴史的位置において本土地方と異なっている。このことがこうした民話の違いを生じさせることにもなったのである。

注

(1) 拙稿「南島の鱓女房譚」(『昔話―研究と資料』第十三号〈昔話の地域性〉、三弥井書店、一九八四年、本書第二部第四章所収)。
(2) 日本古典文学大辞典編集委員会編『日本古典文学大辞典』第二巻(岩波書店、一九八四年)。
(3) 立命館大学・大谷女子大学・沖縄国際大学による一九七五・一九七六年度昔話合同調査、奄美沖縄民間文芸研究会・宮古民話の会による一九七七・一九七八・一九七九・一九八二・一九八三・一九八四年度昔話合同調査、さらに宮古民話の会独自による昔話調査の資料をもとに艶笑譚をまとめて刊行したものとして、佐渡山安公『夜語り―宮古島の艶笑譚―』(かたりべ出版、一九九一年)がある。
(4) 拙稿「宮古島ンナフカ祭祀由来伝承をめぐって」(『奄美沖縄民間文芸研究』第六号、一九八三年)。
(5) 岩瀬博「沖縄の昔話」(『昔話研究入門』三弥井書店、一九七六年、『伝承文芸の研究―口語りと語り物―』三弥井書店、一九九〇年、所収)、山下欣一『奄美説話の研究』(法政大学出版局、一九七九年)、福田晃「昔話」(『沖縄地方の民間文芸総合研究』三弥井書店、一九七九年)など。
(6) 山下注(5)書に同じ。
(7) 拙稿「宮古島漲水御嶽由来伝承の位相」(『ゆがたい』第三号、一九八一年。「『蛇聟入』の位相」と改題して福田晃編『昔話の形態』名著出版、一九八四年、所収。本書第二部第三章所収)。
(8) 福田晃「犬聟入の伝播」(『昔話の伝播』弘文堂、一九七六年)。
(9) 福田晃「民間神話の伝承世界―南島の視座から―」(『日本伝説大系』別巻一、みずうみ書房、一九八九年、『南島説話

の研究』法政大学出版局、一九九二年、所収)。

(10)　立命館大学説話文学研究会編『沖縄・佐敷町の昔話』(佐敷町教育委員会、一九八九年)。

(11)　真下美弥子「鳥獣草木譚の自然」(『民話の原風景―南島の伝承世界―』世界思想社、一九九六年)。

(12)　福田晃他編『城辺町の昔話』(同朋出版、一九九一年)。一九八三年度の先の合同調査において、筆者は平良市松原集落でこれと同じ話を採録している。

(13)　福田晃「昔話『星女房』の行方―南島の伝承のなかに―」(『南西日本の歴史と民俗』第一書房、一九九〇年、『南島説話の研究』法政大学出版局、一九九二年、所収)。

(14)　丸山顕徳「話型研究　子どもの寿命」(『沖縄民話の会会報』第六号、一九七九年、『沖縄民間説話の研究』勉誠社、一九九三年、所収)。

第二章　始祖神話伝承の形成

——宮古島上比屋御嶽伝承をめぐって——

はじめに

沖縄の島々の生活は御嶽と呼ばれる聖地に祀られる神々の祭祀を中心に営まれている。

宮古島の平良市久貝・松原地区のカーニ御嶽での旧正月十六日ニガイの神祭りは、その象徴的なものであった。祭祀において神の託宣がくだされるのである。託宣の神事は秘儀であるが、御嶽に籠もる神役の一人長浜武雄翁によれば[1]、祭祀の中心をなすユーザスがあたかも神名帳の如く宮古地方・沖縄本島地方・本土地方の神々の名をよみ上げる。ややあってその神々が次々にユーザスに憑依し、託宣するのだという。「〇〇〇がパナサリ（話します）」とまず神の名告りがあり、続いて託宣がある旋律にのせてうた

宮古島松原のカーニ御嶽

同。コンクリートの建物が旧正月ニガイの籠もり屋となる。

い出されてくるという。これがカングイ（神声）で、その内容は農漁業の一年の豊凶、気象、村人の健康など生活にかかわる諸々のことである。それは村人の一年の生活の規範となり、指針となるべきものであった。

　このような神祭りが現在もっとも厳粛に執り行われている地域として、やはり宮古諸島をあげることができよう。そしてその地域の説話伝承の中心を占め、また重要であったのは御嶽の神々にまつわる伝承であった。

　そこで本章では、このような神々の伝承をとりあげ、その形成を考察してみよう。

一　上比屋御嶽の神の伝承

　宮古諸島の御嶽伝承については山下欣一氏が『御嶽由来記』（一七〇五年）、『雍正旧記』（一七二七年）に記録された伝承をとりあげ、それらを神婚説話、神の示現、鍛冶漂着、（英雄など）人を祭る、その他に分類されている。[2]ここで集落の始祖神の伝承を中心に考察することとする。狩俣の祖神祭りに象徴されるように、村立ての始祖神は島びとの心の拠り所であったと考えられるからである。

　宮古諸島の民話調査は沖縄国際大学口承文芸研究会、奄美沖縄民間文芸研究会、宮古民話の会などによって行われてきたが、[3]一九七六年夏の宮古地方総合調査、一九七七～九年夏の奄美沖縄民間文芸研究会・宮古民話の会の合同調査において城辺《ぐすくべ》町砂川《うるか》の上比屋《ウイピヤー》御嶽の神にまつわる伝承をいくつか聴くことができた。ここでは砂川の砂川《すながわ》富吉翁の伝承を中心にとりあげたい。その砂川翁の話の発端を次に掲げてみる。

　宮古には津波が三回ほどあった。これは砂川部落が形成されたのにも関係あります。

　ところがその、外から帰ってくる神様か人間かわからないけれども、来てみたらね、みんな津波で持ち去られて何もなかった。そしてこちらにちょうどその、天から降りてきた――これは天からというのはどこかわからんけれども――きれいな神様がね――これはまあ天照大神が下ったみたいような話なのが――とにかく舟でやって来た――舟でやって来たが、天から降りてきた舟かどうかわからない、本当は――とにかくやって来たらね、浜辺に着いた。そしてその人のお父さんとお母さんが言うのには、

「行ったら、いちばん最初に見つかった男性と結婚をして、この国をね、人間を拡げて、そこで生活して、この国を創らしてくれ。そうしたらあんたが幸福になる」ということをお父さんとお母さんに言われて、こちらに来たと。なるほど来たその場所はね、砂川の東の海岸に砂浜があったです、その時は――いまは砂は取り尽くされて何もないけれども――砂浜に来た。来たら、そこに見すぼらしい一人の青年が、背も低くて身なりも悪いし、おったと。

宮古島砂川にある上比屋山。山中に多くのムトゥがある。

上比屋山中のウイピャームトゥ

やや説明的ながら、天からの女神降下と地上の男との出会いが語られる。以下、要約してこれを示そう。

女神はその男に結婚を申し込む。すると青年は「私はあなたのようなきれいな、太陽のように輝いた女性とは釣り合わない。洞穴に住み、食べ物もない」といって断る。しかし女神は「食べ物も住まいも豊かにする方法があるから」というので、青年は結婚を承諾する。青年の住む粗末な洞穴に行ってみると津波に持ち去られて何もない。青年が「どう

やって生活するか」というと、女神が「いいことがある」といって持参の鍋に水を入れ、火を燃やすと欲しいものが何でも煮えている。そのようにして長らく生活する。そのうち青年は何もないところからどうしてご馳走が出るのだろうかと不思議に思うようになる。あるとき女神ウマニアーズが天川《アマガー》（地下水が海岸に流れ出しているところ）の水を汲みに行っている間に、青年サーニプズはこっそり鍋の蓋を開けてみる。鍋のなかにはただ水があるばかりだ。サーニプズが鍋の蓋を元通りにしていると、女神は戻ってきて鍋の蓋を開けて非常に怒り出す。「鍋の蓋を開けてはいけないといったのになぜ開けたか」といい、「いまから先は汗水流して働かなければならない」という。そして津波の後で何もないので女神は天に昇って種子物をもらいに行く。親元から種子物を取って袋に詰めるが、稗だけは非常においしいので持たせてくれない。女神は稗が庭に広げてあるのを見て、その上に座り込み、陰部に隠して持ち帰る。稗は女の陰部に入っていたからすべすべしている。そして一生懸命働いて子どもが十人でき、やがて宮古全島を支配するようになる。長男はこの地を支配し、長女は機織りをする。サーニプズはその後死んでしまう。

そして非常に豊かな国になったので、アサティダ（父神）・ンマティダ（母神）・ファティダ（兄弟神）の三人を呼び寄せて友利に迎える。ファティダの妻は天に行ったり来たりしていたが、飛び衣が故障して天から落ちる。近くの人々は気の毒に思い、そこに祠を作って神として祀る。

狩俣のクバノパーズという神はロシアから箱に入って漂流し、狩俣の村の裏に流れ着く。そしてこの宮古島が無人島かどうか調べるために馬で島巡りをする。そこでウマニアーズと出会う。クバノパーズは女神に「自分が馬から落ちる間に、大きな籠を作ってうまく受け止めたら夫婦になろう」という。女神がうまく受け止めたので夫婦になる。二人の間に非常に知恵ある女の子が一人生まれる。子どもは父親のところを訪ねてゆく。門番に咎められるが、「この家の主人に会うために来た」といって二日も三日も帰らない。とうとう主人が会うと、子どもは「一日に伸びて、一日に実が成って、一日に食べることのできる珍しい瓢箪の種子を売りに来た」という。主人が「どうしてそんな瓢箪があろう」というと、子どもは「親がなくても子の生まれる人が植えると生える」と答える。主人が「親がなくては子どもが生まれるはずがない」というと、子どもは「親がないのにどうして私は生まれたのか」とせまる。父親はこの知恵ある子は自分の子どもに違いないと思い、自分の子として認める。子どもは父親に「何かお土産をくれ」とねだる。牧場にたくさんの牛を養っていたので、「その牛を一つくれ。後からついてくる牛も自分にくれ」という。父親は牛を一頭やると約束する。子どもはその母親の教えに従って冬の北風が吹く風上に立つ牛を一頭もらう。その牛を促して帰ると他の牛はみな後からついてくる。牧場に入り切れないので、子どもは父親に新しく牧場を作って欲しいと頼むと、クバノパーズは木の葉に文字を書いて人間を造り、砂川から狩俣の平安名崎まで石垣を築かせ、牧場を作る。いまでも石垣は残り、牧場は上比屋の神様の畑といい伝える。

かなり長大で復雑な伝承であるが、これには類話と思われるものが九話採録されている。[4] 例話及びその類話のモチーフの一覧表を次に掲げてみよう。

	地区名	語り手名（生年月日）
例話	城辺町砂川	砂川富吉（明治四二・二・一三生）
類話①	上野村豊原	根間カニメガ（大二・五・七生）
類話②	城辺町西中	友利マツ（明二九・一二・二九生）
類話③	城辺町砂川	砂川ヤマンサ（明三七・一二・三一生）
類話④	城辺町砂川	砂川松金（明三二・一・七生）
類話⑤	上野村新里	新里ノチ（明三三・一二・二三生）
類話⑥	城辺町砂川	砂川タケ（明三五・一〇・一〇生）　砂川カナ（明三二・一・一生）
類話⑦	伊良部町佐良浜	仲宗根成長（明三八・一一・三生）
類話⑧	城辺町友利	下地茂（明四三・九・三生）
類話⑨	城辺町砂川	上里明春　砂川カナ

(A)〈ウマニアーズとサーニプズの婚姻伝承〉

(1)〈女神降下〉	(2)〈出会い〉	(3)〈結婚〉	〈女神の秘法〉
天の神が自分の娘ウマニアーズを地上に降し、最初に出会った男と結婚せよと命じる。	ウマニアーズは舟に乗って浜辺に着き、背の低いみすぼらしい青年に出会う。	ウマニアーズは男に結婚を申し込むが津波にあって一切を失い洞穴に住む青年はいったんは断る。しかし結局夫婦になり洞穴に住む。	作物を作るにも種物がない。女神が持ってきた鍋に水を入れて火を燃
天の神が女神を地上に降し、最初に会う男と結婚せよと命じる。	上比屋の女神は海浜に降り、海の生き物を拾って歩く男に出会う。	女神は上比屋のアコウの木の下で男の蚤をとったりしてきれいにし、夫とする。	鍋から煮たものが何でも出てきて、二人は食うのに困らない。
天の神が宮古のたちはじまりとして自分の娘を地上に降し、どんな男とでもよいから結婚せよと命じる。	上比屋の女神は降りてきて男と出会う。	その男と結婚する。	女神はアマガーの水を鍋に入れて食べたいものを何でも出す。
		天の神の娘と上比屋の神が村作りをする。	女神は鍋に水を入れて食べ物を出す。
天の神が自分の娘ウマニアーズを地上に降し、最初に出会った男と結婚せよと命じる。	サーニプズは海に水を汲みに行き、ウマニアーズに会う。	サーニプズはウマニアーズから結婚を申し込まれるが自分が貧しく赤毛であるからと、いったんは断る。しかし結局夫婦となる。	ウマニアーズはいつもおいしいご馳走を作る。
	津波でみなし児になったサーニプズは、海で東方から舟でやってきた美しい女と出会う。	そのウマニアーズという女は最初に出会った男と結婚するように命じられて竜宮から来たといい、サーニプズと結婚して洞穴に住む。	材木や瓦が流れ寄り、それで家を造る。鍋に水を入れて食事を作る。

(4)	(5)〈タブーの違犯と結果〉	(6)〈穀物の獲得〉
やすと、食べ物が何でも出てくる。	青年サーニプズは不思議に思って女神が留守の間に鍋の蓋をとってみる。ウマニアーズは帰ってきてこのことに気づき、怒る。そしてこれからは自分たちで食べ物を作らなければならないという。	女神は天に昇り、天の神から穀物の種を与えられる。天の神が稗だけは与えないので、女神は陰部を隠して持ち帰る。だから稗はすべすべしているのだ。
		また女神は天に昇り、穀物の種をもらってくる。黍だけはもらえなかったので、股にはさんで持ってくる。
	女神が鍋の蓋をとるなといって外に出かけるが、男はその意味がわからず蓋をとってみる。女神は天に昇り、母神にこのことを告げるが、母神は自分の力で食べるしかないと畑を教える。	母神は穀物の種を与えるが、黍だけは与えない。女神は股の間に隠して持ち帰る。だから黍はべとついているのだ。
	女神が鍋の蓋をとるなといって出かけるが、男は蓋をとってみる。女神は食べるものがなくなったといい、自分たちで作らなければならないという。	女神は天に昇り、父神から穀物の種を与えられる。ツムだけはもらえないので、女神は体の内側に入れて持ち帰る。だからツムはつきにくいのだ。
	サーニプズは何もないのに不思議に思い、ウマニアーズが出かけた後で開けてはいけないといわれていた鍋の蓋を開けてしまう。ウマニアーズは開けたのを知り、一緒に暮らすことはできないといって天に昇ってしまう。	
	ある日サーニプズはウマニアーズの留守の間に鍋の蓋をとる。ウマニアーズは帰ってきてこのことに気づき、怒ってサーニプズを離縁する。	

	(B)〈家族の神々の伝承〉		
(7)〈子孫の繁栄〉	(8)〈父母神の招来〉	(9)〈御嶽由来〉	(10)〈男神の漂着〉
十人の子が生まれ、長男はこの地を支配し、長女は機織りをして、非常に栄える。サーニプズはその後死ぬ。	天の父神、母神、弟神の三人を地上に呼び寄せて幸福に暮らす。	弟神の妻は飛び衣が故障して天から落ちる。土地の人々はその地に祠を作り、神として祀る。	狩俣のクバノパーズという男神は箱の中に入って漂流し、宮古島の狩俣にたどり着く。
四人の子が生まれ、それを四方に配する。その子孫が宮古島に広まる。男の神は西の家に分家させる。			
			クバノパースという男の子は非常に知恵があるというので恐れられ、クバに包まれ、舟に乗せられて流される。
			宮国の親（支配者）が海で箱に入って流れてきた男の子を見つける。

(C)〈ウマニアーズとクバノパーズの婚姻伝承〉

	(11)〈出会い〉	(12)〈結婚〉	(13)〈離別〉	(14)〈子誕生〉
	クバノパーズは馬に乗って島巡りをして女神に出会う。	クバノパーズは自分が馬から落ちる間に籠を作って受け止めるなら結婚しようという。女神が条件を満たしたので結婚する。		二人の間に非常に知恵ある女の子が一人生まれる。
		女神は狩俣の人と再婚する。		二人の間に子が生まれる。
上比屋の沖にたどり着く。	上比屋の家を訪ね、女に一夜の宿を乞う。	二人は親しくなり、結婚する。	牛を飼って増やしたので牧場が狭くなり、クバノパーズは狩俣に行ってそこで女を見つけて家に帰ってこなくなる。	上比屋の女は男の子を生む。
	男が上比屋を馬で通りかかり、美しい女と出会う。	男は馬から落ちる間に籠を作って受けられたら妻にしようという。女がその通りにしたので結婚する。		二人の間に女の子が生まれる。
	男の子を連れて帰り、育てる。	自分の長女をその男の子と結婚させる。	男は妻が放屁したのに腹を立て、家を出て平良、狩俣に行く。狩俣の優れた女と技比べをし、負けるが、結局妻とする。	元の妻は男の子を生む。
		狩俣のクバノパーズは友利のイスカキ御嶽の女を妻とする。	クバノパーズは妻が放屁したのに腹を立て、家を出る。	妻は子どもを生む。
		ウマニアーズは狩俣のクバラパーズと結婚する。		二人の間に女の子が生まれる。

⒂〈父子対面〉	⒃〈知恵のはたらき〉	⒄〈牧場の建設〉
子どもは父親を訪ね、親がなくとも子どもが生まれる人が植えると一日で食べられる瓢箪を売りにきたといってやりこめ、自分の子と認めさせる。	子どもは土産として、母の助言により、風上に立つ牛を一頭望む。他の牛はみなその牛についてくる。	子どもが父に牧場を作ってほしいと頼むと、クバノパーズは木の葉に文字を書いて人を作り、城辺から狩俣
子どもは父親を訪ねる。父親は爪や足を調べ、自分の子と認める。	子どもは土産として、母の助言により、風に向かって立つ年寄りの牛を望む。全部の牛はそれについてくる。	父親は保良の牧場まで行き、家を建ててやる。
その子は七つになって父親を訪ねる。土産に父の作り始めた瓢箪を持ってゆく。父はお膳の上のものを正しく直させてみて自分の子と認める。	子どもは土産に自分で種牛を一頭見つけ出してもらう。他の牛はみなついてきて、狩俣の牧はなくなる。	子どもは牧場を作る。
	父親が娘に何が欲しいかと尋ねると、娘はいちばん年とった牛を望む。他の牛はみなそれについてくる。	子どもが牧場を作って欲しいと頼むと、父親は木の葉に字を書いて人を作り、牧場の石垣を築かせる。
男の子はクバヌハトヨミヤのところを訪ね、屁をしない女が植えれば生える金の水瓜を売っているといってやりこめ、自分の子と認めさせる。	子どもは自分で母牛を一頭選ぶ。他の牛はみなついてきて、狩俣の牧はなくなる。	
子どもは父親を訪ね、屁をしない女が植える珍しい種子だという。父親は箸をつけないお膳を出させて子が箸を作るのを見、自分の子と認める。	子どもはいちばん親牛を一頭と牛の皮ほどの広さの牧場を望む。他の牛はみなついてくる。牛皮は細く切ってそれを繋ぎ合わせ、広い土地をもらう。	
娘は父親に会う。	子どもは土産として母の助言により、親牛をもらう。他の牛がみなついてくる。	

採録年月日 聴き手	⒆〈事物由来〉	⒅〈その後のこと〉	
一九七八・八・七 田中文雅	石垣はいまも残り、牧場は上比屋の神様の畑だといっている。		平安名崎まで石垣を築かせる。
一九七八・八・六 石田澄子・渡久山明・真下厚			
一九七七・八・七 福田晃・下地利幸			
一九七八・八・七 山口裕子・山本清			
一九七七・八・七 宮岡薫・佐渡山安公・平方佐代子・宮崎千里			
一九七六・四・二五 佐渡山安公・友利民子・野原和枝		すぐれた子に育つ。	
一九七九・八・一一 本郷京子・岩瀬順一・真下厚			
一九七七・八・七 宮岡薫・佐渡山安公・平方佐代子・宮崎千里			
一九七七・八・七 丸山顕徳・藤井尚子・真下厚			
『沖縄民俗』第十八号（一九七〇・十刊）		ウマニアーズはサーニプズに津波を防ぐ方法を教えて、去る。竜宮に帰った後、サーニプズに穀物の種子を下ろす。	

二　上比屋御嶽伝承の形成

さて、例話の伝承は⑷〈ウマニアーズとサーニプズの婚姻伝承〉部分⑴〜⑺、⑻〈家族の神々の伝承〉部分

⑻〜⑼）、(C)〈ウマニアーズとクバノパーズの婚姻伝承〉部分（⑽〜⒆）の三つの部分より成っている。このような伝承が孤立したものでないことは類話①（豊原）の伝承の存在より明らかである。例話では(A)と(C)は⑺〈子孫の繁栄〉の部分におけるサーニプズの死による再婚という形で繋げられるのに対し、類話①ではサーニプズを西の家に分家させることで再度結婚することとして繋げられている。

(A)は⑴〈女神の降下〉、⑵〈出会い〉、⑶〈結婚〉、⑷〈女神の秘法〉、⑸〈タブーの違犯と結果〉、⑹〈穀物の獲得〉、⑺〈子孫の繁栄〉から成る。類話②（西中）、③（砂川）は⑺の部分を欠き、穀物の起源を語るものとなっており、また類話③はさらに⑴⑵を欠くが、ほぼ例話(A)に対応するといえよう。また類話④（砂川）は⑴〜⑷において例話に対応するが、⑷の見るなというタブーに違犯することによって生じる結果がウマニアーズとサーニプズの別離であって、例話及び類話①〜③のように穀物の起源に結びつかず、かなり異なったものといえよう。

ところで首里王府が地誌編纂のために各地に命じて報告させた資料の一つとして、一七二七年に宮古島で編集された『雍正旧記』には次のように記されている。

(I)天てくこ、天のぶなさらという夫婦が友利村上平屋に住み、さあね大ちという男の子を生む。さあね大ち七歳のとき両親は津波にあい、孤児となり、喜佐真按司に引きとられる。
(II)さあね大ち十五、六歳のときみなこざ浜で沖の方から小舟に乗った神のような女がやってきて、むまの按司と名告り、竜宮の命を受け妻となるために来たという。
(III)さあね大ちは賤しき身であるからといったんは断るが、結局親の屋敷跡のある上平屋で結婚する。
(IV)七男七女が生まれる。
(V)子どもが成長したときむまの按司は竜宮に戻らねばならないと告げ、津波を防ぐ祭りを教えて海中に消える。
(VI)それ以来この祭りが行われるようになる。

これと同種の型の伝承が『雍正旧記』に先立つ『御嶽由来記』（一七〇五年）では、友利の山立御嶽由来の伝承として載せられる。

(A)〈ウマニアーズとサーニプズの婚姻伝承〉の部分の例話及び類話と比較するに、海浜での出会い、異界の女性との婚姻は共通する。海浜は海と陸の境、天と地の境であった。『雍正旧記』のものが水界の女性とし、類話⑨〈砂川〉を除く口承のものが天界の女性とするところは異なるが、例話⑵〈出会い〉に舟に乗って浜辺に着くとするのは水界の女性とする伝承の痕跡を残しているのだろうか。また『雍正旧記』のものは別離に終わるが、口承のものは多くが⑸〈タブーの違犯と結果〉において別離を説かない。しかし、先にも述べたように、類話④〈砂川〉のみは鍋の蓋をとってはいけないというタブーに違犯することによって『雍正旧記』のものと同様、女性は異界に去る。

女神ウマニアーズが舟に乗って着いたという砂川の海浜。右側の岩は女神が舟を繋いだと伝える。

女神が水を汲んだと伝えるアマガー（天川）

また、類話⑨〈砂川〉も異界に去るというかたちではないが、別離の契機となっている。このタブーの違犯が他の口承のものでは自分たちで作物を作らねばならなくなるという農耕の起源に結びつき、そして⑹〈穀物の獲得〉の穀物起源に繋がってゆくのである。けれども、異界の女性が自分の秘密を知られたことにより夫のもとを去るという展開の方が自然であろう。『雍正旧記』のものは記録される際にそのモチーフが欠落したのかもしれない。いずれにしてもこの記載伝承と類話④（砂川）とはきわめて近い関係にあると考えられる。そして例話及び類話①（豊原）、②（西中）、③（砂川）がタブーの違犯を農耕の始まり、穀物の起源へと結びつけてゆくのは、穀物起源説話をとり込んでふくらませつつ農耕の起源、穀物の起源を語ることに主眼があったからであろう。

さらに類話②（西中）の⑴〈女神の降下〉において「宮古のたちはじまり」とし、自分たちは「上比屋御嶽の子ども」と語る点が注目される。

宮古島の始まりを説く伝承は『宮古嶋記事仕次』（一七四八年）にみえる。

(I)古意角という男神が天帝に島を立て守護神になろうと誓う。
(II)天帝は天の岩戸の尖先を折って与え、これを投げ入れよと教える。古意角が投げ入れると島ができる。
(III)天帝は赤土を降す。
(IV)古意角は姑依玉という女神を伴うことを願い出、二神天降りして守護神となる。
(V)一切の有情非情を生み、その後、宗達神、嘉玉神という二神を生む。
(VI)赤土ゆえ穀種が稔らぬので、天帝は黒土を降す。五穀豊熟となる。
(VII)土中より化生した男神木荘神・女神草荘神が訪れる。
(VIII)古意角・姑依玉は、宗達神に草荘神、嘉玉神に木荘神をめあわせ、東仲宗根・西仲宗根をそれぞれ与える。
(IX)宗達に世なふしの真ぬしという男神、木荘に素意麻娘司という女神が生まれる。
(X)二人が夫婦となり、人の世が始まる。

これは「原夫婦天降」「土中より始祖」「天からの土砂による島造り」の神話モチーフを含むものである。[5]

これに対して、口承のものでは上野村新里の新里ノチ・平良ブナの両媼の語るものがある。[6] それは次のようなものである。

(I)天の神が島立てをさせようと、自分の娘を下界の島に降す。

(II)島は岩ばかりなので娘は再び天に昇り、土を乞う。天の神は赤土、ついで黒土を降す。

(III)娘はまた天に昇り、穀物の種を乞う。天の神は色々の種を与えるが、キビの種だけは与えない。娘は盗んで陰部に隠して持ち帰る。だからキビは明るい月夜に植えても育たないのだ。

(IV)天の神は最初に出会う者と結婚せよと命じ、娘は地面にくっついているような小人の醜い神と出会う。

(V)その神を夫とする。

(VI)宮古島はこのようにして始まる。

この伝承は「天からの土砂による島造り」のモチーフをもつことにおいて『宮古嶋記事仕次』のものと共通する。この「国土の起源」に加えて「文化（穀物）の起源」、「人類の起源」をも説くものであって創世神話として整ったものである。上比屋の神の(A)〈ウマニアーズとサーニプズの婚姻伝承〉の口承のものと比較するに、類似してはいるが(II)の「天からの土砂による島造り」のモチーフを有することに加え、「タブーの違犯」のモチーフを欠いていることが異なる。穀物の起源はタブーの違犯を契機とするのではなく、世の始まりにあたって神から与えられるのである。上比屋の神の伝承（例話及び類話①②③）は、やはり『雍正旧記』のものに穀物起源神話が複合したものであろう。そして、それはこのような創世神話だったのではあるまいか。『雍正旧記』の水界の女性との婚姻を語る伝承が天界の女神を主人公とし、地上の男との婚姻を語る伝承へと変容したのもこのような創世神話の影響を受けたからではないか。そして別離に繋がるはずのタブーの違犯が農耕の始まりに繋げられ、穀物の起源へと結ばれていったのであろう。

水界の女性との婚姻を語る伝承が上比屋の女神ウマニアーズを中心とした穀物の起源、人類の起源を語る、より高次な創世の伝承に新しく生まれ変わっていったものと思われる。そしてそれによってサーニプズを中心とした語りが天から降下した女神ウマニアーズを中心とした語りに変化していったのである。

一方(C)〈ウマニアーズとクバノパーズの婚姻伝承〉の部分は⑽〈男神の漂着〉、⑾〈出会い〉⑿〈結婚〉、⒀〈離別〉、⒁〈子の誕生〉、⒂〈父子対面〉、⒃〈知恵のはたらき〉、⒄〈牧場の建設〉、⒅〈その後のこと〉、⒆〈事物由来〉から成る。新里幸昭氏によれば、狩俣にはクバラパージという祖神があり、集落の門やその周囲に石垣を築き、島の主として祀られているという。[7]これと同一神と思われる。また『宮古嶋記事』（一七五二年）には「狩俣こまらはひ」とみえ、法術や卜占に巧みであったとある。(C)の⒄〈牧場の建設〉にみられる木の葉を人に変えての石積みはこのような伝承が伝えられてきたものであろう。なお、この石積みは宮古島のトリックスターともいうべきカタイラマーガのこととしても語られている。(C)の例話⑽〈男神の漂着〉の「箱」はうつぼ舟であろう。発端をうつぼ舟によって流されると語るのは宮古では大浦の村立て神話、[8]昔話「子どもの知恵」[9]などであるが、海浜に伝承されるものであって四方を海に囲まれた奄美・沖縄地方の島々にはとりわけ事例が多い。[10]大浦の伝承は兄妹が流され、始祖となるというものであり、「子どもの知恵」の場合は知恵ある子どもが恐れられ流されるとするものである。例話ではロシア（シナと同じように、具体的な国名ではなく、水平的な海の彼方の世界を表すものだろう）からなぜ漂流してくるのか明らかでないが、類話⑤（新里）では「子どもの知恵」の発端と同様、知恵ある子どももゆえと語られる。『宮古嶋記事仕次』に記録されたものでは、津堅村の出身で「妹壱人召列欠落ニ而当嶋之内白川浜と申所へ来着」[11]とあり、大浦村立ての伝承のような兄妹始祖をうかがわせるような伝承となっていて種々の位相をもつ。いずれにしても漂着神としての印象が強い。

(C)の⒀〈離別〉～⒂〈父子対面〉は、田中氏が調査ノートに記されたように昔話「黄金の瓜実」のモチーフをもつものである。上比屋の女神との婚姻を語る例話及び類話①（豊原）、⑤（新里）、⑥（砂川）では放屁のモチーフを欠いているが、宮国の親の娘との婚姻を語る類話⑦（佐良浜）、友利のイスカキ御嶽の女との婚姻を語る類話⑧（友利）では、ともに放屁のモチーフを有する。例話では始祖神の伝承として位置づけられているために、滑稽な放屁のモチーフは欠落していったものであろうか。⑮〈父子対面〉における問答では「親がなくても子どもが生まれる人が植えると生える」と、これにふさわしく改変されている。その売り声は、例話では「一日に伸びて、一日に実が成って、一日に食べられることができる瓢箪」であるが、これは『遺老説伝』に記録された「黄金の瓜子」の伝承と異なる。岩瀬博氏によれば、これに類似した「きょうまいて、あしたなる瓜種」という売り声のものが群馬県・島根県に伝承されているということであり[12]、韓国の「朝植えて夕方食べられる」というのもこれに類似する[13]。宮古諸島でも昔話「黄金の瓜実」の伝承として同様のものがあり[14]、孤立した伝承でないことが知られる。いかなる経路を経て伝播してきたかわからないが、岩瀬氏のいわれるように『遺老説伝』に拠らないこの話型の伝承も存在しているのである。類話⑤（新里）に瓢箪が出てくるものの、問答に展開せずお膳を正しく直させて実の子と知るというのは、放屁問答のモチーフの欠落によって瓢箪の印象ばかりが遺ったのであろう。類話⑧（友利）でも「屁をしない女が植える珍しい種子」ということばは問答に繋がらず、父親のかつての出来事の思い出を喚起させるにすぎない。ここでも箸を添えないお膳を出すと子どもは自分で箸を作ったという、ささやかな知恵のはたらきに重きを置いている。このようなモチーフは那覇に伝承される『遺老説伝』型のものに付加するかたちでみられ[15]、そのようなものが伝播したものであろう。ささやかな知恵とはいえ、お膳による食事が上流社会のみのものであったころの人々の想像力と響き合うものであったのだろう。

⑯〈知恵のはたらき〉の例話及び類話①（豊原）、⑨（砂川）が、母親の助言によって風に向かって立つ牛を選ぶと語るのは「姥棄山」の難題の一つ〈馬の親子〉のモチーフが響いたのであろう。これに対して類話⑤～⑧は子ども自身の知恵として語っている。これらは類話⑤（新里）の⑱〈その後のこと〉にあるように知恵ある子どもを中

「流れ島」の伝承をもつ来間島（佐渡山安公氏撮影）

心に語ったものであって、母親の助言が子ども自身の知恵へと変容したのであろう。⒂〈父子対面〉と⒃〈知恵のはたらき〉において子どもの知恵が二度繰り返されることにより、その優秀さが強調されるのである。

以上、やや細かくみてきたように、上比屋御嶽の例話の伝承はウマニアーズとサーニプズの婚姻の伝承とその家族の神々の伝承、それにウマニアーズと狩俣クバノパーズの婚姻の伝承が繋げられたものであった。類話⑨（砂川）の伝承は『雍正旧記』の水界の女性との婚姻を語る伝承と同じであり、それに「黄金の瓜実」のモチーフをもたない狩俣クバノパーズとの婚姻の伝承がすっぽり入り込んだものとしてみやすいものである。竜宮に去るとき、以前に離縁した夫サーニプズに津波を防ぐ方法を教え、また穀物の種を下ろすという不自然さはそのことをよく示している。そしてこのようなものに神の子の物語としてふさわしい「黄金の瓜実」の〈父子対面〉のモチーフがとり込まれたのであろう。

上比屋の始祖神ウマニアーズにかかわる伝承はこの外にもある。同じ砂川富吉翁の語る来間島の由来伝承である。それによれば、ウマニアーズが島が流れてくるのを見つけ、機を織っている長女につかまえるよう命じたが、長女は機織りに夢中でつかまえず、とうといまの位置まで流れていった、長女は勘当されて別居させられ、上野のウイマ御嶽に祀られたというものである。「流れ島」の神話モチーフをもつものであるが、それがウマニアーズにかかわるものとして伝承されているのである。これが先の伝承と一連のものであることは、砂川翁や同じ伝承を伝える西中の友利マツ嫗⒃がいずれも引き続いて語っていることから知られよう。砂川翁によればこの外にもこれらの神々にまつわる伝承は存在するようであり、相当長大な伝承が伝えられているようである。砂川の神々の系譜に沿って種々の神話的モチーフをとり込んで、神々の事蹟として伝承されているのである。

このような伝承がどのように語り伝えられているのか。砂川翁はこれを祖父の語ったものと言われる。また宮古民話の会の佐渡山安公氏は新里のツカサであった祖母から家の祈願祭において、家に伝えるべき伝承として神々の神聖な伝承を聞いたと言われる。これは家内部での伝承であるが、『雍正旧記』の伝承は「此謂を以三月酉日ニハ毎年女ハたいこを取礒端に差付男は船漕まねを仕候尤モ船漕まねはむまの按司小舟を漕参り為申ニ付テ元祖の跡をまね男女共白衣裳を着祭申候」とあり、現在ナーパイ御願といわれて実修される祭祀の由来伝承となっていて、そのような祭祀においても伝承されたものであったのかもしれない。遠藤庄治氏は処女懐胎・卵生のモチーフをもつ来間島豊年祭由来伝承が祭祀のなかで伝承されてきたことに注意しておられるが[17]、上比屋の神の伝承においてもかつてはそのような伝承形態が存したのかもしれない。

いずれにしてもこれらは神事の中心において朗誦される呪詞ニーリ[18]のなかで次々に連ねられる神々の名の背後を支える伝承として機能し、また祭祀集団の人々の根源であり、生活の規範として機能しているのである。

三　狩俣の始祖神話

このような始祖神を中心とした神々の伝承は祖神祭りを行う狩俣にも存在する。本永清氏の調査されたものによれば、それは次のようなものである[19]。

(I)母神ンマティダが娘神ヤマヌフシライを連れてテンヤ・ウイヤからナカズマに降臨する。

(II)飲み水を探してカナギガー、クルギガー、ヤマダガーと移動し、ついに水量も豊富で水のおいしいイスガーを発見し、その近くのウプフンムイに小屋を建てて住みつく。

(III)小屋を建てる途中でヤマヌフシライが怪我をして死ぬ。
(IV)ンマティダはその後ナカフンムイに移り住む。
(V)ンマティダは毎夜枕上にひとりの青年が座ると夢見、懐妊する。
(VI)ンマティダは青年の素姓を知ろうとその右肩に糸のついた針を刺す。
(VII)翌朝糸をたどると近くの洞穴に続き、中では大蛇が右目に針を刺されて苦しんでいる。
(VIII)その晩夢にいつもの青年が現れ、自分はテンヤ・ウイヤから降臨した神と名告り、必ず男の子が生まれるだろうと告げて消える。
(IX)数カ月後男の子が生まれ、その朝大蛇は七光を放って天上に舞い上って消える。
(X)男の子はテラヌプーズトュミヤと名付けられ、成長する。
(XI)狩俣には娶るべき女性がいないため、八重山に渡ってヤーマウスミガという女性を妻とする。
(XII)二人の間にはウプグフトゥヌ、ナカヤシドトュミヤ、ヤーヌスンマの三人の子が生まれる。
(XIII)長男ウプグフトゥヌは地元の女性と結婚し、家を相続する。
(XIV)二人の間にはマールユプズトユンシュー、マヤマブクイ、ユマサズ、マーズミガ、スウイミガ、ママラズ、マカナス、マーズマラの三男五女が生まれる。このうちマールユプズトユンシュー、スウイミガ、ママラズ、マカナス、マーズマラは幼くして死ぬ。
(XV)ナカヤシドトュミヤはビキマリヤという女性と結婚するが、子はできない。
(XVI)ヤーヌスンマは一生を未婚に終わる。

この伝承のうち(II)は村立ての泉発見であるが、大浦村立てや来間島村立ての伝承でも渡来した男女（来間の場合は兄妹または姉弟）が泉を発見し、そこに村を造ると語られ、[20]村の始まりを説く伝承にしばしばみられるものである。

このような伝承は沖縄全域にみられ、大浦や来間の場合は鳥に従って見出すのであるが、八重山竹富島の仲筋井戸の伝説の如く犬による発見と語るものも多い。村が開かれるには神に捧げ、また身を清め生命を更新するための聖水を汲み出す井戸が最も重要であると信じられたのであろう。

また(V)〜(IX)は昔話「蛇聟入〈苧環型〉」とかかわるものである。この部分は早く『御嶽由来記』に「大城御嶽由来」として記録されている。

昔神代に右神（注・豊見赤星てたなふら真主）狩俣村東方嶋尻當原と申小森に天降して狩俣村後大城山に住居候処あるや若男に取合かと夢を見て則チ懐胎いたし七ケ月めに一腹男女生み出父なき子なれは初て見るものを父にせんとて抱出候得は山の前成瀬に大なる蛇這掛り彼子を見て首を揚き尾を振舞躍申候其時にてそ最前の男は蛇の変化にてあるならんと覚申候此人より狩俣村始り候由言伝有

というものであって、古くは苧環のモチーフをもたなかったのである。詳細は別の機会に論じた(21)ことであるが、英雄始祖型の「蛇聟入〈苧環型〉」による漲水御嶽伝承の影響を受け、その種々のモチーフをとり込んでさまざまな伝承の位相を生じさせて、先のような口頭伝承も生まれたと思われるのである。

さて狩俣の場合、先の砂川の場合と異なるのはこのような伝承が神事の中心で朗誦される呪詞としても伝承されていることである。その最も顕著な例はこの伝承の(I)〜(II)にほぼ対応する「ハライグイ」という呪詞である。これはウプグフムトゥ（大城元）の最高神女であり、狩俣全体の最高神女でもあるアブンマという神役の女性によって、狩俣の冬祭りである祖神祭りにおいて朗誦されるものである。第七節まではほぼ類型的なものであって、同様の詞章は他の呪詞にもみられる。小野重朗氏のいわれるクェーナ歌形の五・四音対句型のものに属し、対句による繰返しでもって叙述してゆく点、説話としての神話と異なるが、内容においては(I)、(II)にほぼ重なるのである。この呪詞で注目されるのは第八節において「んまぬかんわんな（母の神であるわたしは）」と一人称で朗誦されることである。古橋信孝氏は本永氏がアブンマをンマティダとも呼ぶといわれることに注意しておられるが[22]、アブンマに祖神ンマティダの神霊が憑依し、アブンマはンマティダ自身になるとされるのであろう。

このように叙事的な内容をもつ呪詞が朗誦されるのは宮古諸島では他に多良間島や水納島がある。山下欣一氏は琉球文化圏に分布する民間の神話群をとりあげ、琉球王朝神話との関連を探られるなかで、国土起源の神話が「柴差しのウムイ」「たきねーいぬウムイ」などの呪詞としても伝承されていることに注目しておられる[23]。ある地域において対応する呪詞と説話伝承のいずれが先に成立したかは容易に断じ得ないことであるが、それらは対応しつつ独自の展開をみせるのである。「ハライグイ」が母神一人の降下を叙述するのに対して川満媼の伝承(I)では母娘の降下と語られる。しかし、『御嶽由来記』所載の、より古い伝承では女神一人の降下とあり、あるいは古くはそのように伝承されていたのであろうか。また呪詞のいずれと対応するかよくわからないが、先に述べたように大蛇神との婚姻を語る『御嶽由来記』の伝承が苧環のモチーフをもたないのに対し、川満媼の伝承の(VI)、(VII)では苧環のモチーフをとり込んでふくらんでいるのである。これらは一般的にいって説話伝承がその内容において比較的変容しにくいのに対し、説話伝承は種々のモチーフをとり込み、または脱落させ、あるいは他の伝承を接合させて比較的変容しやすいということであろう。しかしこれは換言すれば、新たなる伝承として生まれ伝承されるということである。そして砂川の上比屋御嶽の伝承も狩俣のこの大城御嶽の伝承も近年においても大きく変容し、始祖神の新たなる伝承として生まれているのである。

四　始祖神話の伝承者

このような神々についての伝承は、民間宗教者たちを中心になされたと思われる。佐喜真興英氏『南島説話』（一九二二年）には「世のはじまり」として巨人神による天地分離、夫婦の始まりなど八話が記録されている。佐喜真氏は伝承者を創造説話者と伝承説話者に分かち、この八話が創造説話者に多く拠ることを注記されている。(24) いわゆる創造説話者とは神々についての知識豊かなユタや三世相のような人々で、新しい伝承を生み出し得るものである。宮古諸島では村の祭祀をつかさどる神役が個人の儀礼をも執り行うことが多いが、彼らは神がかりすることもあるのである。新里の平良ブナ嫗もそのような一人であるが、嫗は姉の新里ノチ嫗とともに先の創世神話を伝承している。その双方の伝承がほとんど一致しているのは、これが両嫗の生家に伝承されたものであることを示している。平良嫗によれば、その母はカンカカリヤーであったということで、嫗自身も早くから夢告によってユーザスとなるべき予兆を感じていたということである。先の創世神話の伝承はこのような家に伝承されている。山下氏による奄美のユタについての研究は、この点をよく明らかにしている。(25) 広く知られることとなった、壮大な創世神話「シマダティシンゴ」は家や個人の祭儀をつかさどる沖永良部島のユタによって伝承され、その儀礼を執行するさい朗誦されるのである。そのような神がかりする神人たちが村の祭祀をつかさどるとき、村始めの神々たちの来歴や事績が彼らの幻想のなかでさまざまにふくれ上がったとしても不思議ではない。佐々木宏幹氏の掲げられる宮古島のカンカカリヤーについての事例(26)はそのことをうかがわせる。それによれば、あるカンカカリヤーの夢に片目の蛇が現れて彼女に求婚したという。彼女はこれをかたく拒んだというが、この神婚幻想に現れる片目の蛇とは佐々木氏のいわれるように漲水御嶽の神であろう。蛇神との婚姻を語る漲水御嶽伝承が彼女の夢に浮かび上がってきたのである。村の祭祀をつかさどる神役たちは日常の生活においても、祭祀における御嶽での籠もりの際にも、始祖神をはじめさまざまな神々と深くかかわっている。そのような神役の幻想に現れたものが神話的な説話話型と出会い、あるいは種々のモチーフをとり込みつつふくらんでいったものであろう。漲水御嶽伝承や大城御嶽伝承が宮古島に伝播してきた英雄始祖型の「蛇聟入〈苧環型〉」をとり込んでいったのも、それが大蛇神との婚姻を語る神婚伝承としてふさわしかったからで、それはまず神々についての知識を豊かに保持した神人たちによって行われたのであったろう。そしてそれが御嶽の籠もりの場において、あるいは佐渡山氏の体験されたように神筋の家において伝承されていったものと思われる。

おわりに

当地方説話の特徴として由来譚的性格の強いことがあげられる。たとえば、松浪久子氏は与那国島の昔話について由来譚を中心に分類を試みられ、採集話百十一話（再録話を除く）のうち、八十六話（約七十七パーセント）を年中行事・信仰、地名・場所もの等の由来の項目に分類された。[27] この傾向は宮古諸島においてもほぼ同様である。そして国土の起源や人間の起源、穀物・農耕の起源などを神々の事績として語り伝えたり、事物の由来を神々に近い英雄の活躍によるものと位置づけているのである。そのような由来譚の中心に、先にとり上げた上比屋御獄の神の伝承のような始祖神にまつわる伝承があるといえよう。

その伝承は神事の中心において朗誦されるものではなく、その外側で語られるものであって、その意味では二次的な語りといえようが、呪詞の神々の名を支える伝承として、いまなお種々のモチーフをとり込みつつ新たなる神話として発生しているのである。

奄美・沖縄地方の説話の源には、村落という小さな世界での規範をなす祭祀のなかで、神役たちを中心としてその始源たる神々の世界に思いを寄せる島びとたちの心意があるのである。

注

(1)　一九八三年二月二十六〜七日、宮古民話の会の佐渡山安公氏とともに祭り見学のため訪れ、御嶽での籠もりの場において話をうかがった。
(2)　山下欣一「比屋地御嶽（宮古伊良部島）起源説話の問題」（福田晃編『沖縄地方の民間文芸』三弥井書店、一九七九年）。
(3)　一九七六年春の沖縄国際大学口承文芸研究会による伊良部島調査、同年夏の文部省研究助成による総合調査、一九七七〜九年夏の奄美沖縄民間文芸研究会・宮古民話の会合同による城辺・上野・下地の各町村調査、一九七八年夏の沖縄民話の会による多良間島調査、一九八二〜三年夏の奄美沖縄民間文芸研究会・宮古民話の会合同の平良市調査のほか、宮古民話の会による随時調査などが実施された。他に池間島の資料が琉球大学沖縄文化研究所編『宮古諸島学術調査研究報告(言語・文学編)』(一九六八年)に、伊良部島の資料が大川恵良『伊良部郷土史』(一九七四年)、中松竹雄『南島方言の記述的研究』(根元書房、一九七六年) にそれぞれ収められている。
(4)　これらの本文・類話は福田晃他編『城辺町の昔話　上・下』(同朋舎出版、一九九一年) に収められている。
(5)　大林太良「琉球神話と周囲諸民族神話との比較」（日本民族学会編『沖縄の民族学的研究』民族学振興会、一九七二年）による。
(6)　新里ノチ嫗のものは上野村教育委員会編『上野村の民話』（上野村、一九八一年）に、平良ブナ嫗のものは根間玄幸『宮古の民話』（自刊、一九七八年）に収載されている。
(7)　新里幸昭「狩俣の神々」（『沖縄文化研究』七、法政大学出版局、一九八〇年)。
(8)　鎌田久子「宮古島の祭祀組織」（東京都立大学南西諸島研究委員会編『沖縄の社会と宗教』平凡社、一九六五年)。
(9)　上野村新里、平良ブナ嫗伝承（『上野村の民話』)。
(10)　松本孝三「南島の漂着伝承」（一九八二・七・三、於南山大学、奄美沖縄民間文芸研究会大会発表資料）に多くの事例が拾われている。
(11)　平良市史編纂委員会編『平良市史』第三巻（平良市役所、一九八一年）所収のものによる。
(12)　岩瀬博「昔話『黄金の瓜種』の伝承と伝播」(『昔話—研究と資料—』第五号、一九七六年)。
(13)　崔仁鶴『韓国昔話の研究』(弘文堂、一九七六年)。

(14)　上野村豊原、砂川カナ媼伝承「ふしぎな瓜種」(上野村教育委員会編『上野村の民話』上野村、一九八一年)。
(15)　那覇市首里、久高ウシ媼伝承「黄金の瓜種」(那覇民話の会編『那覇の民話資料』第四集、一九八二年)。
(16)　福田晃・岩瀬博・遠藤庄治編『沖縄の昔話』(日本放送出版協会、一九八〇年)に「流れる島」として収載。
(17)　遠藤庄治「琉球の宗教儀礼と日本神話」(講座日本の神話10『日本神話と琉球』有精堂出版、一九七七年)。
(18)　「上比屋山うまにやーず御嶽のにーり」(稲村賢敷『宮古島旧記並史歌集解』琉球文教図書、一九六二年)。
(19)　本永清「三分観の一考察」(『琉大史学』第四号、一九七三年六月)。
(20)　平良市大浦、下地ヨカラ媼伝承「大浦島建ての話」(『ゆがたい』第二号、一九八〇年三月)、下地町来間、具志堅真津翁伝承「来間島の島建」(一九七八年八月八日、福田晃採録)、同福原武一翁伝承「来間の最初」(同)。
(21)　拙稿「宮古島漲水御嶽伝承の位相」(『ゆがたい』第三号、一九八一年十月、本書第二部第三章所収)。
(22)　古橋信孝『古代歌謡論』(冬樹社、一九八二年)。
(23)　山下欣一「『琉球王朝神話』と民間神話の問題」『琉大史学』第七号、一九七五年六月)。
(24)　佐喜真興英「序」および「本書の説話の出所に就て」(『南島説話』郷土研究社、一九二二年)。
(25)　山下欣一『奄美のシャーマニズム』(弘文堂、一九七七年)、同『奄美説話の研究』(法政大学出版局、一九七九年)その他。
(26)　佐々木宏幹「カミダーリィの諸相」(窪徳忠編『沖縄の外来宗教』弘文堂、一九七八年)。
(27)　松浪久子「与那国昔話話型一覧」(『奄美沖縄民間文芸研究』創刊号、一九七八年七月)。

第三章　神婚神話伝承の形成
——宮古島漲水御嶽伝承を中心に——

はじめに

沖縄宮古島には漲水御嶽と呼ばれる聖地がある。その御嶽の由来伝承に蛇と人間の女性との婚姻を語る昔話「蛇聟入〈苧環型〉」と同型のものがあり、『遺老説伝』等に収載されている。日本神話研究の上でも『古事記』崇神天皇の条の大田田根子が神の子であることを説く三輪山伝承と共通することから、古くより注目されてきたのである(1)。

その漲水御嶽伝承の形成について探ってみたい。

宮古島の漲水御嶽
（佐渡山安公氏撮影）

一　漲水御嶽伝承の諸相

漲水御嶽は平良市の中心部漲水港付近にあり、宮古島開基の神である古意角・姑意玉の男女二神を祀っている。古くから島びとの信仰を集めてきた御嶽で、仲宗根豊見親が八重山のおやけ赤蜂の乱を鎮める際にはここに詣でて武運を祈ったという(2)。

さて一九七六年からの四回にわたる城辺町・上野村・下地町・伊良部町・平良市の昔話調査(3)で、漲水御嶽にかかわる伝承は共通語資料として二十七話が採録された。もっとも多く採録された話柄であり、採録者の問題意識にもよるのであろうが、少なくともだれもが知っている話といえよう。

それらは次のとおりである。

① 城辺町吉野　根間コイ媼（明治三十三年一月十五日生）伝承（宮岡薫・平方佐代子・宮崎千里　一九七七年八月四日採録）

② 同新城　新城清栄翁（生年月日不明）伝承（高里マツ媼―明治二十三年二月生　伝承の共通語訳(4)）（丸山顕徳・安里和子　一九七六年七月二十七日採録）

③ 同皆福　本永朝言翁（明治四十年八月十五日生）伝承（松浪久子・小林美和・坂崎弘　一九七八年八月四日採録）

④ 同七又　砂川タケ媼（大正二年七月二日生）伝承（田中文雅　一九七七年八月四日採録）

⑤ 同福東　平安山寛幸翁（大正三年十一月二十七日生）伝承（伊良部寛信翁・八十七歳　伝承の共通語訳）（田中文雅・山口裕子・万木恵子・長崎美智代　一九七七年八月五日採録）

⑥ 同福東　友利金三郎翁（明治四十年一月六日生）伝承（同右）

⑦ 同比嘉　前里充宏翁（明治三十九年四月十七日生）伝承（砂川ヤマ・八十三歳　伝承の共通語訳）（宮地武彦・山本清　一九七七年八月六日採録）

⑧ 同仲原　野原ボウ媼（明治三十二年六月八日生）伝承（丸山顕徳・真下厚　一九七七年八月五日採録）

⑨ 同仲原　上里金翁（明治三十九年十二月十七日生）伝承（同右）

⑩ 同西中　友利マツ媼（明治二十九年十二月二十九日生）伝承（福田晃・下地利幸　一九七七年八月七日採録）

⑪ 同西中　友利マツ媼・塩川ヒデ子媼（明治三十八年十月十五日生）伝承（石田澄子・真下厚　一九七八年八月五

日採録）
⑫ 同長北 池城英子媼（明治四十四年三月三十日生） 伝承（岩瀬博・黒木祥子・宮崎千里 一九七八年八月七日採録）
⑬ 同西々 狩俣カマド媼（明治三十六年七月三十日生） 伝承（松浪久子 一九七七年八月六日採録）
⑭ 同下北 仲間モウイ媼（八十三歳） 伝承（松浪久子 一九七七年八月七日採録）
⑮ 上野村新里 平良ブナ媼（明治三十七年三月三日生） 伝承（福田晃・三浦佑之・狩俣恵一 一九七九年八月九日採録）
⑯ 同新里 平良金五郎翁（明治三十六年五月九日生） 伝承（松本孝三・砂川のり子 一九七八年八月六日採録）
⑰ 同新里 新里栄翁（明治四十三年十二月二十日生） 伝承（新里ノチ媼―明治三十三年十二月二十三日生 伝承の共通語訳）（宮地武彦・山本清 一九七七年八月八日採録）
⑳ 同野原 平良マツメガ媼（七十六歳） 伝承（岩瀬博・宮岡薫・長嶺洋子・前田洋子 一九七六年七月二十八日採録）
㉑ 下地町与那覇 与那覇武男翁（明治四十二年十月二十一日生） 伝承（榎本純一・仲宗根定栄 一九七九年八月十日採録）
㉒ 同来間 洲鎌マツ媼（明治四十三年七月五日生） 伝承（福田晃・三浦佑之・狩俣恵一 一九七九年八月十日採録）
㉓ 伊良部町国仲 手登根メガ媼（明治三十九年九月六日生） 伝承（伊芸弘子・池宮正治・田中文雅・島村幸一・上原孝三・一ノ瀬 一九七六年七月二十六日採録）
㉔ 同長浜 竹富カマド媼（明治四十四年十二月二十日生） 伝承（佐渡山安公・松田有子・高木照代 一九七九年八月十一日採録）
㉕ 同伊良部 上地数之翁（明治三十五年七月二十一日生） 伝承（丸山顕徳・安里和子 一九七六年七月二十五日採録）
㉖ 同仲地 新里寛林翁（明治二十一年六月十七日生） 伝承（名嘉順一・渡慶次勲 一九七六年七月二十五日採録）
㉗ 同佐良浜 仲宗根成長翁（明治三十八年十一月三日生） 伝承（福田晃・真鍋昌弘・島尻博光・上原利津子 一九七

六年七月二十七日採録）

㉘　同佐良浜　同右（真下厚・本郷京子・岩瀬順一　一九七九年八月十一日採録）

㉙　平良市高野　宮国カナ嫗（七十三歳）伝承（美濃部重克・阿波根初美　一九七六年七月二十九日採録）

以上のものの内容を示せば次図のとおりである。

	発端 (1)	展開 (2)	展開 (3)	展開 (4)	結末 (5)	結末 (6)	伝承事情
①	ツカサヤーの神を祀る地の隣りの家に美しい女の子が生まれる。外に出さず大切に育てるが、どこのだれともわからない男が通ってくる。	不思議に思い、両親に話すが、両親にもわからない。両親がサンジンソウに相談すると、「それは人間ではない。針に糸をつけて男の髪に刺せ」と教える。娘は教えのままにする。	糸のあとをたどると、ツカサヤーの洞穴に入り、なかには針に刺された蛇がいる。				年寄りから聴く。
②	平良に美人の女がいる。戸締まりをしているのに、男が訪れてくる。	女は不思議に思い、糸のついた針を男に刺す。	その糸をたどると漲水御嶽のなかで蛇が片目を刺されて苦しんでいる。	女は妊娠していたが、隣りの人が「三月三日に浜下りをするとおりる」と教える。	女が教えのままにすると蛇の子はみな流れる。		
	平良に美しい娘が	両親は心配して相	翌朝糸をたどると、	男の正体が蛇であ	娘が教えのままに		

③	④	⑤	⑥
いる。大切に育てられるが、いつの間にか妊娠する。	あるところに美しい女がいる。毎晩夜中に蛇がやってくる。	ツカサヤーの神が蛇に姿を変え、隣りの家に入る。	ツカサヤーの娘のもとに人間とも思われないものが通ってくる。
手の男がだれか問うが、娘にもどこのだれかわからない。親は「針に糸をつけて男の髪に刺し、その糸をたどれ」と教える。娘は教えのままにする。	家の主人が不思議に思い、針に糸をつけて刺す。	その家の長男が蛇を殺す。	隣りの老婆に相談すると、老婆は「あれは蛇だから針を刺せ」と教える。娘は教えのままにする。
漲水御嶽の洞穴に続き、なかでは針に片目を刺された蛇がうずくまっている。	その糸をたどると、漲水御嶽まで続き、なかでは蛇が片目を刺され、苦しんでいる。		糸をたどると漲水御嶽の洞穴に続き、なかから「自分は片目を傷つけられた」と話している声が聞こえる。
ったので、その子を流すために娘に三月三日に浜に下りて潮を浴びるよう親が教える。	女が妊娠しているので、三月三日の浜下りをするよう、家の主人が教える。		まもなく娘は自分が妊娠しているのに気づき、また隣りの老婆に相談すると、老婆は「三月三日に水を浴びて火に暖まれば蛇の子がおりる」と教える。
すると蛇の子はおりる。	女は浜下りをし、蛇の子をおろすが、女は死んでしまう。	長男はその後気がふれる。	娘が教えのままに水を浴びると蛇の子はおりる。
	夫の父から聴く。		

⑦	⑧	⑨	
ある家に美しい娘がいる。ある晩、すばらしい男が訪れる。娘が男の体に触ると鱗の膚である。	ある家に美しい娘がいる。娘はどこへも出てゆかないが、いつの間にか妊娠する。	神役の女が自分で気がつかぬうちに妊娠する。	美しい女のもとにとてもきれいな男が毎晩通ってくる。
毎晩のように訪れてくるので、ある老婆に相談する。老婆は「針に麻糸をつけて髪に刺せ」と教える。娘は教えのままにする。	両親は心配する。娘のところに来ているのは大蛇とわかり、糸をつけた針を刺す。	隣りのユタに尋ねると、ユタは「針にひもをつけて、変な感じがしたら刺せ」と教える。女は教えのままにする。	隣りの老婆に相談すると老婆は「針に長い糸をつけて、
糸をたどると、ツカサヤーの洞穴のなかに糸が入っている。	その糸をたどると、ツカサヤーの御嶽に入っている。	ひもをたどるとツカサヤーの拝所までいく。	糸をたどるとツカサヤーの石のなかに入っている。な
穴のなかから「片目をやられた。しかし人間の女に種をまいてきた」という声が聞こえる。他の声が「人間は知恵があるから三月三日に潮浴びすれば流産してしまう」という。	その後、蛇は人間のすがたになって娘の前に現れ、「子どもが生まれたら連れてこい」という。	女がユタに再び相談すると、ユタは「神様の子を孕んでいるのだから三月三日の波の花を七回浴びよ」と教える。	老婆は再び「三月三日にヨモギ餅を食べ、潮を浴びる
娘がそのとおりにすると蛇の子がおりる。	何年かたって父親の蛇のところに生まれた女の子を見せにいくと、蛇は美しい男となって、自分の子どもを抱き寄せる。	女が教えのままにすると、蛇の子が七匹おりる。	女が教えられたとおりにすると、蛇の子がおりる。
それ以来、三月三日には浜下りをするようになる。			

⑩	⑪	⑫	⑬
女は妊娠する。	同右	平良のパイヌスクというところに十四、五歳の美しい娘がいる。娘は妊娠する。	立派な家に美しい娘がいる。毎晩士族の男が通ってくる。
その針を男に刺せ」と教える。女は教えのままにする。	同右	親が心配して尋ねると、娘は「毎晩どこのだれかわからぬ男が通ってきて、こうなった」という。親は娘に「男が来たら、その髪に糸をつけた針を刺せ」と教える。娘は教えのままにする。	不思議に思い、糸のついた針を男の髪に刺す。
かには針に片目を刺された蛇がいる。	同右	両親が糸をたどると、漲水御嶽の洞穴のなかに入っている。なかでは大蛇が横たわっている。	糸をたどると漲水神社まで続いている。なかには針に片目を刺された蛇がいる。
とよい」と教える。	同右	両親は家に帰り、心配する。その晩、娘の夢に男が現れて「自分は宮古島を守る神である。三月巳の日に七浜七磯を踏み潮を浴びると三人の女の子が生まれる。三年たてばその子たちを連れて来い」という。	娘は妊娠しているので隣りの老婆に相談すると、老婆は「三月三日に浜下りをするとよい」と教える。
	同右	三年後、娘が三人の子を連れてゆくと、三人の子は大蛇の頭・胴・尾に取りつく。蛇は天に上り、三人の女の子は御嶽のなかに消える。	娘が教えのままにすると蛇の子が十二匹生まれる。
	それ以来、三月三日には浜下りをするようになる。(友利マツ嫗) またおりた蛇の子は下地御嶽その他の神々となる。(塩川ヒデ子嫗)	それ以来、三人の子は神として祀られる。	
		年寄りから聴く。	

⑭	⑮	⑯	
娘のところに男が通ってくる。	ネイマヤー・マツカマという娘がいる。立派な男が通ってきて、娘は妊娠する。	仲宗根豊見親の子どもかきょうだいかに美しい娘がいる。皆から結婚を望まれるが、いやだと断り続ける。ところがあるときから毎晩男が通ってくるが、その正体はわからない。	ネイマヤーという屋号の家に美しい娘がいる。ある男が毎晩通ってくる。
男の正体を知ろうとして娘は男の髪に糸のついた針を刺す。	親が心配して隣りの老婆に相談すると、老婆は「針に紡いだ糸を通し、男の髪に刺して、その糸をたどれ」と教える。	サンジンソウに相談すると、サンジンソウは「針に麻糸を通して男の髪に刺せ」と教える。娘は教えのままにする。	娘がユタに相談すると、ユタは「針に麻糸を通し、男の髪に刺して帰せ
糸をたどると、ツカサヤーの御嶽まで続き、なかには針に片目を刺された蛇がいる。	親がいってみると、漲水御嶽の岩のなかに入っている。なかでは蛇が片目から血を流して苦しんでいる。	その糸をたどると、蛇が針に目を刺されて苦しんでいるのを見つける。	娘が糸をたどると、漲水御嶽の石垣のなかで針に片目を刺された蛇が苦し
	再び老婆に相談すると、老婆は「三月三日に潮浴びをするとおりる」と教える。		娘は心配して再びユタに相談すると、ユタは「三月三日に波の花を三杯桶
	教えのままにすると蛇の子が七匹生まれる。	美しく生まれたためにこんな目にあったのだからと、娘は自分の子孫が美しく生まれないように祈る。	娘が教えのままにすると十二匹の片目の蛇の子が生まれる。
それ以来、ツカサヤーの神は片目の蛇となる。	七匹の蛇の子はそれぞれ漲水御嶽近くの御嶽の神々となる。	それ以来、その子孫には美人は生まれない。また美しく生まれても早死をする。	それ以来、三月三日には浜下りをし、若い男女は浜遊びをし、恋をするよ
	平良で演じられた芝居を平良の年寄りから説明を受けながらみた。		

⑰	⑱	⑲
	ある家に美しい娘がいる。その娘のもとに毎晩美しい男が通ってくる。	ある立派な家に一人の娘がいる。娘はいつの間にか妊娠する。
ばどこの男かわかる」と教える。娘は教えのままにする。	娘は不思議に思い、糸をつけた針を男に刺す。	親が娘に問うと娘は「寝ている間に何かがそばにきていると夢みたところこのようになった」と答える。そこで親は「千尋の麻のなわを針に通してその針を男に刺せ」と教える。娘は教えのままにする。
んでいる。蛇は娘に「自分はこんなになったが、跡継ぎを残しておくから」という。	糸をたどると、ツカサヤーの石垣のなかで蛇が針に片目を刺されて苦しんでいる。	なわをたどると洞穴のなかへ続き、なかには蛇が片目を痛めて横たわっている。
に汲んでそのなかに入ると流れる」と教える。		
		子が生まれると、蛇が会いに来て「自分の子だ」と名のり驚かせる。
うになる。		その蛇は漲水御嶽の神として祀られる。

⑳	ある立派な家に美しい娘がいる。両親は娘を外にも出さず大切に育てる。娘はいつの間にか妊娠する。	両親が娘に問うと、娘は「毎晩きれいな男が通ってくる」と答える。両親は不思議に思って隣りの老婆に相談すると、老婆は「紡いだ糸を針に通して男の髪に刺せ」と教える。娘が教えのままにすると、男は「目をやられた」といって去る。	糸をたどるとツカサヤーの洞穴に入っている。なかには大きな蛇がいる。	大蛇は両親に「子どもが生まれたら連れてこい」という。両親は運命だからと、あきらめる。	三人の女の子が生まれると、娘の両親はツカサヤーの洞穴に連れてゆく。女の子たちは父親の蛇と抱き合う。蛇は三人の子を連れ去る。	漲水御嶽にはその三人の女の子が祀られる。	子どものころ、母から聴く。
㉑	親主に娘がいる。外にも出さず、大切に育てる。娘はいつの間にか妊娠する。	娘は不思議に思って隣りの老婆に相談すると、老婆は「夜中にやってくるきれいな男は神だから、針に糸を通して、男の髪に刺し、その糸をたどれ」と教える。娘は教えのままにする。	糸をたどるとツカサヤーの洞穴に入り、なかでは蛇が針に片目を刺され、苦しんでいる。	娘が再び老婆に相談すると、老婆は「三月三日に浜下りをして波を七回浴びるとおりる」と教える。	娘が教えのままにすると蛇の子がおりる。	それ以来、三月三日には浜下りをするようになる。	
	漲水御嶽の近くに美しい寡婦がいる。	女は不思議に思って隣りのムヌシリ	糸をたどると、漲水御嶽近くの岩の	女が再び老婆に相談すると、老婆は	女が教えのままにすると蛇の子はみ	妊娠した女は三月三日には浜下りを	

㉒	㉓	㉔
毎晩きれいな男がいい香りを漂わせながら通ってくる。	漲水の神は蛇である。夜中にある女のもとに通う。女は妊娠する。	漲水御嶽の神は恋角・恋玉で蛇を使いとしている。蛇は男の蛇で栄えないからどうして栄えようかと隣りの裁縫している女のもとに通い、女は妊娠する。
の老婆に相談すると「紡いだ麻糸を針に通して男の髪に刺せ」と教える。女は教えのままにする。	女は相手がだれかわからないので、隣りの老婆に相談すると、老婆は「糸をつけた針を男の体に刺せ」と教える。女は教えのままにする。	女は不思議に思って隣りの老婆に「男が昼間はいなくなり、また子どももいつまでたっても生まれない」と相談すると、老婆は「糸をつけた針を男の髪に刺し、その糸をたどれ」と教える。女は教えのままにする。
下に入っており、女はその男が人間でないことに気づく。	糸をたどると漲水御嶽の穴に入っており、なかでは蛇が片目をやられて苦しんでいる。	糸をたどると石垣のなかで蛇が苦しんでいる。
「三月三日に浜に下りて寄せる波を七回浴びるとおりる」と教える。	女が再び老婆に相談すると、老婆は「清明の節に浜に下りて潮を浴び、大雨にうたれると流れる」と教える。	女が再び老婆に相談すると、老婆は「三月三日に浜に下りて潮を七回浴びるとおりる」と教える。
なおりてしまう。	女が教えのままにすると、蛇の子はみなおりてしまう。	女が教えのままにすると、蛇の子がたくさんおりて、漲水の石垣の下に入る。
しないという。		それ以来、三月三日の祭りは女の祭りというようになる。

㉕	㉖	㉗
平良の金持ちの家に娘がいる。部屋からも出さずに大切に育てるが、毎晩どこのだれともわからぬ男が娘のもとに通ってくる。	同右	美しい女のもとに男が通ってくる。女はやがて妊娠する。
隣りの老婆に相談すると、老婆は「糸を針に通し、男の髪に刺してその糸をたどれ」と教える。娘は教えのままにする。	同右	
糸をたどるとツカサヤーの御嶽に入り、なかでは蛇が片目から血を流して苦しんでいる。	同右	男は実は蛇であるが、女を妊娠させて嬉しいと話している。女がそれを聞く。
再び老婆に相談すると、老婆は「三月三日にヨモギを炊き込んだご飯を食べ、潮の引いた浜で七ブー七トガイを回って七回跳べばおりる」と教える。	同右	女は「そんなに思ってくれるのはありがたいけど子は流そう」という。浜に下りて前に一踊り、後に一踊りすればおりる」と教える。
娘が教えのままにすると、七回の蛇の子が一回跳ぶごとに一匹ずつおりる。	娘が教えのままにすると蛇の子はおりる。	女が教えのままにすると、蛇の子はおりる。
それ以来、三月三日には浜下りをするようになる。この日はみな浜に出るので、平良の人たちは見合いをする。	同右	それ以来、三月三日には浜下りをするようになる。

二　出産再会型の伝承

これらのものを整理してみると、世間話の⑤（福東）を除けば、娘が出産し子を連れて蛇と再会する、出産再会型とでもよぶべき型と、子を流産させる、流産型とでもよぶべき型に二大別されよう。

このうち、前者のいわゆる出産再会型に属するのは⑧⑫⑲⑳の四話である。一例として⑳のものを次に掲げよう。下地町来間の洲鎌マツ嫗（明治四十三年七月五日生）のものである。

ツカサヤーの神様は蛇の神様らしい。

あるお嬢さんの、役主の人だったかねえ、きれいな娘があってえ。あんまり立派な娘があったらしいから、これを外へも出さず、部屋のなかにだけ夜昼おいておったそうだ。

だがいつの間にかこのきれいな娘さんが妊娠しておったそうです。

不思議になって「何の子供をあなたは妊娠しているか」と聞いたら、

「夜ずつきれいな彼氏がいらっしゃって、きれいな男がきているから、こんなに、妊娠してないと隠せない」といって話したそうだ、お父さんお母さんに。そしたら向こうのお父さんお母さんが不思議に、もう部屋も風一つ入らんようにニジ入れてカディ入れて寝かしておくけれど、こんなに妊娠しているから不思議なものと聞いてみたら、隣りのおばあさんが、

「この針に糸を長くつけて―昔はおばあさんたちが糸を紡いでいてさあ、これをとって、これがどこまでもいくさあ―これだけの紡いでいる糸を針にさしてきたら、頭のなかに―昔は武士なんか欹髻《カタクサ》と不思議な髪を結うて―あれに刺しておけばわかるからそうしなさい」と教えたそうだ。

だからこの、お父さんお母さんが用意してもってきた。

「ああほんとに来ている」といって欹髻《カタクサ》にこの針を刺したそうだが、この男は自分が目をやられたとして別れた。

「どうしてこんなに別れたか」と非常に残念がっていったそうだ。家《うち》からツカサヤーの御嶽までこの糸を、

通《かよ》っていたそうですから、入っているこの糸をたどっていったら、洞穴《ガマ》のなかに、あとからいってみたら大きい蛇がこんなに洞穴《ガマ》にいっぱいに坐っていたそうだ。

「仕方がない。自分がこんなに化けてきて、あんたたちの子どもには妊娠させておくから、生まれたときには連れてきて見せなさい」といったそうだ。だから、

「もう仕方がない」って帰ってきて、

「これ、だれにもどうすることもできない。仕方がない。運命だから」とお父さんお母さんもあきらめて、自分たちで大きいしてこんなに妊娠するのが悪い、仕方がない、だれにもどうすることはできないと大切にしていたそうだ。

ほんとに子どもが三名できたそうだねえ、女の子が。できたそうだから、おじいさん、おばあさんは、「日にちに生まれたら、早く連れてきて見せなさい」といったから、仕方がない、これは神のいうことばだから、聞かないといかんと思って連れていったら、蛇《ハブ》を大きくして洞穴《ガマ》にいっぱいして坐っておって、自分の子どもとこんなに抱き合うてもっていったそうだ。

だからツカサヤーの神様はこの三名、この子どもたちも神様になっていらっしゃるとの話だが。

さて、これをモチーフに整理してみると次のようになろう。

⑴ある美しい娘が大切に育てられるが、いつの間にか妊娠する。

⑵男が通ってくることを知った親は隣りの老婆に相談すると、老婆は「紡いだ糸を針に通して男に刺せ」と教える。娘はそのとおりにする。

⑶糸をたどるとツカサヤーの洞穴に続き、なかには蛇がいる。

⑷蛇は「子どもが生まれたら連れてこい」という。

⑸三人の女の子が生まれ、ツカサヤーの洞穴に連れていくと、子どもたちは蛇に抱きつく。蛇は三人の子を連れ去る。

⑹漲水御嶽にはその三人の子が祀られる。

⑧（仲原）は⑵のモチーフが老婆の助言ではなく、親の助言となっている。また⑹の部分が欠落している。⑲（与那覇）は⑧と同じく⑵のモチーフが親の助言となり、また⑸の再会のモチーフが逆に蛇が会いにくるかたちに変わっている。いずれもその差異は比較的小さい。

これにくらべ、⑫（長北）はやや異なる。⑷が娘の夢に現れるというモチーフであり、また浜下り出産のモチーフが入り込んでいる。

漲水御嶽伝承を記録したものとしては『御嶽由来記』『琉球国由来記』『琉球国旧記』『遺老説伝』それに『宮古史伝』がある。『御嶽由来記』は首里王朝の命令によって島内の伝説や祭事を記録したもので、一七〇五年（康熙四十四）の成立である。『琉球国由来記』『琉球国旧記』『遺老説伝』はこの『御嶽由来記』を直接・間接に資料の一つとしており、漲水御嶽伝承については、それらを比較してみてもその叙述にさほど大きな差はない。

その内容を要約して示せば次のとおりである。

⑴平良内すみやの里に富貴栄耀の人がいたが、子がいないので天の神に祈って、美しい女の子をさずかる。両親は娘を大切に育てるが、十四、五歳のころ、いつの間にか妊娠する。

⑵両親が驚いて尋ねると、娘はこのような身となったのは生きての恥、死しての恥と嘆きつつ「毎晩どこのだれとも知れぬ清らかな若い男が通ってきて夢心地のうちにこのようになった」と答える。両親は不審に思い、男の素姓を知るために、娘に「千尋ほどの糸をつけた針を男の首に刺せ」と教える。娘は教えのままにその夜男の片髪に針を刺す。

(3)夜明けにその糸をたよりに尋ねてゆくと、漲水御嶽の洞穴に入り、なかには二、三丈ばかりもある大蛇の首に針が刺さっている。

(4)両親はこのようなものに身を犯され、末代まで浮名を流すのはくやしいと嘆き悲しんでいたが、娘の夢にその大蛇が現れ、「自分は宮古島草創の神恋角の変化である。この島の守護神を立てようとお前に思いをかけた。三人の女の子を産むので三歳になれば連れてこい」と語る。

(5)両親は本当ならば嘆きのなかの喜びだと思っていたが、十カ月目に三人の女の子を産む。子は人間の子と違い万事にすぐれる。三歳になったので子の母が漲水に連れていくと、蛇が御嶽のなかから現れる。母はその姿の恐ろしさに逃げ出すが、子どもたちは大蛇の首・腰・尾に抱きつく。姿は御嶽のなかに消え去るが、その夜大蛇は光を放って昇天する。

一方、『宮古史伝』は慶世村恒任氏によって昭和二年（一九二七）に刊行されたもので、『御嶽由来記』『雍正旧記』等の記録類やアヤゴ・伝説のような口承資料を参考に宮古島の歴史を編年的にまとめたものである。[5]これに載せられた漲水御嶽伝承を『御嶽由来記』のものと比較するに、(1)では天の神に祈って、子をさずかるというモチーフがなく、また(5)の出産する場面において「やがて臨月にもなつたので三月初巳の日に彼女を誘つて七浜七磯を踏ませた後、七潮nanasazが花（七浜の波の花）を汲み取つて来て浴せると、果して三人の女子を生んだ」[6]という浜下り出産のモチーフが入り込んでいる。また別伝として漲水御嶽の片目蛇由来の伝承が載せられているが、これらのことからすれば、浜下り出産のモチーフの入り込んだ漲水御嶽伝承は『御嶽由来記』などに拠ったのではなく、当時の口承資料に拠ったものと思われる。

さて先の口承資料⑳⑫等と『御嶽由来記』等のもの、『宮古史伝』所載のものを比較してみよう。『御嶽由来記』のものは十八世期初頭に口承されて存在していたことは「右御用ニ付嶋中年寄之人々悉皆相会各聞伝候古語申出以熟談致用捨相究メ如斯御座候」[7]という後記の部分によって明らかであるが、これに近いと思われるのが⑳等である。⑳（来間）は(1)において天の神に祈って、子をさずかるというモチーフがなく、(2)では隣りの老婆の助言となっており（ただし、⑧〈仲原〉、⑲〈与那覇〉は親の助言である）、また(4)のモチーフも異なるが、『御嶽由来記』のものと同一話型に属するといえよう。『御嶽由来記』のものは、⑳はもちろん『宮古史伝』のものとくらべても儒教的潤色がうかがえるのは、[8]役人が記録したためであろうか。

また⑫（長北）は『宮古史伝』のものとほぼ同一である。『宮古史伝』は島の人びとに割合よく読まれたようで調査中もしばしばその名を耳にしたが、これは池城英子媼（明治四十四年三月二十日生）が年寄りから聴かれたとのことで口頭伝承によるものである。あるいは『宮古史伝』のものが再び口承の世界に流れ込んだとも考えられるが、伝承を忠実に記録したもののようで見極めがつけがたい。

後に述べるように、浜下り由来となるいわゆる流産型の宮古島への伝播は新しく、この浜下り出産のモチーフは⑳のような伝承が流産型の伝承にふれることによって生じたものではないかと思われる。

二　流産型の伝承

後者のいわゆる流産型に属するものには、三月三日の浜下りの由来を語るもの、流産しておりた蛇の子が近在の御嶽の神となるもの、それからこれは流産型の断片化したと考えられるものであるが、漲水御嶽の神が片目の蛇であることを語るものの三つがある。

まず浜下り由来のものについてみよう。

これはさらに、隣りの老婆・ユタ・サソジンソウ・親などの助言のモチーフをもつものと、立聴きのモチーフをもつものとに分けられる。前者に属するものとしては②③④⑥⑨⑩⑬⑰㉑㉒㉓㉕㉖があり、後者に属するものとしては⑦㉗がある。

隣りの老婆などの助言のモチーフをもつものの例として、㉖のものを次に掲げてみよう。これは伊良部町佐良浜の仲宗根成長翁（明治三十八年十一月三日生）の語る話である。

あの平良にですね、もう金満家の、あらうま親衆なんかの娘でしたそうですね。でも金満家の娘だから、木取りにもいかない、畑にもいかない、もう部屋から出ないで家のなかにいたそうですね。

で、どこの人かわからん男が、夜になったら来て一緒に眠っておったらしいですね。

でもどこの人かわからん。で、隣りに婆さんがいたそうですね。その婆さんに話したそうです。「そうであったら、あの宮古上布ね、あれを作る材料、あれをもう、朝から晩まであれを繋いでおってね、その先に針を縛っておって、さて一緒に眠るときにあれの、着物の襟にね、刺し込んで。そうしたらその糸が引っ張っているんだからね、その糸を頼りにして捜しなさい」。こんなにおっしゃっていたそうです。「はい」といってそんなにしてもう眠っていたら、きてるんだから、襟にも針を刺し込んで。それはもう帰ったそうですね。

そいで明るくなってからその糸を頼りにしていってみたら―桟橋のターミナルの隣りにツカサヤーという神社があるさあね―向こうに引っ張られていたそうです。いってみたら、大きい蛇、片目にその針は入って、血は流れていたそうです。

で、きてその婆さんに話したそうです。「そうであったら三月の三日《さんにち》に、こっちにヤチウサといってるミハウクサ―あのモグサの木です、あれは―あれを取ってきて、ご飯に一緒に炊いて、それを食べてね、潮が引いたら浜へいって―ナナブーナナトガイと佐良浜の言葉では話しているんだがですね―ナナブーナナトガイまわっていって七回《なな》跳び上がりなさい」として教えているんだから、「はい」といってナナブーナナトガイまわっていって七回跳んでみたら、蛇の子は流して出てきていたらしいですね。

それが始まりでこの、三月三日の浜下りの日には、平良の人はこの、部屋からも出てこない人も出てくるんだから、そのときに平良の人は見合いして夫婦にもなっていたらしいです。

それがきっかけで、三月の浜下りはやったそうです。

さて、これをモチーフに整理してみると次のようになろう。

(1)ある娘が大切に育てられるが、男が通ってきて妊娠する。

(2)娘が男の正体を知るため隣りの老婆に相談すると、老婆は「紡いだ糸を針に通して男に刺せ」と教える。娘はそのとおりにする。

(3)糸をたどるとツカサヤーの洞穴に続き、なかには片目に針の刺さった蛇がいる。

(4)娘が再び老婆に相談すると、老婆は「三月三日に浜下りをすれば蛇の子は流れる」と教える。

(5)娘がそのとおりにすると蛇の子が流れる。

(6)それ以来三月三日の浜下りがおこなわれるようになる。

②(新城)は(2)の老婆の助言のモチーフが欠落している。③(皆福)は㉖の(2)(4)が老婆の助言となっているのに対し、親の助言となっている。④(七又)はそれが家の主人に変わっており、(5)において女は結局死んでしまう。これは、世間話⑤(福東)のツカサヤーの神である蛇を殺した長男が気がふれたという話とともに、神のタブーに触れたと考えられたのであろう。神のタブーに触れて神罰をこうむる話は『南島説話』に「神威の話」などとして載せられている。(9) ⑥(福東)は㉖とほぼ同じである。⑨(仲原)は隣りの老婆がユタに変わっている。⑩(西中)は㉖と同じである。⑬(西々)は②同様、(2)の老婆の助言のモチーフが欠落している。⑰(新里)は⑨同様、ユタとなっ

ている。㉑（国仲）㉒（長浜）は㉖と同じである。㉓（伊良部）は三月三日ではなく清明節の浜下り由来となっているが、これは話者の錯誤か、それとも座喜味島などでは三月三日と清明祭とを兼ねてやっているが[10]、そのようなこととのかかわりがあるのか不明である。㉕（佐良浜）は㉖と同一話者の話である。

さて立聴きのモチーフをもつものは⑷の助言のモチーフの部分が、

⑷穴のなかから「自分はやられたが、人間の女を妊ませてきた」「しかし人間は知恵があるから三月三日に浜下りして蛇の子をおろしてしまう」という声が聞こえる。

となり、娘がその話のとおりにすると蛇の子が流れるというように展開するもので、⑦（比嘉）が該当する。㉗（高野）は断片的で、⑵のモチーフが欠落し、また⑷の立聴きのモチーフもなく蛇自身が教えるかたちとなっているが、助言のモチーフをもつものよりもこの立聴きのモチーフをもつものに近いと思われるので、一応ここに分類しておく。

このような浜下り由来となるものにはおりる蛇の子が七匹と説くもの（⑨㉕）のほかに十二匹と説くもの（⑬⑰）がある。七匹というのは、三月三日の波の花を七回浴びるという浜下りの実修によって支えられるところが大きいであろう。また十二匹という数は宮古島に伝承される「宮古十二神」という卵生の神話伝承の十二方の神からの連想かもしれない[11]。

次に浜下りでおりた蛇の子が近在の御嶽の神々となるものは⑪（西中）の塩川ヒデ子媼のもの、⑮（新里）㉔（仲地）の三話である。これは浜下り由来のものの⑹に代えて、あるいはこれに加えておりた蛇の子が神々、あるいはその使いとなるというものであるが、浜下り由来の話が沖縄本島から伝播してきたとき、その蛇の子を神として崇めずにはいられなかった宮古島の人々の神への崇敬の高さを示していると思われる。

次に片目蛇由来のものは、①（吉野）⑭（下北）⑯（新里）⑱（野原）の四話である。これは浜下り由来のものの

⑶までで語りを止めてしまったものとも、出産再会型の断片化したものとも考えられるのであって、決め手はなく、いずれとも定めがたい。しかし出産再会型は神の誕生を語るものであって、これが断片化することにより御嶽伝承が多様化したとみるより、本島から流産型の浜下り由来伝承が伝播し漲水御嶽の伝承と結びつくことによりさまざまな伝承を生じさせ、このような断片化したものも生まれたと考える方がより妥当なのではなかろうか。沖縄本島にも「アカマタ聟入」の話型が断片化し、頭に針を刺された蛇を発見したという部分で語りおさめる話[12]のあることがこのことを裏づけよう。

この伝承は『宮古史伝』に別伝として載せられている。

さて先の四話のうち⑯（新里）のみは片目蛇由来ではなく、美人の生まれぬ家の由来となっている。宮古島には美人の生まれぬ由来を説く伝承がいくつかある。ニコライ・ネフスキーの『月と不死』のなかにも『宮古史伝』の著者慶世村恒任氏の話として「美人の生れぬわけ」というのが載せられている。これは次のような話である。

平良村西里の小字根間の旧家に世にも稀な美人が生まれ、大切に育てられた。ところが山原船の船長と仲良くなり、父親の怒りにふれた。父親は息子に妹を殺すよう命じたが、息子は殺すことができず、連れ帰り隠しておいた。娘は神に祈り、神となってまた見えなくなってしまった。あんな美しい娘を親たちがひどい扱いをしたと、それからはその家に美人が生まれなくなった。[13]

また一九七八年度宮古島昔話調査でも「美人の出ない村」という話が採録され、『沖縄の昔話』（一九八〇年）に収録されている[14]が、これは、美人が生まれ大きくなったが友だちのなかにばかりいたので、思いをかけた役人がその友だちを殺した、それで自分のような美人は生まれないようにといって自殺したというものである。

いずれも発端と結末は同じであるが、展開部において異なる。⑯もこのような伝承のなかに浜下り由来の伝承のモチーフが入り込んだものと考えられる。

四　説話の伝播と受容

さて漲水御嶽伝承のいわゆる出産再会型といわゆる流産型の形成について考えてみたい。

出産再会型の伝承は神の誕生を説くものであり、その生まれる子は⑫⑳ともに女子三人である。これは関敬吾氏が指摘されるように、男女の違いはあるものの、氏のいわれる「蛇聟入〈苧環型〉」英雄誕生型の緒方三郎の出自を語る豊後伝説圏のものと一致する。(15) 出産再会型の遡り得る最古のものは十八世紀初頭の『御嶽由来記』であるから、これ以前に宮古島に伝播してきたことが知られる。英雄誕生を語る話が本土地方から伝播し、それが御嶽の神の由来を説く伝承に結びつき、宮古島に定着したものであろう。

一方、これにくらべて流産型の伝播は新しかったと思われる。たとえばこれに属する⑮（新里）を語った平良ブナ媼（明治三十七年三月三日生）は若いころ兄が出征するのを平良まで送っていった折り、この芝居を平良でみられたという。その際平良の年寄りから説明を聞きながら見ていたとのことである。辺土名朝三氏は「沖縄本島民話の特質」(16)において芝居と昔話の関係を論じられ、この「蛇聟入〈苧環型〉」についても昔話「アカマタ聟入」から取材された芝居「三月三日」が再び昔話に帰ってゆくことを指摘されている。これは沖縄本島のみならず宮古島においても同じであった。仲宗根将二氏の「慶世村恒任の宮古研究について（試論）」には慶世村氏が大正初め村芝居上演に熱中していたという宮原昌茂氏の回想が記されている。(17)

したがって、沖縄本島において三月三日の浜下り由来を語る昔話「アカマタ聟入」に取材した村芝居「三月三日」が、宮古島においてはよく知られた漲水御嶽の片目蛇に結びつけて仕立てられ、上演されたのではあるまいか。先の平良ブナ媼の談話がこの間の事情を物語っている。この芝居などを中心にして本島より伝播してきたのであろう。

宮古島では三月三日の行事をサニツとよんでいるが、このような浜下り由来伝承とは異なるものが上地盛光氏『宮古島与那覇邑誌』（一九七四年）に収められている。それは次のようなものである。

> 或る虫除《むすろ》んの日、村の若者達が、馬の走りくらべをしたが、時間がなく勝負が決まらないままに引分けになった。改めて旧三月三日《サニツ》に決着をつけることとなったが、このレースは優劣つき難き、手に汗握る勝負になったので、歓衆は昂奮し、二人の若者を英雄に推挙し、その功労を讃えた。それから旧三月三日《サニツ》が始まったという。[18]
>
> （カッコ内の傍訓は引用者による）

この伝承はサニツの行事としての意味を説くものでなく、また説話的展開をみない素朴なものであるが、いわゆる流産型の浜下り由来伝承伝播以前のサニツ由来伝承の一つであろう。

このことからもいわゆる流産型の浜下り由来伝承は芝居などによって近年伝播してきたものと思われるのである。出産再会型の漲水御嶽伝承が伝えられる宮古島にはなばなしく流産型の浜下り由来のものが伝えられ、その刺激によって⑫のように出産再会型のなかに浜下り出産のモチーフが入り込んだり、流産型のなかで⑪のように他の御嶽の神の由来を説くものが生まれたり、片目蛇由来として語る断片化したものなどが生まれる、というように漲水御嶽伝承が多様化していったと思われるのである。

五　狩俣の伝承におよんで

最後に同じ宮古島においてやはり蛇神であることを語る狩俣の「大城御嶽伝承」に言及しておきたい。

この「大城御嶽」について『御嶽由来記』には次のようにある。

> 女神豊見赤星てたなふら真主と唱

船路の為並ニ諸願ニ付狩俣村中崇敬仕候事

由来、昔神代に右神狩俣村東方嶋尻當原と申小森に天降して狩俣村後大城山に住居候処あるや若男に取合かと夢を見て則チ懐胎いたし七ケ月めに一腹男女生み出父なき子なれは初て見る者を父にせんとて抱出候得は山の前成瀬に大なる蛇這掛り彼子を見て首を揚き尾を振舞躍申候其時にてそ最前の男は蛇の変化にてあるならんと覚申候此人より狩俣村始り候由言伝有氏神と号し崇敬仕候事(19)

これを漲水御嶽伝承と比較してみると、夢のうちに若い男と結ばれるという部分は漲水御嶽のものとほぼ同様であるが、相手の男の正体を知ろうとする部分においては漲水御嶽の苧環のモチーフとは著しく展開が異なり、『山城国風土記』逸文の賀茂社の伝承の父を定める部分などに類するものであって興味深い。『琉球国由来記』『琉球国旧記』のものはこれとほとんど同内容である。『宮古史伝』のものもこれは口承のものに拠ったのではなく、『御嶽由来記』に拠ったものらしく同内容である。

一方、口承資料はほとんどが梗概化されたものであるが、これを収録した資料には次のようなものがある。

①　稲村賢敷氏『宮古島庶民史』（狩俣吉蔵翁伝承）(20)

②　琉球大学民俗研究クラブ『沖縄民俗』第十二号（一九六六年十一月）

③　本永清氏「三分観の一考察」（川満メガ媼伝承）(21)

④　福田晃氏・岩瀬博氏・遠藤庄治氏『沖縄の昔話』（下地享子媼伝承）(22)

神婚伝承の部分のみを先の『御嶽由来記』のものと比較すると、①は生まれた子が「まやぬまつめが」という女子一人であると語る部分が異なる以外は同じである。④は狩俣のニノファノマキダという御嶽の伝承となっていてよくわからないが、大城御嶽伝承とその内容においてほとんど同一である。異なるのは生まれる子が女子二人と語る以外に、初立の際出会った大蛇に一人がその首に他の一人が尾に抱きつくというモチーフが加わっている点である。

また③はつぎのようなものである。

⑴毎夜ンマティダの枕上で一人の青年が坐ると夢見、いつの間にか妊娠する。

⑵ンマティダは青年の素姓を確かめるため千尋の糸をつけた針を男の右肩に刺す。

⑶翌朝糸をたどると近くの洞穴のなかで一匹の大蛇が右目に針を刺されて苦しんでいる。

⑷その晩いつものように青年が現れ、自分はテンマ・ウイヤから降臨した神であるが、必ず男の子が生まれるだろうといって消える。

⑸数カ月して男の子が生まれたが、その朝大蛇は七光を放って天上へ舞い上がって消える。

次に②はこの③と同じく苧環のモチーフをもつものであるが、⑵は母親の助言となっている。また⑷の部分が欠落し、⑸の部分は、

⑸やがて二人の子が生まれたので子どもを連れてイス井戸（イスガー）にいき、片目蛇に向かって「あなたの子なら水を浴びせてくれ」というと、蛇は喜んで尾に水を浸して子どもにかけ、そのまま消えていったという。

のように父子再会のモチーフとなっている。

さてこれらの伝承は出産再会型の漲水御嶽伝承の刺激を受けて変容し、多様化していったように思われる。④の子どもが父なる大蛇の首・尾に抱きつくという印象的な場面の語り方は漲水御嶽伝承の父子再会のモチーフによるものであろう。また古くは苧環のモチーフをもたなかったものが②③でそのモチーフを取り込んでいるのもやはりその影響であろうと思われる。さらに③に大蛇が光を放って天に消えるというのは『御嶽由来記』の漲水御嶽伝承や⑫のものにあり、外からの刺激を受けるなかでさまざまなモチーフが取り込まれていったことは明らかである。

おわりに

以上述べてきたように、漲水御嶽伝承は出産再会型に流産型のものを加え、さまざまに展開してきたのであった。その最も古い記録である『御嶽由来記』のものにはすでに苧環のモチーフがみえているが、この「蛇聟入〈苧環型〉」の伝承が伝播してくる以前には、狩俣大城御嶽伝承のように苧環のモチーフをもたぬ、より素朴な伝承であったと思われる。

古代日本においても神である蛇と人間の女との婚姻を語る、苧環のモチーフをもたぬ伝承が『常陸国風土記』に載せられている。

おそらくはそのようなものであったのだろう。ところが漲水御嶽が平良という一大政治勢力の拠点で文化的に開かれた地にあったため、伝播してきた「蛇聟入〈苧環型〉」の話型によって大きく変容し、新たなる伝承として定着し、さらには近代にいたって村芝居という新しい刺激を受けて成長・展開をとげたと考えられるのである。

注

（1）鳥居龍蔵「日本古代の神話と宮古島の神話《ミス》」（『東京人類学会雑誌』第百三十号、一八九七年一月、『鳥居龍蔵全集』第四巻　朝日新聞社、一九七六年、所収）がもっとも早いようである。

（2）赤蜂の名は『御嶽由来記』『琉球国由来記』にはなく、『琉球国旧記』（『琉球史料叢書』第三巻、東京美術、一九七二年）から現れてくるようである。

（3）一九七六年には福田晃代表「沖縄地方における民間文芸の総合調査」（文部省科学研究費）、一九七七年〜一九七九年には奄美沖縄民間文芸研究会・宮古民話の会合同の昔話調査が行われた。

（4）高齢で共通語が自在でない語り手の話については他の人にその語りをできるだけ忠実に共通語訳していただいているが、これがそれである。
（5）仲宗根将二「慶世村恒任の宮古研究について（試論）」（『宮古研究』創刊号、一九七八年七月）。
（6）慶世村恒任『宮古史伝』（南島史蹟保存会、一九二七年）。
（7）平良市史編纂委員会編『平良市史』第三巻（平良市役所、一九八一年）。
（8）『御嶽由来記』には妊娠した娘の言として「我頃日行衛も知らぬものに被偽寄只ならぬ身と罷成候得は、生ての恥死ての恥世の人に面を向へきやうもなけりバいかなる淵瀬にも身を投はやと存候得とも老たる父母を見捨て流石さもならす」とあるのに対し、『宮古史伝』には親が問いつめたところ「娘は顔をあからめて」答えたとある。
（9）佐喜真興英『南島説話』（郷土研究社、一九二二年）。
（10）『沖縄民俗』第十号（一九六五年十二月）。
（11）福田晃・岩瀬博・遠藤庄治編『沖縄の昔話』（日本放送出版協会、一九八〇年）に「卵から生まれた十二神」として載せられている。
（12）島袋源七『山原の土俗』（郷土研究社、一九二九年）に旧羽地村仲尾次の伝説として載せられている。
（13）ニコライ・ネフスキー『月と不死』（平凡社・東洋文庫、一九七一年）のものを梗概化した。
（14）注（11）書。
（15）関敬吾「蛇聟入譚の分布」（『民族学研究』第六巻第四号、一九四一年二月）。
（16）『沖縄民話の会会報』第五号（一九七八年九月）。
（17）『宮古研究』創刊号（一九七八年七月）。
（18）上地盛光『宮古島与那覇邑誌』（新星図書出版、一九七四年）。
（19）注（7）書。
（20）稲村賢敷『宮古島庶民史』（自刊、一九五七年）。
（21）『琉大史学』第四号、一九七三年六月。
（22）注(11)書。

第四章　艶笑譚の伝播と変容
――奄美・沖縄の鱏女房譚をめぐって――

はじめに

鱏は体全体が大変特異な形をした魚であるが、その腹部にある下の口が人間の女性の陰部によく似ているといわれ、海辺の漁師たちの間で鱏と交わることが体験談として話されている。渋沢敬三氏の『日本魚名集覧』〈第一部〉(一九四二年)「アカエイ」の項には「此種のAnusをEroticに見たり使用したりする漁夫の話は諸所に多い」[1]とあってそのような話の正確な分布はよくわからないが、広く海辺の漁師たちの間で伝えられているもののようである。[2]

ところで、この鱏の数多く生息する暖海の奄美・沖縄地方においては、説話としての型をもった伝承として伝えられている。この鱏女房譚はいくつかの型に分けられると思われるが、それらの原話と考えられるものが本土地方の近世の文献に記載されている。

そこで、本章では奄美・沖縄地方の鱏女房譚の話型とその分布を概観し、本土地方の文献記載のものとの比較を通して、人々の鱏への心意を明らかにしつつ、当該地方における展開の諸相を探りたい。

一　宝の壷喪失型の鱏女房譚

当該地方における鱏女房譚は、漁師が鱏と交わって子どもが生まれ、その子どもに伴われて竜宮を訪問することとなり、宝の壷を貰うが結局それを失ってしまうという結末のもの（以下「宝の壷喪失型」と称する）、漁師が鱏と交わったところその陰部が音声を発するようになり、結局それが山彦の始まりになると説くもの（以下「山彦由来型」と称する）、その両者の複合型のもの、の三つに分けられるのではないかと考える。

そこでまず、宝の壷喪失型のものについて概観しておこう。

宮古島宮国スカプヤー御嶽（佐渡山安公氏撮影）

その伝説化した例話を次に掲げる。これは沖縄宮古島の城辺《ぐすくべ》町長北の川満恵喜翁（明治三二・八・一六生）の語られた共通語の伝承である。宮古島上野村宮国のスカプヤー御嶽祭祀由来に結びついたもので、宮古島南部の城辺・上野・下地の町村に広く伝承されているものである。(3)

昔ですね、一本釣りの漁師がおったらしい、夜ね。そして、釣りをほうり込んであったらいよいよ獲物がかかったんですから、引っ張ってみたら、まあ、ある程度大きい鱏だそうですねえ。これをとって仰向けになして、それでまた釣りは投げておいたら。で、その間《かん》に漁師は黙って、こう見ておる。この、鱏はパタパタしておるんですねえ。で、鱏の陰部が人間の陰部によく似ているらしい。で、それから、恋心起こしてこの鱏と睦れたらしいですねえ。そして、そのように睦れた相手だから、持ってきて料理して食べることはできない、という愛情でもって、これを海に放したらしいんですね。

そして、それから四、五、六年もたって、この漁師が海に行ったら、「お父さん、お父さん」と、いう話が聞こえる。あちこち見たら、海のなかからちょっと、顔を覗かせてね、呼んでおる。で、この子どもが、

「いまから何年前にどうどういう事情でもって、どうどういうことがあったでしょう、お父さんは。そのときの、お父さんが愛された、あれの子どもだ」と言う、そうですねえ。

「だから、お母さんのところにわしと一緒に行ってください」と、こういうふうに話したら、

「どうして、わたしにその潮のなかを潜《くぐ》って、行くことはできない」

「うん、それは、そうでしょう」と。

「じゃあ、わたしをちょっと捉《つら》まえてください。捉まえてわたしの行くがままに、一緒に歩いてください」と言ったら、目を瞑《つむ》って、捉まえる。進むうちに目を開いてみたら、大きい道路になっているそうですねえ。そこを通って、行ったら、立派な家《うち》がある。そこに、この、奥さんの鱏はおって。

そこで、幾分か暮らして、帰ろうとする途中に、

「お土産に何かあげようと思いますが、何がいいんですか」と。

「たくさんある。あんたのお望み通りあげますから」と言ったら、この子どもが、そばに来て、

「お父さん、お父さん。あの、床の間に飾られておる、白いちっちやい——いわば共通語では徳利ですね——あれを貰って行きなさい」と。

「ああ、そうか」と言って、この、子どもの教え通り、

「あの徳利を貰いましょう」と言ったら、

「ああそうですか。では、これ、成りゆきをお話ししますが、これは持っていって、したら、あなたは奥さんがおるし、家に持っていかないで、別に置いておいて、したら、これに自分が念をかけてですねえ、お神酒《みき》を飲みたいと思ったら、お神酒が出るし、それから何かまた別の、ご飯なりに、それに付けておかずになるご馳走ね、これを要求したらそれが出る。思う存分な物が出るから、そういうふうにしなさい」と。

「ああそうか」と。

持っていって、畑のそばに隠し場所をこさえて、そこに置いてある。これは農家であったらしいですから、行って、昼中《じゅう》仕事をする。そしたら、妻は家で料理こさえて昼飯の準備もし、お茶も沸かして待つのに、来ない。それが一日ばかりじゃなくて、何日でもこういうことが続いたそうですねえ。この妻は、不思議だと思って、ある日のこと、知らんふりして行ったら、何か白い徳利を、口に当てておるらしいですね。隠れて、「ヒャー」と言ったら、びっくりして、その夫がびっくりすると同時にその徳利は、白い鳥になって、鳩ぐらいの鳥になって、飛んで行くらしいですねえ。

で、これが、ずうっと見ておったら、これがいて止まったところが、宮古の宮国《ミャーグン》という字の大きいガジュマルの木に、止まったらしいです。そして、まもなく、姿を変えて白い徳利と、変化して土地に落ちたというんですねえ。その徳利を、宮国部落の人は—これは海ばたですが—海ばたに神社作って、そこに人には見えないように、奥の方に置いて、こっちでおって、宗教的にやっておりますよ。

この川満翁の伝承は漁師が竜宮訪問の際歓待を受けたとはっきり語っていないが、他の多くの伝承(4)と比較してみると、この部分が簡略化していると考えられる。また、白い鳥の降りたスカプヤー御嶽の名が語られていない。

さて、これをモチーフに整理してみると次のようになろう。

(I)ある漁師が鱏を釣り上げ、その陰部が女性のそれに似ていることから鱏と交わる。〈鱏との婚姻〉

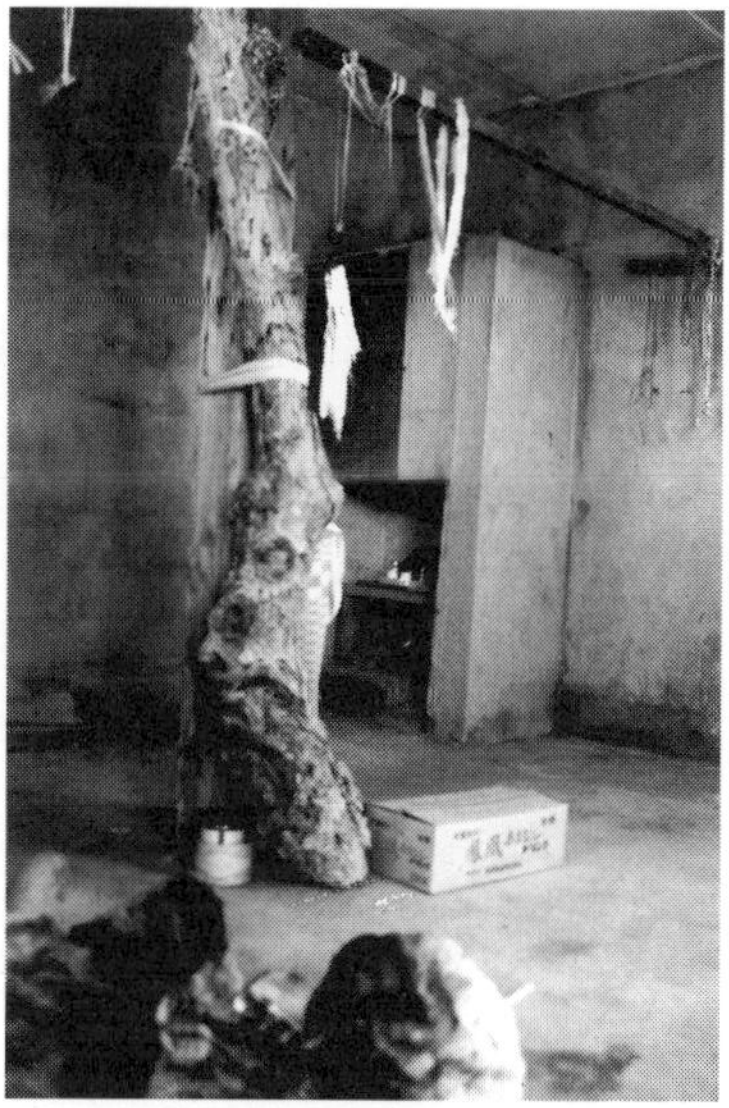

白い鳥が止まったと伝える
ガジュマルの聖樹

(II)何年かの後、海に行くと鱏の子どもが現れて「お父さん」と呼びかけ、漁師の子であると名告って男を竜宮に連れてゆく。〈子どもとの出会い・竜宮訪問〉
(III)漁師は竜宮で歓待を受け、家に帰る際土産として子どもの助言により、食べ物が何でも出る壷（または徳利・瓶など）を貰う。〈竜宮での歓待・宝の壷の土産〉
(IV)家に帰った漁師は壷を畑に隠し、毎日食べ物を出して食べるが、不審に思った妻が後をつけて見つけ、背後から声をかけたところ、壷は白い鳥になって飛び立つ。〈宝の壷の喪失〉
(V)白い鳥は宮国のスカプヤー御嶽の木に止まり、再び壷の姿に戻る。それ以来その壷を御嶽に祀り、祭祀を行うようになる。〈祭祀の由来〉

このうち(V)のモチーフは伝説化したために付加されたものであるが、宝の壷喪失型のものは(I)〜(IV)のモチーフにほぼ沿う形で、奄美の沖永良部島、沖縄の粟国島・池間島・伊良部島・官古島・多良間島・波照間島などに広く伝承されている。(5)

これらのモチーフについてみておくと、まず発端である(I)〈鱏との婚姻〉では、例話のように、鱏の陰部と女性の陰部との形態的類似を積極的に説くものも多い。なかには、粟国島のもののように、岸辺に打ち上げられた鱏を助けてやったと動物救助の語り出しをもつものもあるが、(II)のモチーフにおいて子どもが「お父さん」と呼びかけるのであって、このようなものも本来は鱏との婚姻を語るものであったと考えられる。動物救助の語り出しをもつものは鱏と交わるという露骨な語りを避けるためのものであったのかもしれない。またこの(II)〈子どもとの出会い・竜宮訪問〉において、子どもが「お父さん」と呼びかけるのは殆どのものに共通するばかりでなく、前述のように動物救助の発端をもつ粟国島・伊良部島などの事例においてもこうした語り方をもつことからすれば、これは本来的に備わっていた部分とみることができよう。また(III)〈竜宮での歓待・宝の壷の土産〉において子どもが宝の壷を土産に貰うよう助言するが、これも宮古島のもののみならず、沖永良部島・粟国島・伊良部島・多良間島などの事例に共通する。最後の結末(IV)〈宝の壷の喪失〉において、例話の宮古島のものでは壷喪失の契機を妻が驚かせたことによるとするが、沖永良部島の事例では妻が石に叩きつけようとして海中に飛び込んだとし、多良間島の一つの事例では人が大勢集まったために自分で割って捨てたとするなど、やや語り方に変化がみられる。多良間島のもう一つの事例では別の欲ばりな鱏の子が盗んだという、やや唐突で不自然な語り方となっているが、宝の壷の喪失を結末とする点がかえって明確である。また宝の壷を祭祀由来に結びつける宮古島の例話では、宝の壷そのものに語りの中心が移っているため、主人公である漁師がどのような結末を迎えるかが語られていないが、沖永良部島・多良間島などの事例では宝の壷を失ったために貧乏になったと語り、粟国島の事例では腹がふくれて死んでしまったと語る。竜宮の宝の壷は富と生命力の源泉であって、これを失うことは富の喪失と生命力の喪失とに繋がると受けとめられたのであろう。

二　『御嶽由来記』の祭祀由来伝承

ところで、このスカプヤー御嶽の祭祀由来伝承は早く『御嶽由来記』に掲載されている。この『御嶽由来記』(一七〇五年)は琉球王朝が地誌編纂資料の一として宮古在番所に命じて宮古島とその周辺離島の伝説や祭事を記録させたものである。スカプヤー御嶽のンナフカ祭祀由来伝承はその「嶋中祭祀之事」の項に記される。

往古荷川取村百姓湧川まさりやと申者漁に出ゑの魚釣候処忽ち麗しき女に化し候間何となくこゝろ浮れ壱度取合免申候其後経二三ケ月同所へ猟ニ出候得は二三歳の童子三人何方ともなく変来母より父を片時参との使にて候と申けりは彼男打驚きさてさて不思議なる哉我は汝等か父にてハなく候と申けりは該童子共嗚呼情なくも宣ふものかな過し何頃此所にて母と取合被成たる子ハ我々ニて候かならず御供仕候ワんと申けれは該男つくつくと思ひ最前ゑの魚と取合候が生子にて候哉荒不審成次第哉されとも閣へきにはあらす先行て見んとていや童子共行て見度候得共海中江ハいかてか可参と申候得は該童共最安きことニて候我等道指南可仕候とて男の手を取海中へ入ると見れは則チ金銀をちりばめたる楼閣にそ入にけり母先の女にも少も不違中々むつましき顔付にて出迎さてさて久々の御対面候誠に先度の御芳情難忘候儘乍御耻ケ敷賤住家を見せ参らせ候哀いつも連理の御かたらひ仕ま不しく存候得共生涯各別にして思様にもならさるこそかなしけり責てハ二三日も御留り遊候得とて色々の馳走た(い)し候三日にも罷成候得はいつもかくこそ有度候得共御身も故郷の事をさそ恋しく被思召候半先送参しへくとて涙を流し是をはいつまても我形見と御覧被成候とて瑠璃壷を壱つ得させ候と思ひ夢の覚たる心地して家にそ帰ける海中にて三日三夜と存候得は此世にてハ三年三ケ月にそ成にける此壷を見れハ神酒有り呑共々々尽方なく五味の味さなから口中の渇を滋し宛も天の甘露もかくやあるらんと覚ゆる計にて候呑し一家の者無病息災にして長命を保申候夫のみならず此壷を得候テより耕すしておのつから五穀蔵に満楽満楽と世を渡申候然ハ此壷は永代の家宝として秘して人にも見せされけるが隠れ有へき事なら祢は嶋中洩聞老若男女押なめて壷を見んとて群来仕候亭主ハ六ケ敷事におもい且又富貴に驕ハ小人の習なれは此神酒早晩も同味にして呑度もなきよと申けれは其言葉未終に壷ハ白鳥ニ成て虚空に飛上り申候諸人首を地に付願は我家に御留り候得かしと拝しけれは東方を差て舞行宮国村志か不やと申所庭の木に落留りぬと見て失申候亭主其夜の夢に白鳥ハ富神

にて候間九月内乙卯末日物忌にて願候ハゝ世か不ふを給へくよし夢の告有けれとも如何あらんと存候処或夜大世積ミあや船とて神の船東方雲井より漕出志か不や崎に船を付とて神歌聞得為申由候其後より志か不やの人富貴の身となり為に申由候事

右云伝有之毎年九月内乙卯末日三日中ハ牛馬も原江不出物忌精進にて願為申由候満散の日は別テ城辺四ケ村百姓中みき肴調宮国村いな不か根所志か不やへ参り祭上ケあそひ申候諸村ハ只三日物忌精進仕までにて候いな不か物忌先に遁走候牛馬も誰か引参ともなくいな不かの根所へ参り為申事数度有之申侯人も牛馬も原へ不出候様子ハいな不かの三日ハ富の神五穀の種子を蒔候故人勢有之候得は御驚き其畠の作物ハ不出来仕よし云伝有之候其物忌今は無之候事(6)

この記載された祭祀由来伝承を先の口承のものと比較するに、大筋において共通するが、細部においてはやや異なっている。まず(I)〈鱏との婚姻〉の部分において口承のものは鱏の陰部が人間の女性のそれに似ると艶笑譚ふうに語るのに対し、『御嶽由来記』のものは「ゑの魚釣候処忽ち麓しき女に化し」と、女性への変身を語る。また(IV)〈宝の壷の喪失〉の部分において口承のものでは男とその妻との葛藤として語られるのに対し、記載のものでは漁師一家と村人たちとの関係として叙述されている。さらに(V)〈祭祀由来〉の部分において口承のものは御嶽に祀る壷の由来を語ることに力点が置かれているが、記載のものでは壷については「壷ハ白鳥ニ成て虚空に飛上り申候(中略)宮国村志か不やと申所庭の木に落留りぬと見て失申候」と述べるにとどまり、夢告によってスカプヤ家に富がもたらされたことから城辺四ケ村では祭祀を始めるようになったと叙述するように、祭祀の由来そのものを語ることに力点が置かれている。

これらの差異について、ここで若干考察を加えておこう。

まず(I)〈鱏との婚姻〉の部分の差異であるが、『御嶽由来記』の女性への変身の叙述は『日本書紀』巻十四や『丹

宮古島宮国のンナフカ祭祀（佐渡山安公氏撮影）

後国風土記』逸文に記す浦島説話において亀が「便化㆓為女㆒」(7)という叙述と同様である。このような叙述はこれら古代の文献にみえるものであり、またより神話的な叙述であることから、鱏の陰部のかたちに関心を示す口承のものより一段古い伝承のようにみえる。しかしながら、口承のものにおいてはこの『御嶽由来記』のもの（直接的にはそれを口語訳した『宮古史伝』のもの）に細部がほぼ一致し、純粋に口承のものであることに疑問のある一例(8)を除くと、他の事例は女身に変じるとは語らず、例話として掲げた川満翁のものや上野村宮国の砂川カナ嫗・崎原利正翁、新里の新里ノチ嫗、城辺町皆福の普天間景治氏のものなど(9)多くの事例は積極的に鱏の陰部のかたちが人間の女性のそれに似ると語るのである。しかも、壷の喪失を結末としたり、山彦の由来に結びついたりする鱏女房譚が沖縄本島の周辺の粟国島や宮古諸島の多良間島、そして八重山諸島などに伝承されるが、そのやや隔たった島々においてもこの部分は共通し、広い分布を有する。さらに本土地方の近世の文献にも鱏女房譚がみえるが、それにおいても同様である。このように考えてくると『御嶽由来記』の叙述の方が特異だとせざるを得ない。古い時代に記録された伝承が古い姿を留める一方で、記載することによって口頭伝承に手が加わったことも予想される。かつて「蛇聟入〈苧環型〉」の型をもつ漲水御嶽伝承を論じた際、『御嶽由来記』のものには蛇が通ってきた娘の心情の描写に儒教的倫理からの彩りがなされていることを指摘した。(10)それと同様にこのンナフカ祭祀由来伝承においても鱏の陰部が人間の女性のそれによく似るとするのはあまりに露骨に過ぎるため、執筆者である役人がそれを忌避し、漢文学の神異譚の如くに文飾を凝らしたものと思われる。

また(Ⅳ)〈宝の壷の喪失〉の部分の差異について、口承のものでは現在まで採録されている事例は先の疑問ある一例を除き、すべて妻が夫の背後から声をかけたり、肩を叩いたりすると壷は白い鳥と化して飛び立つと語る。しかし壷の喪失を結末とする粟国島や多良間島の伝承ではこの部分は妻が怒って壷を壊したとしたり、別の鱏の子が壷を盗んだとするものなどがあり、『御嶽由来記』のもののような叙述も当時の口頭伝承のレベルにおいて存した可能性もある。発端の部分の差異と異なり、こちらの方は見定めがつけ難い。

(V)〈祭祀由来〉の部分の差異は両者の語り方の違いから来るのであろう。『御嶽由来記』のものは「嶋中祭祀之事」の項に記載されるところから祭祀の由来そのものを語ることに力点が置かれているのであろうし、口承のものは御嶽の聖性を保証する宝の壷の由来として語ったものであろう。

三　山彦由来型の鱏女房譚

次に山彦由来型のものをとり上げたい。

これも初めに例話を掲げておこう。一九八一年夏の立命館大学説話文学研究会による奄美大島北部笠利町昔話調査において、榎本純一氏は笠利町土浜の浜田長氏（大正七・二・八生）から次のような「山彦由来」の話を聴いておられる。

山彦のね、山彦がどうして、

「おおい」ち言うたら

「おおい」って返ってくるんだろうかちいう、あれの原理をね—昔の人は、そりゃある人が作って喜んでおったのだろうと思うけどね。

あのね、漁師さんがね、海から漁して帰ってきたわけよ。そしたら今度は、鱏ちいうてね、魚がある。あいつのその、下の方がね、ちょっと人間と似ているわけよ。それへ、そのある人がね、そいつを舟の陰に隠れておって、そこにやったらしいんだ。

そしたらね、もう
「ああよかった」っち言うたわけ。そしたらね、下の息子さんもね、

「ああよかった」っち言うこうして。

「どっかね、声がするね」っち言うたらね、

「どっかで声がするね」っち、また言うわけですっち。

「不思議やな」っち言うたら、また
「不思議やね」っち言うわけち。

「大変なことになった」っち言うたら、また息子がまた、

「大変なことになった」っち、言うたちゃ。

もうどうしたらいいかなっち考えたって。その昔島々をこうして回って歩く、女がいたらしいんだ。それ、それがええとこ知っておったから、その人に移してやろうと思って―お金さえ払ったりすりゃ寝れるわけやでね―そしたらね、それと寝たらしいんだ。そしたら、そして、してしたら今度《こんだ》、ぷっとして逃げたわけよ。

「まあこの人」っち言うたら、股の下近くの娘さんが言うらしいんだね。

「厚っかましい人じゃね」っち言うたら、また、

「厚かましい人じゃね」と言う、娘さんが下の方の娘さんがですよ。そうして、こっちへ何とか言うたらまたまねするわけっちゅかな。もうこれじゃ大事《おおごと》じゃっち思て、それで今度《こんだ》どうしたらいいかなっち、これは人から移ったんだから、自分も移してやろうと考えたわけよ。そして、またある男の人と寝て、それを移したわけ

よ。そしたら今言った通りのことをまた繰り返したわけよ。そうしたらまあ、これはもう、評判になったらしいんだ。それでもう、それ、引っ掛かる人いなくなってしまったから、牛をね田んぼのなかに、深い田んぼのなかに引き込んで動けなくしてから、それに移したらしいんだ。

そしたら、その牛が

「ウワーン」ち鳴いたらね、

「ウワーン」ち。また

「モウ」ち鳴いたら

「モウ」ち。

「モウ」ち鳴いたら

「モウ」と言う。もう盛りついた、牛はもう、向こうに、丘に牛のおるちゅうて、一生懸命走ったっち。山越え谷越え、そしたらもう、この、下り坂のある所で急にズルッと山の斜面に滑って、その真っ直ぐ下に、それから、こちらの方で、

「おおい」ち言うたら、

「おおい」ち答えるでしょう。それ山彦はそれからあないになったっちいう。(11)

浜田氏は、この話は自分が兵役を終えて帰ってきた頃に父親が酒を飲んでいい気持ちになった折りに語って聞かせたものだといわれる。

奄美大島にはもう一つの報告例がある。奄美民俗談話会の児玉永伯氏が祖母モチヤ媼（明治二六・四・八生　奄美大島南部大和村大棚在住）から聴かれたものである。(12) これは例話とほぼ同じであるが、音声を発する奇妙な現象が漁師から妻へ、そして妻から物乞いへ、そして物乞いから牛へと移るという点が異なっている。

奄美諸島ではこの二例以外にいまのところ報告例はないが、沖縄の島々にはいま少し多くの事例を見出すことができる。

沖縄本島では中部の恩納村からの報告例[13]がある。恩納村谷茶の石川元助翁（大正二・七・七生）の伝承されるものであるが、これは大和村の児玉嫗のものと非常に近い。ただ児玉嫗のものが女房から移されるのは物乞いだとするのに対し、石川翁のものは背負いの行商人とするのがやや異なる。

宮古諸島では伊良部島からの報告例[14]があるが、これも児玉嫗・石川翁のものと非常に近い。ただこの場合、妻と関係するのは鍋修理屋である。

八重山諸島では、後述のように宝の壷喪失型と複合したものの報告例がいくつかあるほか、複合していないものとして西表島からの報告例が一つある。[15]これは漁師が自分の持ち物が音声を発するようになったのに驚いて馬と交わったとするものであって、次々に移してゆく部分が欠落している。

そのほか沖縄本島周辺の粟国島にも、前述の宝の壷喪失型のもの以外に、この山彦由来型のものが採録されているということである。[16]

さて、これをモチーフに整理してみると、次のようになろう。

(I)ある漁師が鱏を釣り上げ、その陰部が女性のそれに似ていることから鱏と交わる。〈鱏との婚姻〉

(II)漁師の陰部がものを言うようになり、それと交わった人（妻・女郎・行商人・物乞いなど）や動物（牛・馬）に移る。〈もの言う陰部〉

(III)牛（または馬）が石に尻をぶつけると、石がものを言うようになる。それが山彦の始まりだという。〈山彦の由来〉

四　複合型の鱏女房譚

以上とり上げた宝の壷喪失型と山彦由来型との複合したと思われる伝承が宮古諸島の池間島と八重山諸島の石垣島から報告されている。ただこの両地域では複合の仕方が異なっている。

まず池間島のものについてその例話を要約して示そう。

(1)昔、心のやさしい貧乏な男が漁に出て、鱏を釣る。その魚には人間のように女陰があったので、男は欲情を感じて交わる。そして魚を逃してやる。

(2)男が家に帰ると、男の話す言葉がすべてその陰部から繰り返し出てくるようになる。そしてこの奇病は妻に移る。ある日鍋修理屋が通ったので、男は鍋を修理させ、妻を修理代の代償として差し出す。するとその奇病は鍋修理屋に移る。そこで鍋修理屋は近くに繋がれている牛に移す。

(3)牛が驚いて山奥の岩と交わったので、その奇病は山に移る。それから山彦が聞こえるようになる。

(4)それから数年後、鱏を釣った漁師が以前のところへ行くと、「お父さん」と呼ぶ声が聞こえ、鱏との間にできた子どもに連れられて竜宮に行く。

(5)竜宮で五、六日夢のような楽しい日々を過ごす。漁師が家に帰ろうとするとき、欲しいものはないかと言われ、漁師は神棚の壷が欲しいと言う。鱏の親たちはためらうが、妻の鱏は助けてくれた人だからと頼む。そして漁師にその壷は欲しいものが何でも出てくるもので、他人に見せてはいけないと言う。男は喜んで壷を持って村に帰る。

(6)漁師は村に帰ると壷を畑の奥の方に持ってゆき、ご馳走を出して食べるようになる。食事をしない夫を不審に思った妻がそのあとをつけ、ご馳走を出して食べる姿を見て声を上げると、壷は空高く舞い上がり、遠くへ飛んでゆく。

⑺壷は宮古島の宮国まで飛んでゆき、そこに祀られることとなる。

これは『沖縄民俗』第十九号所載の前川メガ嫗伝承のものである。

他に琉球大学沖縄文化研究所編『宮古諸島　学術調査研究報告（言語・文学編）』（琉球大学沖縄文化研究所、一九六八年）所載のものがあってこれとほぼ同様であるが、⑷において「おじさん」と呼びかける点、⑸において鱏の子どもの助言によって宝の壷を選ぶとする点がやや異なっている。

さて、この⑴〜⑺の部分のうち、⑴〜⑶は山彦由来型の(I)〜(III)のモチーフに相当し、⑷〜⑺は宝の壷喪失型のうちの祭祀由来に結びついた宮古島のものの(II)〜(V)のモチーフに相当することは明らかである。またその陰部が音声を発するという奇病にとりつかれた愚かな男と竜宮を訪れて宝の壷を貰うという幸福な男とが同一の主人公とするのはいかにも不自然であって、二つの型の伝承の複合したものとみて間違いあるまい。このいずれの型が早く池間島に伝播したのかよくわからない。ただ、そのいずれの型においても(I)のモチーフは共通するのであり、また全体の枠組は祭祀由来に結びついた宝の壷喪失型のものであるから、宝の壷喪失型の伝承の発端部分に山彦由来型のものがはまり込んだものとみてよいであろう。池間島は宮古島の西北端二、三キロの海上に浮かぶ島である。宮古島北部はその南部と異なり、祭祀由来に結びつく鱏女房譚の伝承の希薄な地域であるが、池間島のこの伝承においても宮国という集落の名はみえるものの、宝の壷が白い鳥に化すとは語られず、スカプヤー御嶽のンナフカ祭祀にまつわる穀霊信仰をやや後退させているように思われる。このような信仰の後退が二つの型の伝承の不自然な接合を可能にした一因だったのではなかろうか。

これに対して八重山諸島石垣島の場合はどうであろうか。

宮古島の西北端である西平安名崎に連なる池間島
上方は大神島

これもまず、例話を要約して掲げよう。

(1)昔、ある村に東の裕福な家と西の貧乏な家がある。西の貧しい家の爺が鱏を釣り上げ、その持ち物が女性のものに似ていたので鱏と交わる。そしてそれを海に放してやる。

(2)一年後、その爺が釣りをしていると、水のなかから鱏が顔を出して「お父さん」と呼びかける。爺が答えると、それは子どもであって、母親の使いとして父を連れに来たと言う。子どもは爺を竜宮まで連れてゆく途中、土産に宝の臼を貰うように教える。

(3)爺は竜宮で大変もてなされる。帰るとき、土産に何が欲しいかと問われると臼を欲しいと答える。鱏は一度は拒むが、結局仕方なく宝の臼を与える。爺はその臼を貰って帰る。

(4)この臼は米や金など欲しいものが何でも出る臼で、爺は裕福な暮らしになる。

(5)東の裕福な家の爺が嫉妬して西の家の爺にそのわけを問いつめる。西の家の爺が仕方なくそのわけを話すと、東の家の爺はまねをして鱏と交わる。

(6)ところがその爺の陰部がものを言い始め、爺の言うことを繰り返すようになる。家で妻に問われてわけを話す。夫婦で村一番の年寄りで物知りの老婆に相談すると、老婆は牧場の雌牛と交わるように教える。その爺が教えのままに牧場の雌牛と交わると、ものを言うのはその牛の尻に移る。

(7)牛が驚いて石や木に擦り込むと、ものを言うのは山に移る。山彦はこのことに由来する。

これは一九七五年夏の立命館大学・大谷女子大学・沖縄国際大学三大学合同八重山昔話調査において、新城美佐子・鈴木信一の両氏が石垣市宮良の成底真加良翁（明治四十年十二月六日生）から聴かれたものである。[17]他に『沖縄民俗』第二十三号（一九七七年九月）所載の同地区西原クヤマ媼のものがある。成底翁のものと比較するに、魚釣りの友だちの失敗とする点、妻自身の教えとする点以外はほぼ一致する。

さて、この(1)〜(7)の部分のうち、(1)〜(4)は宝の壷喪失型の(Ⅰ)〜(Ⅳ)に相当するといえよう。ここでは山彦由来型の伝承は後置され、昔話「猿長者」などのような隣りの爺型の構造のなかで、裕福な家の爺の愚かな失敗として位置づけられ、池間島のものに比べて自然な展開となっている。宝の壷喪失型の結末である(Ⅳ)のモチーフ、宝の壷を失って貧乏になるという部分がこの伝承ではみえないが、隣りの爺の失敗の部分(5)〜(7)がそのことと等価な意味を有するのであろう。八重山では宝の壷喪失型は祭祀由来に結びついたものでないため、隣りの爺型の伝承との響き合いのなかでその構造にはめ込まれたかたちで伝承されたのではなかろうか。

五　鱓女房譚の伝播と変容

宝の壷喪失型・山彦由来型・その両者の複合型についてそれぞれ概観してみたのであるが、この両型の伝承、あるいはそれに類するものが本土地方の近世の文献に記載されている。

これはすでに矢野憲一氏が指摘され、[18]筆者も別稿において言及した[19]ものであるが、いま少しこの点について論じておきたい。

山彦由来型のものとしては次のようなものがある。

或人曰、漁人乱婬の者有て、鱝の腹中の口と交合をなせり、其儀女の前陰におなじ、只其口より声を発して男陰に移す、此音声さらに止事なし、件の漁人一生是を苦しめりと也、甚笑ふべし。

これは近世中期正徳三年（一七一三）序の刊記をもつ四時堂其諺編『滑稽雑談』所載のものであるが、鱝と交わることによって漁師の陰部が音声を発するようになったという点において山彦由来型の鱝女房譚と一致する。しかも「其儀女の前陰におなじ」と、その形態の類似に注目する点においても一致する。ただここではその奇病に漁師が一生苦しんだとし、これについて編者は「甚笑ふべし」と評しており、艶笑譚的な世間話として巷間に伝承されていたもののようである。

また、このような記載のものに対して、本土地方での口承のものもわずかながら報告されている。土橋里木氏編『続甲斐昔話集』（郷土研究社、一九三六年）のなかに「山彦の由来」と題して報告されたもので[20]、漁師が人間の女性の陰部と同じものを持つ魚と交わったところ男の陰部が音声を発するようになったとする。これは『滑稽雑談』所載のものと同じである。しかし、その娘が父と交わって自分のものに移し、さらに虚無僧と交わってその僧のものに移す、虚無僧は雌牛と交わって牛に移すが、牛方が気づいて牛のものを地面に刺したので地面に移って山彦になる、という展開は奄美・沖縄地方の山彦由来型の鱝女房譚と同じである。ただ、この伝承の主人公を四国の漁師とし、父子相姦という設定をしているところはこの伝承が珍奇な世間話として受容されていることを示しており、この点において『滑稽雑談』所載のものと通じる。採録地は山梨県西八代郡上九一色村で、海辺からは遠く隔たった地である。女性の陰部と同じものを持つ魚を鱝と語らず、話者がその名を忘失して単に珍しい魚とするのはこの点とかかわるのであろう。

このように、すでに本土地方において山彦の由来に結びついて伝承されているのであるが、由来譚的性格を強く有する沖縄地方の説話伝承の世界にふさわしいものとして受容・伝承されたのであろう。もちろん、たとえば先の事例の虚無僧が回り遊女や鍋修理屋などと土地にふさわしい来訪者に変えられている。この奄美・沖縄地方における山彦由来型鱏女房譚は、笠利町の浜田氏が青年時代に酒を飲んで気持ちよくなった父から聞かれたという点、あるいは大和村の児玉媼が自分の伝承する昔話をすべて語ったとき最後に大変恥ずかしそうにこの昔話を語られた[21]という点からすれば、あくまで艶笑譚として人々の心に受けとめられていたのである。

これに対して宝の壷喪失型のものは直接的な繋がりをもつものを見出せないが、それに類するものが近世初期の成立と推定される[22]『奇異雑談集』にみられる。

大徳寺岐庵和尚の弟子牛庵という者が応仁の乱の最中に近国を一見しての折り、伊勢国の漁村の小庵の小僧が奇妙な顔なので庵主に問うたところ、鱏の子だと答えたというものである。

庵主の、いはく／ふもとの漁村《ギョソン》に、ひとりの、れうしあり、大なる円魚《エイ》を、つりえたり、もちて、家に、かへりて、あふのけて、をけり／その開閉《カイヒン》の、うごくをみて、人のごとくなるゆへに、これを、おかせハ、たゞ人のごとし、ふびんなる心、いでくるゆへに、海《ウミ》に、はなす、ミれバ、よろこびて、海底《カイテイ》にいりぬ、十ケ月《カツキ》すぎて、夢《ユメ》に円魚《エイノウオ》きたりて／君の子あり、他所《タショ》のうらの岩《イワ》の間に、あり、たづねて、とり給へ／と、いふと、みて、ゆめさめたり／ふしきの夢なり、つらつら、おもふに、しかの事あり／そのうらに、ゆきて、たつぬるに、はたして子あり、たづさへて、家にかへりて、これを、やしなへバ、人となりて、我弟子《デシ》となして、此庵《イヲリ》に、をきぬ／とし、今、十八なり、人といはんや、人にあらず、と、いはんや／ともに一笑《イッショウ》して、牛庵、かへる也

この説話において、「その開閉《カイヒン》の、うごくをみて、人のごとくなるゆへに」釣った鱏と交わり、その後でかわいそうに思って海に放してやるというのは奄美・沖縄地方の鱏女房譚の発端(I)のモチーフに一致する。そして宝の壷喪失型のものと同じように子どもが生まれるとする。しかしながらその展開はかなり異なっている。この説話も先

の『滑稽雑談』所載のものと同じく艶笑譚的な世間話として伝承されていたのであろう。

ところで宝の壷喪失型の場合、子どもと出会って竜宮を訪問するという展開をみせるのはなぜであろうか。それはおそらくこの『奇異雑談集』所載のものに類するような伝承と竜宮訪問譚との接合があったのであろう。

そのような竜宮訪問譚を具体的に想定させるようなものがいくつか存在する。

当真久美子氏の「沖縄の民話話型総覧(23)(V)」によれば、「竜宮女房〈宝瓢箪〉」という話型名で沖縄本島北部の国頭村の次のようなものが載せられている。

①月夜に漁師が浜辺を歩いていると、添髪が流れてくる。漁師はそれを拾う。
②漁師が歩いてゆくと、女が泣いている。漁師が理由を聞くと添髪を失くしたと言う。漁師が添髪を返すと女は喜んで、一晩泊めてください、あなたの言うことは何でも聞きましょうと言う。
③二、三日のうちに子どもが三人生まれる。女は海に戻り帰ってこない。
④男が海に出て何も釣れないでいると、海の底から三人の子どもが現れ、海の底へ案内する。漁師はそこでもてなしを受けて楽しく日々を過ごす。
⑤土産を持たせると言われて漁師が考えていると、三人の子どもが瓢箪を取れと教える。漁師が瓢箪を貰って陸に帰ると、知っている人はいない。
⑥漁師は瓢箪から水や食物等、必要な物を出して一人で不自由なく暮らす。
⑦ある日、一人の男が、食物を買う金もないのにと不思議に思い、瓢箪を叩き壊す。
⑧漁師は消える。瓢箪には水が入っているだけである。

これは当真氏によってモチーフに整理されたものであるが、このうち①〜③を(I)発端、④を(II)展開(1)、⑤を(III)展開(2)、⑥〜⑧を(IV)結末とすると、(II)・(III)・(IV)は宝の壷喪失型の鱓女房譚の(III)〈子どもとの出会い・竜宮訪問〉・(III)

〈竜宮での歓待・宝の壷の土産〉・(Ⅳ)〈宝の壷の喪失〉にほぼ相当すると考えられる。土産の瓢箪は食物が何でも出てくる不思議な呪宝であり、それを子どもの助言によって望んだのであった。また一人の男が瓢箪を叩き壊すというのはその呪宝を喪失するということである。その結果、漁師が消えたというのは粟国島のものに漁師が死んだとすることと同様のことであろう。

そのように考えてみると、この事例と宝の壷喪失型鱏女房譚とは発端において異なるにすぎないということになる。鱏女房譚は鱏との婚姻を発端とするのに対し、この事例は女の添髪を拾ったことから神女と出会って結婚するということを発端とする。この事例に近いものは八重山の西表島にもある。[24] 発端はやはり神女の添髪を拾うことから始まるが、宝の壷は病人を治し老人を若返らせる力をもつものであって、大勢の人が押しかけたために男は怒ってそれを壊すというもので、宝の壷喪失型の多良間島の事例によほど近くなっている。

それではこのような竜宮訪問譚との接合によって宝の壷喪失型のものが生み出されたかというと、若干留意しなければならない点が存する。

それは添髪を拾うことから神女と出会うとする発端のモチーフについてである。この発端のモチーフに類するものはすでに『遺老説伝』(一七四五年)巻三・沖縄本島南部南風原間切与那覇村の穏作根嶽由来伝承のなかにみえる。この伝承は髪を拾ったことから神女と出会い、善人ゆえ竜宮に伴われて歓待を受け、帰る際に紙包みを貰うが、故郷に帰ると知る人もなく紙包みを開けるとそのなかの白髪が体に付き、衰老して死したというものである。これとほぼ同様のものは沖縄本島北部の東村[25]や中部の具志川市[26]でも採録されている。ところが、これらの伝承では神女との出会いがその婚姻に繋がらず、したがって展開部の〈竜宮訪問〉においても神女自身の案内によるとするのに対し、先の国頭村の事例では神女との婚姻を語り、生まれた子どもは使者として男を竜宮に案内し、呪宝をとるように助言するという重要な役割を担うのである。

このような違いに注目してみると、国頭村の事例の添髪を拾ったことから神女と出会うというモチーフは『遺老説伝』所載の伝承などの発端のモチーフの影響を受けたとも考えられ、このような伝承が鱏女房譚の展開に直接的にかかわったとは直ちにし難いのである。

また、次のような竜宮訪問譚も宝の壷喪失型のものにかかわりをもつであろう。

(Ⅰ)一人の船方が船主から銭三十銭を貰う。その男は子どもたちが蛇をいじめているのに出会い、十銭を出して蛇を買い、それを助ける。次いで犬をいじめているのに出会い十銭で犬を、さらに猫をいじめているのに出会い十銭で猫を買って助けてやる。

(Ⅱ)甑島への帰途、船が止まり、梶に鱶が食いつく。船主が船方に手拭いを投げさせ、その男が投げ込むと鱶は離れる。男は海に飛び込む。すると鱶は竜宮の娘（蛇をさす）を助けてくれたお礼に迎えに来たと言って、男を竜宮に連れてゆく。その途中竜宮で桐箱のなかの指輪を貰うように助言する。

(Ⅲ)男は竜宮でご馳走になり、指輪を貰って帰る。

(Ⅳ)男は思いのかなう指輪で蔵をいくつも建てる金持ちになるが、大阪の博労が指輪をすり替えてしまい、再び貧乏になる。

これは鹿児島県の下甑島の「犬猫指輪」と題されたもの(27)の前半部分である。

(Ⅰ)発端は動物救助のモチーフをもつものである。(Ⅱ)展開(1)は初めに世間話「影を呑んだ鱶」のモチーフが入り込んでいるが、全体として竜宮の使者である鱶に伴われて男が竜宮を訪れるというもので、宝の壷喪失型鱏女房譚の(Ⅱ)〈子どもとの出会い・竜宮訪問〉のモチーフにほぼ相当すると考えてよかろう。宝の壷喪失型の鱏の子どもは竜宮の使者として男を竜宮に伴うという点でこの事例の鱶と同じである。(Ⅲ)展開(2)は竜宮で歓待を受け、竜宮の呪宝である指輪を貰うというもので、宝の壷喪失型の(Ⅲ)〈竜宮での歓待・宝の壷の土産〉のモチーフに相当する。その指輪を貰うのは使者である鱶の助言によるもので、宝の壷喪失型のものが使者である子どもの助言によって宝の壷を貰うとするのに相当する。ただ宝の壷喪失型鱓女房譚においては、宝の壷は穀物がいくらでもあふれ出す呪宝であって、穀霊信仰の色彩がより明確になっているといえよう。(Ⅳ)は他人が呪宝を奪い、男が再び貧乏になるというもので、やはり宝の壷喪失型のものの(Ⅳ)〈宝の壷の喪失〉のモチーフに相当する。

この事例は犬と猫がこの指輪を取り返しに行くという後半部分に展開し、「犬と猫と指輪」の型にあてはまるものとなっているが、崔仁鶴氏によれば韓国のこの型の伝承ではこのような前半部分が個別に伝承されている場合も少なくないという。[28]日本においてもこの部分に相当する型のものが個別に伝承されていたであろうことは宝の壷喪失型鱓女房譚や神女との邂逅・婚姻による竜宮訪問譚などから推察されよう。なお韓国のものも動物救助のモチーフを発端とするものであって、このような動物救助による竜宮訪問譚が韓国・日本に伝承されていたと考えられる。

さて、鱓との婚姻を発端とする宝の壷喪失型の鱓女房譚はこのような動物救助型の竜宮訪問譚かあるいは神女との邂逅・婚姻による竜宮訪問譚―先に述べたように、これ自体もその発端が変容したものである可能性も考えられるが―などと結びついて形成されたものではあるまいか。[29]本土地方における艶笑譚的な世間話としての伝承が竜宮訪問譚としての昔話の伝承へと大きく展開・変容したのはこのような事情によるのではないかと考えられる。

六　鱓をめぐる民俗と心意

このような宝の壷喪失型の鱓女房譚は康熙四十四年（一七〇五年）に編纂された宮古島の『御嶽由来記』に祭祀由来伝承として記載されており、少なくともそれ以前に竜宮訪問譚として成長し、宮古島にまで伝播してきたことは明らかである。

それではなぜ、艶笑譚的な鱏女房譚がこのような竜宮訪問譚と結びついて成長を遂げたのであろうか。そこには海辺の人々の鱏に対する心意が大きくかかわっているように思われる。

鹿児島県の甑島や種子島、長崎県の壱岐島などでは「海老と大鳥」の型の笑話が伝承されているが、そのなかで海老の入る穴を鱏の鼻の穴とする。(30)この笑話は大話であるから誇張された内容に興味の中心があるのではあるが、鱏は非常に大きな魚だとわざわざ最初に語ったり、最後に付け加えたりするのは、海に生きる人々にそのような印象を与えていたということであろう。

また松浦静山の『甲子夜話』巻二十三に長崎の平戸付近の田助の里人が海上に立ち上る竜巻を鱏の尾と呼ぶことが記載されている。それによれば、この「鱏の尾」にあえば船は必ず転覆するので船人は晴天にもこれを懼れるといい、この命名はその雲のかたちが鱏の魚身に似ていることによるという。またこのような命名は壱岐島でもなされている。ここでは竜巻の動きが鱏が尾を旋回させるのに酷似するゆえの命名とされ、土地の老人たちには竜巻が一種の霊獣とみなされているという。(31)『甲子夜話』の平戸付近の事例は空に広がる黒雲とそこから海上に延びる一筋の竜巻のかたちが巨大な魚の印象を与える鱏の形態によく似ると受けとめられたということであるが、そこには竜巻への畏怖と鱏の大きさへの心意とが相通じていたのではなかろうか。またこれに対して壱岐の事例では鱏の尾の動きに注目するのであって、これに刺されれば三日三晩は七転八倒の苦痛を受けるという猛毒を持つ尾への怖れが顕著である。

このように鱏の尾を怖れ、それに強い呪力を感じたと思われる産育習俗が奄美・沖縄地方に伝えられている。宮古島(32)や八重山の黒島・波照間島(33)・竹富島(34)などでは妊娠の半ばになると鱏の陰部を含む尾の部分の干し肉を煮て、お産の薬だといってその煮汁を妊婦に飲ませる。これは鱏が胎生であって、また生まれた子どもが危険を感じたときに母鱏の体内に隠れるというように自由に出入りする習性をもつところから安産を連想したものであろうが、それに加えて呪的な強い力を持つ魚と受けとめられたのではあるまいか。特に石垣島の宮良[35]・黒島・波照間島[36]、さらには奄美の加計呂麻島[37]などで難産に苦しむ妊婦の腹に鱓の尾を巻きつけて出産を促すという習俗はその尾のもつ強い呪力をふりつけるというものであったことを思わせる。

宮古島の祭祀由来に結びついた宝の壷喪失型鱓女房譚において鱓を竜宮の神、あるいは神の使いであることを強調した伝承がいくつかみられるが[38]、そこには海に生きる人々の、鱓の形態と猛毒の棘をもつ尾への畏怖が深くかかわっているに違いない。本土地方でも盆や正月のハレの日の食物としてこの鱓を食べることから、臼田甚五郎氏は常世から来た魚ではないかと発言されているようであるが[39]、これも以上述べてきたような事情と繋がるのであろう。

鱓の陰部が女性のそれと類似することに注目する奇談としての鱓女房譚が竜宮訪問譚に結びついて昔話として成長し、さらには祭祀由来伝承として伝承された背景にはこのような鱓に対する人々の心意があったと考えられるのである。

最後に、本土地方において鱓女房譚の報告例が殆ど見当たらないのは、世間話のなかで拡散し、資料化されにくいこと、昔話調査において採録されにくいことなどが考えられよう。これに対し、奄美・沖縄地方では昔話として成長し、また報告事例の多い宮古島の場合のように伝説化して伝えられていることが鱓に対する人々の心意とかかわってその伝承の濃さを示すことになっていると考えられるのである。

注

（1）渋沢敬三『日本魚名集覧』〈第一部〉（アチックミューゼアム、一九四二年）。

（2）たとえば京都府舞鶴の海辺の町吉原出身の知人は子どもの頃、大人たちが仲間を鱓にも相手にされないと言ってからかうのを聞いたとのことである。また高知県の土佐清水市では鱓の話をすると女房が嫉妬するとのことであり、その話になると話は短く済まさねばならぬという（坂本正夫氏のご教示による）。

（3）城辺町昔話の方言対訳資料及び類話資料は福田晃他編『城辺町の昔話　上・下』（同朋舎出版、一九九一年）に掲載されている。
（4）たとえば城辺町皆福の普天間景治氏（大正一〇・二・二生）伝承のもの（『奄美沖縄民間文芸研究』第三号に掲載）など。
（5）岩倉市郎編『沖永良部島昔話』（民間伝承の会、一九四〇年）の「龍神と漁夫」、やや変形したものに「ひざら貝になった男」、琉球大学民俗研究クラブ『沖縄民俗』第十五号（一九六八年十月）の「マムンガーミ（魔物瓶）」、平良市教育委員会編『池間島の民話梗概』（平良市役所、一九八一年）の「エイ女房」、当真久美子「沖縄の民話話型総覧(V)」（『沖縄民話の会会報』第七号（一九八〇年五月）など。
（6）平良市史編集委員会編『平良市史』第三巻（平良市役所、一九八一年）による。
（7）『日本書紀』のものをあげたが、『丹後国風土記』逸文も同様の叙述である。
（8）城辺町長中　下地進幸翁（明四二・五・六生）のもの（一九七七・八・二五、下地利幸・奥平美智代・渡久山明採録、『ゆがたい』第二集、一九八〇年三月、掲載）は子どもとの問答・竜宮への道の描写などにおいても慶世村恒任『宮古史伝』（南島市蹟保存会、一九二七年）のものとほぼ一致し、『宮古史伝』のものが口承の世界に流れ込んだのではないかと思われる。
（9）崎原利正翁（明二二・七・一三生）のもの（一九七七・八・九、丸山顕徳・真下厚・藤井尚子採録）は上野村役場編『上野村誌　創立三十周年版』上野村役場、一九七八年）に掲載。他に西中の佐久田金太郎翁・入江の川満金市翁・下北の平良康章翁（明四三・三・一七生）・高田の下地景章翁（大六・七・二一生）も同様の語り方をされる。
（10）拙稿「宮古島漲水御嶽伝承の位相」（『ゆがたい』第三集、一九八一年十月、本書第二部第三章所収）。
（11）立命館大学説話文学研究会編『奄美笠利町昔話集』（自刊、一九八六年）に掲載。
（12）児玉氏からご教示いただいた。なお、この資料は山下欣一他編『奄美大島大和村の昔話』（同朋舎出版、一九八六年）に掲載。
（13）恩納村教育委員会編『恩納村の民話』（沖縄恩納村教育委員会、一九八二年）「山びこ由来」。
（14）沖縄民話の会『沖縄民話の会会報』第七号（一九八〇年五月）「エイ女房」。
（15）稲田浩二編『日本昔話通観　沖縄編』（同朋舎出版、一九八三年）「山彦の由来」類話。

(16) 丸山顕徳氏のご教示による。
(17) 有馬英子・遠藤庄治編『日本の民話　九州（二）・沖縄編』（ぎょうせい、一九七九年）に「エイ女房」と題して掲載。
(18) 矢野憲一『魚の民俗』（雄山閣出版、一九八一年）。同『鮫』（法政大学出版局、一九七九年）などにも同様の指摘がなされている。
(19) 「宮古島ンナフカ祭祀由来伝承をめぐって」（『奄美沖縄民間文芸研究』第六号、一九八三年十一月）。
(20) この事例は稲田浩二編『日本昔話通観　山梨・長野編』（同朋舎出版、一九八二年）の動物昔話「山彦の起こり」の孤立伝承話として載せられ、『同沖縄編』解説には山彦由来型のものが「本土伝承圏との対応あるもの」であることを指摘している。なおこの話について土橋氏は注を付し、話者が四国の売薬行商人から聞いた話であるとしておられる。旅人によって伝えられる珍奇な話であったことが知られよう。
(21) 児玉永伯氏のご教示による。
(22) 日本古典文学大辞典編集委員会編『日本古典文学大辞典』第二巻（岩波書店、一九八四年）。引用は近世初期の書写と推定される古写本の翻刻のもの（朝倉治彦・深沢秋男編『仮名草子集成』第二十一巻、東京堂出版、一九九八年）による。
(23) 当真久美子「沖縄の民話話型総覧(V)」（『沖縄民話の会会報』第七号、一九八〇年五月）。
(24) 西表島美原の富本武翁（明治三〇・二・二生）伝承（一九七五年夏の立命館大学・大谷女子大学・沖縄国際大学合同調査において岩瀬博・長嶺洋子の両氏による採録）のもの。ただし、翁は宮古を舞台にしたものという。
(25) 注(23)に同じ。
(26) 具志川市教育委員会編『具志川市の民話(1)　ふるさとの昔ばなし』（沖縄具志川市教育委員会、一九八一年）の「沖縄の浦島太郎」。
(27) 岩倉市郎編『鹿児島県甑島昔話集』（三省堂、一九四四年）。
(28) 崔仁鶴『韓国昔話の研究』（弘文堂、一九七六年）「韓国昔話のタイプインデックス」〈宝珠と猫と犬〉註、同『朝鮮昔話百選』（日本放送出版協会、一九七四年）「竜宮の青い玉」註。
(29) 動物救助型の竜宮訪問譚と結びついたのであるならば、宝の壷喪失型のもので浜に打ち上げられた鱏を助けて海に放してやるという発端を持つ伝承は露骨な語りを避けるためだけのものではなく、このような竜宮訪問譚の面影をとどめているのかもしれない。

(30) 岩倉市郎編『鹿児島県甑島昔話集』の「海の世界一　その二」、下野敏見編『種子島の昔話Ⅰ』(法政大学出版局、一九八〇年)の「蝦と鱏の魚」、山口麻太郎編『壱岐島昔話集』(三省堂、一九四三年)の「鳶と伊勢蝦と鱏」。なお同様のものは沖縄県久米島、福岡県の旧企救郡や宗像郡玄海町、山口県の周防大島、岡山県笠岡市の真鍋島、福井県坂井郡三国町雄島、山形県酒田市、秋田県北秋田郡森吉町、青森県三戸郡五戸町などからの報告例がある。これらの殆どが海辺の土地であることは注目され、鱏が海に生きる人々にとって身近で、印象的な魚であったことが知られよう。

(31) 目良亀久「壱岐島漁村語彙」(『旅と伝説』第十巻第十二号、一九三七年十二月)。

(32) 平良市久貝の長浜浦太郎翁(明治三三・七・四生)からの筆者聞書きなど。

(33) 喜舎場永珣『八重山民俗誌』上巻(沖縄タイムス社、一九七七年)。

(34) 恩賜財団母子愛育会編『日本産育習俗資料集成』(第一法規出版、一九七五年)。

(35) 『沖縄民俗』第二十三号(一九七七年九月)。

(36) 注(33)に同じ。

(37) 登山修氏のご教示による。

(38) 上野村宮国の砂川カナ嫗(明治三四・一二・一〇生)伝承のもの(福田晃他編『沖縄の昔話』に掲載)、同　崎原利正翁(明治一三・七・一三生)伝承のもの(『上野村誌』に掲載)など。なお登山氏のご教示によれば、奄美の瀬戸内町でも鱏は鯨・亀・ジュゴンと共に竜宮の使いと信じられている。

(39) 『解釈と鑑賞』第四十七巻第一号(一九八二年一月)「古代人の生活と民俗」と題する谷川健一氏との対談。ただし、このなかではニベという魚のこととして発言されているようにみえるが、これは間に入り込んだ谷川氏の発言に引かれてのもので、真意は鱏についての発言であろう。

第三部　声の神話の社会

第一章　神役・巫者と声の神話
——宮古諸島から——

はじめに

奄美・沖縄地方の民俗宗教者には、ノロ・ツカサなどと呼ばれる、村落の祭祀を執行する神役と、ユタ・カンカカリヤーなどと呼ばれる、家・個人の儀礼を執行する巫者とがある。
そうした地域のなかで、宮古諸島は村落の祭祀において、神の憑依による託宣を重視する傾向をとりわけ強くとどめている。そのため、神役のうちに、祭祀のなかで神の憑依する巫者的神役とでも呼ぶべき者が存しているのである。

宮古諸島各地域の神役組織を考える際にこの巫者的神役の地位に着目して整理してみると、(1)およそ二つのものに類型化しうるように思われる。一つは、伊良部島佐良浜集落のように、巫者的神役が祭祀全体を統括する神役の下位に置かれ、その神役によって統御されるようなかたちのものである。また他の一つは、宮古島西部の松原集落のように、神の託宣を受ける巫者的神役が他の神役よりも優位に立ち、神祭りの中心として祭祀全体をも統括するようなかたちのものである。

ところで、宮古諸島ではこうした巫者的神役はしばしば神話を伝承している。たとえば、宮古島西北部の狩俣集落や島尻集落では、巫者的神役が祭祀のなかで神話的内容を有する長大な呪詞を朗誦する。狩俣では、冬の祖神祭りにおいては集落に顕現した神役のアブンマやフサヌスが主導して朗誦する呪詞フサ、夏の農作の祭りにおいては各神役の朗誦する呪詞タービが伝承されている。彼らは先輩の神役から教授されるのであるが、神授のものと受けとめている者も存する。

こうした巫者的神役がその地位に選出されるとき、伝承されてきた神話と関わって、神に仕える者にふさわしい夢を見たり神秘的な体験をしたりする者がいる。

一方、カンカカリヤーと呼ばれる民間巫者のなかには、夢や幻視・幻聴によって神から宮古島創世のできごとを教えられ、それを拠りどころに聖所を創設して自らの宗教を切り開いてゆく者がいる。

こうした実態を通して、宮古諸島における巫者的神役および民間巫者たちの神秘体験と神話との関わりについて論じることとする。

一　神話から神秘体験へ（その一）

まず、宮古島西部の松原集落で村落祭祀を執行する神役たちの中心となるユーザスの女性に焦点を当ててみたい。

松原集落は宮古島の中心である平良市街地から約三キロ離れた二百七十戸余りの古い集落で、伊良部島からの移住によって開かれた久貝集落と一本の道路を挟んで隣接している。両集落の村落祭祀はカーニ御嶽・大泊《ウプドゥマーラ》御嶽において共同で執り行うものが中心になっている。その神役組織は、両集落とも、ユーザス・ツカサ各一名、ツカサトゥム二名、男性神役ガンザ一名という構成となっている。このうち、ユーザスとツカサは終身制で神籤によって選出される。

この両集落では、村落祭祀において神の憑依・託宣がなされる。旧正月ニガイおよび正月十六日のニガイには村

宮古島松原大泊御嶽での籠もり

の中心となる聖地カーニ御嶽に籠もり、年頭に当たって神の予言を聞こうとするのである。その際、神がかりして神のことばを発するのがユーザスの役割である。ユーザスが神事のなかで神々の名をよみ上げるとそれらの神霊が次々に憑依してき、まず名告りをして一年の農作や漁業の豊凶、村人の健康などについてのカングイ(神声)がユーザスの口から発せられるという。ユーザスはこのとき深いトランス状態にあってどんなことばが発せられたか記憶にないとのことである。

これらの集落では、おそらく神事のなかで神そのものを体現するということのためであろう、ユーザスが神役組織の中心とされ、ツカサはそれを補佐する役割を担っていると考えられている。ここでは、神事の全体的な執行も神がかりするユーザスが統括しているのである。

こうした、神がかりする巫者性を有する神役が神祭りの中心となるかたちの神役組織は、他に与那覇集落などにもみられる。

ここではこの集落の先代ユーザス亀川イシメガさん(明治三十六年一月一日生)をとり上げることとする。

亀川さんは一九九一年に八十八歳で亡くなったが、一九六八年からの二十三年間の長きにわたって松原集落のユーザスを務めておられた。

彼女は若いころから病弱で、子どものときには出稼ぎしている人の亡くなる様子が見えたり、夢がよく当たったりするなど、予知能力が優れていたという。

四十四歳の時、ある朝目を覚ますと、雨戸の隙間から太陽がぱあっと強く自分の体を照らしていた。また、別の日には、夫と一緒に畑仕事に出かけてアダンの木の下で休んでいたところ、太陽が夫の方には強く射さないで、自分ばかりを強く射し、逃げても逃げても射すので、「どうして自分にばかり強く射すのか」と言って、夫と言い争ったりしたという。不思議に思って、平良の街のカンカカリヤーに相談すると、神を拝むように言われ、さらに下地町に住むカンカカリヤーによって、マウの神（守護神）はカーニ御嶽のンマティダ・パーティダの神であることが判明した。そのときからサスとなり、ヤーザスとして村落内の家庭の儀礼を担当するようになったという。

その後、六十五歳のときに神籤でユーザスに選ばれ、八十八歳まで務められた。夫の死を機に神役を退くこととなり、新たに選出されたユーザスに神事の次第や呪詞などを伝え、五ヶ月後に亡くなられた。

これが彼女の神役就任・退任に関わるおおよそのライフ・ヒストリーである。

なお、彼女はユーザスの執り行う神事の次第や朗誦する呪詞についてはすべて神から教えられたと述べておられる。

宮古島松原のカーニ御嶽にあるンマティダ・パーティダの神などのイビ

さて、こうした神役の女性たちは子どものころに神高い生まれとしてのしるしを示すのがふつうであるが、亀川さんの場合も優れた予知能力を示している。また、病弱であることもそうした資質の一つとなる。

彼女は四十四歳のとき、太陽の光が自分の身体に強く射すという神秘的な体験をしたことからマウの神を祀るようになる。

マウの神とは、ある個人が病気や不幸、神秘霊妙な体験をしたときに民間巫者であるカンカカリヤーや家庭の儀礼を担当するヤーザスなどがその人物を守護してくれる神を定め、それ以後神棚にその神の香炉を祀って祈願することによりその人物が守られるというものである。ツヅヌカンと呼ぶところもあり、宮古諸島を中心に一部八重山諸島にも及んでいる。その神は出身地のウタキの

神や先祖の神とされたり、また生まれ年の干支の神とされたりする。(2)

奄美や沖縄では、人々がユタ・カンカカリヤーに相談するとき何人かのところをまわって、そのうちにうまく当たったと思うハンジに従う。彼女の場合、その不思議な体験はカーニ御嶽のンマティダ・パーティダの神によるとする下地町のカンカカリヤーのハンジが間違いなく当てたと納得されたのである。

カーニ御嶽には数多くのイビがあって神々が祀られているが、その中心となるのはンマティダ・パーティダ（母なる太陽・父なる太陽）という、人の生死をつかさどる松原集落で最高位の夫婦の太陽神である。(3) 彼女のこの不思議な体験については後に詳しく検討することとしたいが、彼女にとってこの体験は家のそばにある御嶽の太陽神からの召命であることがカンカカリヤーの口を通して明らかにされることで確信されたのである。

彼女はこの神をマウの神とし、そのときからサスになって集落内の家庭の儀礼を担当するようになったという。

宮古諸島では、こうした家庭の儀礼をつかさどる宗教者をヤーザスと呼んでいる。松原集落では村落祭祀をつかさどるユーザスやこうしたサスに依頼する場合が多いが、平良市街などに住むカンカカリヤーに依頼する場合もあって、流動的である。これは市街地に隣接しているためであろう。

彼女はその後ユーザスに選ばれることとなる。

その選出は、宮古諸島の他の集落と同じように、まずカンカカリヤーに依頼して、資格を有する年齢層のなかの生まれ年の干支が知らされ、その干支の人々のなかで神籤をして決定される。その際、松原集落では夫婦揃っていることが条件となる。

さて、彼女のこの神秘的な体験についてである。

以前にも論じたことであるが、(4) これは日光感精神話と密接に関わるものである。

日光感精神話は聖なる女性が太陽神の光に感染して神の子を誕生させるというもので、中国・朝鮮半島の国々か

ら九州・奄美沖縄地方にかけて広く分布している。(5)

宮古諸島においても次のような二つの伝承が報告されている。

まず、宮古島全域に伝えられている宮古十二神の由来伝承である。これは聖なる女性が生んだ十二個の卵から孵った神の子が宮古の十二方位に配られて神として祀られたとする卵生神話なのであるが、神婚のモチーフとして聖なる女性の頭に鳥がとまったとするもののほか、日光感精をいうものがある。(6)

宮古島南東部の比嘉集落砂川ヤマさんの語るところ(7)は次のようなものである。

孤児となった女の子が親戚の家々で食べ物を乞うて食べながら育ち、十一歳になって親主の家に使われるようになり、毎日山に薪を取りに行ったという。その山にはとても大きなデイゴの木があって洞ができていたので、いつもそのなかに入っていたという。

入りーんにゃうりってぃ、毎日うりってぃ、十七ぬ年ないすたぁちしば、年とぅいすつかぁ、ならんてぃぬ美人なりうーとぅり。美らぎ者あしーい生まりーうーとぅり。薪すーが行きってぃ、冬寒ぴしぬとぅきゃーんな、太陽ぬ照すてぃかぁ、温ぬふーがま、うぬ木ぬ中ん、かんしぃ居眠がまーあしぃ、うぃばどぅ、人ぬどぅ、かがらうたぁびゃーてぃ思うたぁてぃすすぅがどぅ、うりゃ孕みーうーつぁ。うぬ娘がまぬ。私や、あしみやらびうまいすーうったん、夫うまいむたったんすうが、のーやりや、かんちぃうーが、てぃ

入ってまあいて、毎日いて、十七の年になったそうで、年を取ると、(言いようも)ないほどの美人になったらしい。美しい者になるように生まれていたらしい。薪取りに行って、冬のとても寒いときに、太陽が照ると、とても温くして、その木の中で、こうして居眠りをして、いるとね、(誰か)人がね、さわったかなと思ったそうだがね、それが、孕んでいるんだってさ。その女の子が。わたしは、そのようにふしだらをもしなかった、夫をも持たなかったのに、どうして、こんなになったのか、と心配して、いたそうだ。

心配しーい、うきぃすどおりー。

ここに語られているのは、太陽がこの娘の身体を照らすことによってその子を身ごもったということで、太陽信仰にもとづく日光感精のモチーフである。そして、その結果、十二方位の神々となる十二個の卵を生むことになるのである。

これと同じように、日光感精のモチーフをもつものは上野村新里集落などでも伝承されている。

また、宮古諸島における日光感精神話として、いま一つ別のものが報告されている。

これも松原集落にほど近い伊良部島佐良浜の池間ヤマさんの語る比屋地《ヒャーズ》御嶽の神の由来伝承[8]の発端は次のように語られている。

伊良部島佐良浜の比屋地御嶽に祈願する女性神役たち

　比屋地の神さまは、非常にきれいな美人だったそうだよ。そして、神さまからも欲しがられて、ここの人は太陽を神さまと祈っているから、朝起きて行って、便所に坐っているところに、神さまの太陽の手はこんなに出ているように見えるから、それが、あの人の口に出しているようにしていたそうだよ。それで、だれをも夫にしていないのに、妊娠したそうだ。

この語りにはやや定かでないところもあるが、この部分が日光感精のモチーフに当たることは疑いあるまい。

このように、宮古諸島にはいくつかの日光感精神話が伝承されてきたのである。太陽の光が自分の身体を強く射したという、先の亀川さんの神秘的な体験は、太陽神の妻となって神の子を誕生させるという、こうした神話と深い関わりをもつと思われる。

しかも、太陽の光が「自分ばかりを強く射し、逃げても逃げても射す」という亀川さんの体験の語りは、日光感精神話の「初め日に逐はれて、牀下に避く」（『魏書』巻八）や「日の炤らす所となる。身を引きて避く。日影また逐ひて炤らす。」（『三国史記』巻十三・高句麗本紀）というような叙述にも通じている。

亀川さんはこの体験によって太陽神を祀る宗教者となった。この不思議な体験は太陽神の妻となるにふさわしいもので、当地方に伝承されてきた、こうした日光感精神話が亀川さんの鋭い感性によって肉体化されることで神秘体験として生きられ、豊かなことばによって語られることになったものといえよう。

二　神話から神秘体験へ（その二）

こうした「神話から神秘体験へ」というプロセスを、別の巫者的神役の場合にもみることとする。

宮古島西北端の狩俣集落は古くに開かれたところで、神役たちが祖先の神と化して顕現する祖神祭りが行われることで知られている。

狩俣集落の神役組織は規模が大きく複雑である。しかし、四つの祭祀組織ムトゥが中心となっており、それぞれが祖霊神と化す巫者的神役とそれを補佐する神役というかたちをとっている。これは、松原集落のような神役組織のかたちが集合し、さらに機能分担がなされたものではないかと思われる。

さて、彼女たちは、祖神となる巫者的神役に選出される際、それを暗示する夢を見ているが、ここでは集落最高の神役であるアブンマを以前に務めていた根間チヨさん（大正四年四月十九日生）の場合をとり上げることとする。

根間さんは五十五歳でミズヌヌスという巫者的神役を補佐するミズヌヌスツカサという神役を務めておられたが、一九七五年に先代のアブンマが急逝した後を受け、九年の間アブンマの役を務められた。

宮古島狩俣のウプグフムトゥ

彼女はミズヌヌスツカサに選出される十五年ほど前、大きなガジュマルの木の下に大きな丸い瓶に青い水がいっぱい入っていて、それが自分の霊魂だったという不思議な夢を見る。その後ミズヌヌスツカサに出て、そのガジュマルの木の場所がミズヌヌスとして祀られる祖先神の神話と関わる聖なる泉のところだったことに気づいたという。また、ミズヌヌスツカサに出る前にも不思議な夢を見たり、八重山に行って病気がちになったりしたという。アブンマを選出する神籤に当たる前には、神事で聖所ムトゥに籠もっていたとき先代アブンマから祭りのときの神衣裳を授けられる夢を見ておられる。[9]

また、神籤に当たった夜に、夫と二人で家にいたところ、家の座敷を見たこともないような大きな蛇が這って行ったのを見たという。

筆者がアブンマを引退して十数年を経た彼女にお会いしたとき、彼女はこの神籤が当たった夜の不思議な体験をまるで昨日のことのようにその驚きをよみがえらせて語られた。

さて、彼女のこの不思議な体験は狩俣集落に伝承されている村立て神話と深く関わるように思われる。この神話は四つの大きな祭祀集団のうちの一つであるウプグフムトゥの始祖神が天から降臨して村を開いたとするもので、その発端はアブンマが祖神祭りにおいて朗誦する呪詞「ハライグイ」の内容とも関わる。娘神ヤマヌフシライを祀る聖所マイニヤームトゥを司祭する巫者的神役マンザンマであった川満メガさんの伝承するもの[10]を要約して掲げると、次のようなものである。

①母神ンマティダが娘神ヤマヌフシライを連れてテンヤ・ウイヤからナカズマに降臨した。

②飲み水を探してカナギガー、クルギガー、ヤマダガーと移動し、ついに水量も豊富で水のおいしいイスガー

を発見し、その近くのウプフンムイに小屋を建てて住みついた。
③小屋を建てる途中でヤマヌフシライが怪我をして死んだ。
④ンマティダはその後ナカフンムイに移り住んだ。
⑤ンマティダは毎夜枕上に一人の青年が座ると夢見、懐妊した。
⑥ンマティダは青年の素性を知ろうとその右肩に糸のついた針を刺した。
⑦翌朝糸をたどると近くの洞穴に続き、中では大蛇が右目に針を刺されて苦しんでいた。
⑧その晩夢にいつもの青年が現れ、自分はテンヤ・ウイヤから降臨した神と名告り、必ず男の子が生まれるだろうと告げて消えた。

ヤーマウスミガの牧と伝えるサトウキビ畑

⑨数カ月後男の子が生まれ、その朝大蛇は七光を放って天上に舞い上がって消えた。
⑩男の子はテラヌプーズトゥミヤと名づけられ、成長した。
⑪狩俣には娶るべき女性がいないため、八重山に渡ってヤーマウスミガという女性を妻とした。

この伝承のうち、⑤から⑨までの部分が先の根間さんの体験と関わると思われる。

この部分は琉球王府から派遣された役人の編纂した『御嶽由来記』（一七〇五年成立）にも類似した伝承が記載されており、狩俣のウプグフムトゥについての伝承として古くから伝えられてきたものであった。そして、今日も狩俣集落ではいくつかの伝承の異なりをみせながら広く伝えられている。(11)

根間さんもアブンマに選出される以前、ミズヌヌスツカサとして祖神祭りの補佐的な役割を果たされており、こうした神話をある程度知っておられたはずである。

アブンマは、女神ンマティダが天から降臨して村を開いたという内容で一人称的叙述をとる呪詞「ハライグイ」を朗誦するのであるから、ウプグフムトゥの祖神ンマティダと一体化することになるのであろう。アブンマに選出された際、部屋に大蛇が這ったというのは偶然のできごとであっただろう。しかし、彼女の脳裏にはこの神話が浮かび上がり、大蛇神の妻として選ばれたことが暗示されたように受けとめられ、このできごとは必然のこととしていつまでも心にとどめられることになったものと推される。

ところで、こうした神話を彼女自身も伝承しておられるのである。(12) ただ、その伝えるところは先に掲げた伝承といくつかの点で異なっている。

その大きな異なりは、大蛇と交わる女神について、川満さんの伝承では降臨してきた母神ンマティダとするのに対して、根間さんの伝承ではそのンマヌカン（ンマティダ）の娘ヤマヌフシライとすること、男の正体を知るために糸をつけることについて、川満さんの伝承では女神自らの考えによるものとするのに対して、根間さんの伝承では母と父の教えによるものとしていることである。

このうち、とりわけ前者の点は祖先の神々の系譜に関わる大きな問題であるが、そこには後者の点が関与しているように思われる。

天から降臨して泉を求め、村立てした女神が大蛇と交わったとすることは『御嶽由来記』や川満さんの伝承だけでなく、他の伝承にもみられるのであって、これが一般的な伝えであると思われる。ところが、根間さんの伝承ではその娘が交わったとするものであり、これは正体を知るために糸をつけるのを母の教えによるとすることが波及したためではなかろうか。

宮古諸島には、こうした昔話「蛇聟入〈苧環型〉」の話型をもつ漲水御嶽伝承が広く伝承されている。これには、母・隣りの老婆・カンカカリヤーなどの教えによって男の正体を知るために糸のついた針を刺すという苧環のモチーフが備わっている。この話は平良の街で芝居化もされている。[13] 根間さんもそれを見たことがあり、先の神話を語る際にその芝居を見たこととそれが村立て神話と類似していることについて述べておられる。[14]

根間さんの場合、こうした芝居の印象が強く、針を刺すことが母の教えによるとするには、大蛇と交わる女性が母神であっては整合性を欠くため、合理化してその娘神とされたのではなかろうか。ただ、この神話伝承のなかには、天から降臨した女神が大蛇と交わったとする一方で糸をつけるのは母の教えによるとするものがあり、[15] あるいはこれは芝居の直接的な影響ではなく、「蛇聟入〈苧環型〉」の話型モチーフに則ったために母が登場することとなったのかもしれない。そして、母を登場させた結果、大蛇と交わるのは娘神ヤマヌフシライと伝えることになったとも考えられる。

ともあれ、彼女は大蛇神との婚姻を娘神ヤマヌフシライのこととしておられる。

ところで、狩俣の巫者的神役たちが神役に選出されたとき、その就任儀礼が行われる。

祖神祭り第二回イダスウプナーは十一月初酉日から始まるが、その二日目夜、祖神と化した巫者的神役たちは夜闇のなかを群行して音もなく新しく祖神に選出された女性の家を訪れ、山に伴ってゆくという。そして、山のなかでは神に隠されるような秘儀が執り行われるようであるが、その意味や内容については明らかでない。岡本恵昭氏によれば、翌日早朝山から聞こえてくる「ヤマヌフシライウイナウヌマヌス」のフサによって新祖神の家族たちは神に隠されていた女性が他の祖神たちによって無事見つけ出されたことを知るのだという。[16]

この祖神祭りの起源は、『琉球国由来記』（一七一三年成立）には次のように記されている。

（女神が夢に若い男と交わって生まれた男女の子のうち）女子ヲバ、山ノフシライ青シバノ真主ト云。此者十五六歳ノ比、髪ヲ乱シ白浄衣ヲ着シテ、コウツト云フ葛カヅラ、帯ニシテ、青シバト云葛ヲ八巻ノ下地ノ形ニ巻キ、冠ニシテ、高コバノ筋ヲ杖ニシテ右ニツキ、青シバ葛ヲ左手ニ持チ、神アヤゴヲ謡ヒ、我ハ是、世ノタメ神ニ成ル由ニテ、大城山ニ飛揚リ行方不レ知失ニケル。依レ之、狩俣村ノ女共、年ニ一度宛大城山ニ相集リ、フセライノ祭礼アリ。(17)

これによると、祖神祭りの起源はヤマヌフシライに始まり、後の代々の神役たちはこの起源に倣っているのである。これに続く部分にも、神役の衣装は「山ノフシライノ裳束ノヤウニシテ」とある。

すなわち、イダスウプナーの秘儀はこのヤマヌフシライの故事に倣うものであり、新たに選ばれた祖神となる神役はヤマヌフシライを再演するのだといえよう。(18)

根間さんが大蛇神の妻となる女神をヤマヌフシライと伝えているのは、イダスウプナーにおける神役就任の秘儀の印象が強くはたらいているからとも考えられる。

こうしたことであるならば、根間さんがアブンマ選出にあたって大蛇を見られたとき、大蛇神の妻であり、神役の起源とされるヤマヌフシライに我が身が重ね合わされたのであろうと考えられる。

以上、巫者的神役をとり上げてきたが、彼女たちは神を祀ったり神役に就任したりする際に、神との婚姻をいう神婚神話と深く関わる神秘的な体験がなされ、神に仕える身であることを身体的に理解するのである。

もっとも、巫者的神役に就任する女性すべてが神婚神話と深く関わる神秘的な体験をするわけではない。そのなかでも鋭く豊かな感性の女性においてのみこうした神婚神話を糧とする神聖な体験が生み出されてくるのである。

三　神秘体験から神話へ

こうした巫者的神役の神役就任に至るさまざまな体験は民間巫者の成巫体験に類似している。

宮古諸島における民間巫者カンカカリヤーは村落祭祀における神の憑依・託宣を任務とする巫者的神役に選ばれることもしばしばであり、(19)神役と巫者との境界は個人のレベルにおいて必ずしも判然としているわけではない。

彼らは原因不明の病気や数々の不幸、そして神秘的な体験を契機としてカンカカリヤーになってゆく。

しかし、その神秘体験は神からの直接的な働きかけを絶えず激しく受けるものであって、巫者的神役の就任過程における体験とはやはり異なっている。カンカカリヤーたちは幻視・幻聴のなかで神からさまざまな場面を見せられたり、いろいろなことばを聞かされたりしている。そして、そのなかにはその神のことばを宮古島創世の神話として聴く者がいる。こうしたカンカカリヤーは鋭い感性をもち、自らの心身の深い根源にまで降り立つことのできる優れた資質の巫者なのである。彼らはその神話を人々に語り、その中心となる地に聖所を創設するのである。

平良市植物園内にある比嘉トヨさんの創設した拝所

そうしたカンカカリヤーの一人に平良市街地に住む比嘉トヨさんがいる。

彼女は四十二歳のとき、三ヶ月間神にあちこち歩かされた後のある朝早く、また神に歩かされて平良市植物園内の高い嶺の頂上まで行き、動けなくされてしまった。神はそこが「宮古島の元（根源）」だと教え、彼女に激しく乗ってきて、宮古島創世のできごとを語ったという。その創世神話が佐渡山安公氏によって報告されている。[20]

それを要約して掲げると、次のようなものである。

①二千八百年前、宮古島のナビフタンミに初めて神が蛇の姿で降臨した。

②体が大きくなった神はリュウヌムイで三百年間身を隠していた。

③三百年目に洞窟を出ると、人間が住み始めていたので、神は漲水に行って三日間人の様子を窺っていた。

④漲水の近くには二、三軒の家があった。そのうちの立派な一軒の家にきれいな娘がいた。神は、宮古島を広げるために子を産ませようとして、男の姿に化けて娘を抱いた。娘は、男がどこから入っていつ帰ってしまうのかわからないうちに、とうとう妊娠してしまった。

⑤そこで、娘が隣りの老婆に相談すると、老婆は近所の三軒の家でうわさをしていないことを確かめ、針に糸巻きの糸を通して男の髪に刺すことを教えた。娘は教えられた通りにした。

⑥翌朝、娘が糸をたどってみると、大蛇が丸い円を作って頭を上に上げて岩の上で座っていた。そして、目には針が刺さっていた。

⑦娘が驚いて再び老婆に尋ねると、老婆はその蛇は神様だと教え、線香三本・粟一摑み・酒一杯をもってお詫びするように指示した。娘は老婆とともに大蛇のところに出かけ、老婆がお詫びの祈願をするなかで、教えられるままに大蛇の目の針を抜いた。すると、蛇の片目がポッと出てしまった。娘は老婆の唱えによって救われた。悪いことをすれば「ごめんなさい」と詫びれば神様に許していただけるというのもこのことから始まったという。漲水御嶽で拝むのもこのことに始まる。

⑧娘はお腹が大きくなってきたので、さらに老婆に相談したところ、旧暦三月三日の夜明けに浜辺の波打ち際を歩くように教えられた。

⑨娘がその通りにすると、七匹の蛇が流れ落ちた。老婆が線香三本をもって再びお詫びするように教えたので、娘は一緒に拝みに行った。

⑩さらに、三日後の三日マンサンの神事の最中、老婆の耳に、自分は神だ、宮古島を大事にして発展させよ、という神のことばが聞こえてきた。老婆は、信じると言った。

⑪このときに生まれた七匹の蛇の子が神様の子として宮古島を守っている。長男は漲水御嶽、次男は赤名宮、三男はツヌジ御嶽、四男は新里ツカサヤー御嶽、五男は保良の先、六男は浦底、七男は狩俣の先の方にいて、それぞれ島を守っている。

与那覇メガさんの創設した万古山御嶽にあるイビ

この神話は、先に言及した「蛇聟入〈苧環型〉」型の漲水御嶽伝承と深く関わるものである。それらはモチーフの上でほぼ対応しており、神が語ったものだという彼女の創世神話は漲水御嶽伝承にもとづいたものであることは間違いあるまい。おそらく、彼女が成巫過程において自らの心身の根源に降り立ち、新たに巫者として再生してゆくなかで、宮古島の中心の御嶽とされている漲水御嶽の伝承をもとにこうした宮古島創世の神話が生み出されてきたのであろう(21)。

もっとも、比嘉さんの神話には、漲水御嶽伝承と比べて、その語りにいくつかの特徴がみられ、全く別のレベルの語りとなっている。このことは別に論じたことであるが(22)、彼女の語っている神話では時間や神事の次第、神々の役割などがきわめて具体的で詳細に述べられていることである。これはその語りが単なる話ではなく、聖地の起源と神々の機能の体系を説くものであって、巫者としての信仰体系を具現化したものということができよう。

巫者的神役と異なり、民間巫者はそれぞれ独自の神々の機能と体系を保持していなければならず、それは苛烈な成巫過程のなかで生み出してゆくのである。(23) 彼女はこの幻視・幻聴体験のなかで神から教えられたというかたちでこの神話を獲得し、それにもとづいてこの地に「ミタイヌス　見張の神」と記された碑を建て、拝所を創設されるのである。このことは、小さいながらも、ここに一つの新しい宗教が創始されたとみることができよう。

なお、この拝所は彼女が独力で創設されたものであって、さほど大きなものではない。これに対して、多数の信者の協力を得て創設された大きな規模の聖所として、カンカカリヤーであった与那覇メガさんという女性が開いた万古山御嶽がある。この女性も、比嘉さんと同じように、神々による島造りをはじめとする宮古島創世の神話を神から授けられ、それを根拠として聖所を造り上げたのである。(24)

こうして、優れた巫者たちは神秘体験のなかで見たり聞いたりしたことを積極的に意味づけし、それを神話として語り、またそれを拠りどころに神を祀る聖所を創設しているのである。

おわりに

宮古諸島における巫者的神役の就任過程は民間巫者の成巫過程に類似し、そのなかで出会う神秘体験は神話的なものである。そして、その体験は当地域に伝承される神婚神話と深く関わっている。それは「神話から神秘体験へ」と捉えられるものであった。(25) これに対して、民間巫者は幻視・幻聴の体験のなかで創世神話を生み出し、それを根拠として宗教を創始し、聖所を創設しているのである。これは「神秘体験から神話へ」と捉えるべきものである。巫者的神役と民間巫者とは個人的資質においては共通するところがあるであろう。しかし、巫者的神役は村落の信仰体系に帰着してゆくのに対し、民間巫者は自らの信仰体系を生み出してゆこうとするのであって、その向から方向は異なっているのである。

注

(1) 鎌田久子「宮古島諸部落の神役名称」(『日本民俗学』第七十八号、一九七一年十二月)では宮古諸島の多様な神役名称の分類を試みているが、「たんに役職としてのものと、実際に神憑りして神を祀る者などの諸相がある」と述べ、分類の観点の一つとして巫者的神役に着目している。なお、佐々木伸一「宮古島の部落祭祀―その比較・統合に向けての序章―」(『民族学研究』第四十五巻第二号、一九八〇年九月)・同「カンカカリ達―宮古島その他のシャーマン的宗教者―」(『日本民俗学の展開』雄山閣出版、一九八八年)は宮古諸島の神役構成について、①ツカサ・ユーザス型、②ミズヌヌス型、③ツカサ型の三型に分類する。
(2) 鎌田久子「守護神について」(九学会連合沖縄調査委員会『沖縄―自然・文化・社会―』弘文堂、一九七六年)。
(3) 平良市史編纂委員会編『平良市史』第九巻・御嶽編(平良市教育委員会、一九九四年)。
(4) 拙稿「南島民間神話発生の諸相」(『神々の祭祀と伝承』同朋舎出版、一九九三年)。
(5) 三品彰英『神話と文化境域』(大八洲出版、一九四八年、三品彰英論文集第三巻『神話と文化史』平凡社、一九七一年、所収)。
(6) 福田晃「奄美・日光感精説話〈神の子邂逅型〉の伝承―その重層性を中心に―」(『奄美説話の伝承』三弥井書店、一九八二年、『南島説話の研究』法政大学出版局、一九九二年、所収)参照。
(7) 福田晃・佐渡山安公・下地利幸・岡本克江・山本清編『城辺町の昔話(下)』(同朋舎出版、一九九一年)。
(8) 福田晃・岩瀬博・遠藤庄治編『沖縄の昔話』(日本放送出版協会、一九八〇年)。
(9) 佐渡山安公『ぴるます話』(かたりべ出版、一九九三年)。
(10) 本永清「三分観の一考察」(『琉大史学』第四号、一九七三年六月)。
(11) 拙稿「宮古島漲水御嶽伝承の位相」(『ゆがたい』第三号、一九八一年十月、日本昔話研究集成第四巻『昔話の形態』名著出版、一九八四年、本書第二部第三章所収)。
(12) 沖縄国際大学文学部国文学科久高直人・宇栄原真知子平成八年度卒業論文〈遠藤庄治指導・編集〉『平良市北部の民話』

（自刊）。

(13) 拙稿注（11）論文参照。

(14) 久高・宇栄原注（12）書。

(15) 琉球大学民俗研究クラブ『沖縄民俗』第十二号（一九七〇年）。

(16) 平良市史編纂委員会編『平良市史』第七巻・資料編5「民俗・歌謡」（平良市教育委員会、一九八七年）。

(17) 外間守善・波照間永吉『定本　琉球国由来記』（角川書店、一九九七年）。

(18) 福田晃「宮古島狩俣聚落の祖神祭〈イダスウプナー〉―芸能発生の一基底として―」（『芸能史研究』第百二十号、一九九三年一月、『神語り・昔語りの伝承世界』第一書房、一九九七年、所収）。

(19) たとえば、民間巫者カンカカリヤーから巫者的神役カカランマに選ばれた伊良部島佐良浜の新崎安子さんのような例がある（本書第三部第二章）。

(20) 佐渡山安公「シャーマンが語る創世神話」（『奄美沖縄民間文芸研究』第十三号、一九九〇年七月）及び注（9）書。そのライフ・ヒストリーは福田晃「成巫儀礼と神口・神語り―宮古カンカカリヤーをめぐって―」（『口承文藝研究』第十五号、一九九二年三月、注（18）書所収）でも報告され、論じられている。

(21) フォン・フランツ『世界創造の神話』（人文書院、一九九〇年、原著は一九七二年刊）は人格が再構成されてゆく過程で世界創世の神話が生み出されていることを説いている。

(22) 拙稿「神話の叙述・表現」（『散文文学〈物語〉の世界』三弥井書店、一九九五年、本書第一部第三章所収）。

(23) 山下欣一「宮古シャーマンの成巫と神話形成の問題―「道開け」と「フタバオコシ」を中心に―」（『東アジアのシャーマニズムと民俗』勁草書房、一九九四年）は成巫過程の儀礼の実修のなかで体系化されてゆくことを論じている。

(24) 岡本恵昭「平良市下崎・万古山御嶽道開け縁起」（『宮古研究』第五号、一九八九年二月）。

(25) 高梨一美「いなくなった女の話―文化としてのシャーマニズム―」（注（23）書所収）は民間巫者が伝承モチーフに内在する宗教的コードを汲み取って内面に蓄え、それらを体験することを説いている。本章で論じるところは、彼らのそうした「神話から神秘体験へ」という方向を否定するものではない。

第二章　女性神役の人生史
——伊良部島・竹富島の女性たち——

一　祭祀統括者としての神役

沖縄の宮古諸島では村落祭祀のなかで神霊との直接的交流を果たし、神意を授かろうとする集落が現在もいくつか存する。こうした集落では、村落祭祀を執り行う女性の神役集団のなかに、そうした能力をもつ女性が加わっているのである。

伊良部島東部の佐良浜地区もこうしたものの一つである。この地区は北にある池間島からの移民によって開かれた漁業の村であったが、その港には宮古島の中心地平良からの定期船が就航し、本村（池間添）・中村（前里添）の二集落千三百数十戸という一つの大きな町となっている。

村落祭祀は本村・中村の二集落が共同して執り行う。このうち、東に位置する本村集落の方が優位に立ち、儀礼の執行にあたっては常に先行することとなっている。一年の行事として行われる数多くの儀礼は元島である池間島のものに倣っている。

また、神役構成も名称はやや異なるものの、池間島のそれにおおよそ倣ったものといえよう。その構成は二集落それぞれウフンマ・カカランマ・ナカンマ各一名ずつ、それにそれぞれの神役にそれを補佐するトモンマ各一名の計三名が付くというかたちである（池間はトモンマ計二名）。

このウフンマ・カカランマ・ナカンマは四十七才から五十七才までのユークインマに出ている主婦で夫婦揃った者のなかから神籤で選ばれる。その任期は三年である。そして、その最初の一年は前任者がすべての行事に付き従って指導し、儀礼執行について誤りなく継承できるようなシステムになっている。

このうち、ウフンマは儀礼全体を統括・執行する。また、カカランマは儀礼のなかでオヨシと呼ばれる歌をうたって（呪詞を朗誦するものであるが、池間やこの地区では「アーグをうたう」「オヨシをうたう」と受けとめられている）神の声を聞いたり神聖な映像を幻視したりすることによって神意を受ける役割となっている。ナカンマは儀礼のなかで神前に盆を据え、供物のハナをとったり、それを分配したりする役割を担い、ウフンマの補佐役と受けとめられている。ただ、神籤によって選出されるため、実際にはカカランマ・ナカンマのいずれかが神意を受ける能力をもつのだという。

ところで、宮古諸島の神役構成については佐々木伸一氏が「宮古島の部落祭祀―その比較・統合に向けての序章―」（『民族学研究』第四十五巻第二号、一九八〇年九月）、「カンカカリ達―宮古島その他のシャーマン的宗教者―」（『日本民俗学の展開』雄山閣出版、一九八八年）という論文において論じられ、①ツカサ・ユーザス型、②ミズヌス型、③ツカサ型の三型に分類しておられる。池間島のものはツカサ・ユーザス型に分類されていることからすれば、佐良浜地区のものもここに位置づけられよう。ただ、同じ①に分類される宮古島松原集落のものとこの池間島や佐良浜地区のものとでは神霊と直接的に交流することのできるシャーマン的な性格をもつ神役の位置づけが大きく異なっている。松原集落ではシャーマン的性格を有し、儀礼のなかで神の憑依・託宣を受けるユーザスがその儀礼全体を統括・主導し、ツカサは補佐的な役割を果たすと受けとめられている（ただし、大本憲夫氏「沖縄宮古群島の祭祀体系」（『成城大学民族学研究所紀要』第六号、一九八二年三月）には、集落のなかでの神役の位置づけとしてはツカサの方が優位にあると指摘されている）。これに対して、佐良浜地区では、先に述べたように、ウフンマが儀礼全体を統括し、シャーマン的性格を有するカカランマに対して絶対的な優位に立つ。

こうしたことがいかにして可能なのか。一般的には、神霊と直接的に交流する能力をもつ者の方がそうした能力をもたない者より優位にあるように思われる。

佐々木宏幹氏は「ユタの変革性に関する若干の覚書――シャーマン―祭司論との関連において」(『神々の祭祀』凱風社、一九九一年)のなかで、こうしたシャーマンが宗教儀礼への変革性をもつことを説いておられる。この地区のカカランマは民間巫者であるカンカカリヤーからしばしば選ばれている(次にとり上げるウフンマと同期のカカランマはカンカカリヤーであった)。

そこで、佐良浜地区のウフンマ経験者の語られるところを聞くこととしよう。

仲村シヅ子さんは四代前の中村のウフンマで五十三才の時に選出された。彼女の神役就任に際しての神秘的な体験は、佐渡山安公氏が『続ぴるます話』(かたりべ出版、一九九七年)のなかですでに紹介しておられる。また、同期の中村カカランマ新崎安子さんについては、筆者が「巫者から神役へ―宮古諸島伊良部島の場合―」(『奄美沖縄民間文芸研究』第十九号、一九九七年七月、本書本章所収)において紹介したところである。

神役就任過程

幼い頃から病弱であった。

三十三才のころ、あまり身体が弱いので、マウを上げなさいと言われて、佐良浜のユタによってマウを上げるために神を下ろすサウズウケの儀礼をした。ユタが神

仲村シヅ子さんのマウの神の香炉

伊良部島佐良浜の大主御嶽
（佐渡山安公氏撮影）

祈願にうたっているのを自分が途中で奪って、何かわからないことばでうたった。そのようにしてマウを上げた。マウをトモしたとき、ユタの老婆は「あんたは五十才からは上等のンマになるべきだね」と言った。このマウの神については、ユタによって七つくらいの神名が書かれたが、覚えきれないので、自分は十二支の神と考えている。

　ウフンマに選ばれる前、四十九才から五十才のころには大病で仕事を辞め、何もしないで二、三年休んだ。入院して手術するとき、歌を二、三曲うたおうとしたら、ティンガナシヌヤグミの歌（オヨシにうたう）が下りてきた。

　その後、夫が海でサメに襲われた。大けがするが、助かった。夫が退院する日、平良のユタ（根間忠彦氏）は「あんたはいい神を授かっているよ」と言った。先祖代々ニカムラヒャーズウタキの隣りに住み、その神に祈願していたが、彼はそこではないと言い、佐良浜でいちばん大きな神のナナムイ（大主《ウハルズ》御嶽《ウタキ》・大主神社）の神であるとアカシた。そして、「シマムツムラムツマビトムツべき人の夫だから救わねばならないとしてサメが下から何度も持ち上げて助かって帰ってきたのだ」と言った。

　その退院の翌日はンマユイ（神役選出の神籤）の日であった。ふわふわして変な気分で家にいることもできず、畑に行ったが仕事も手につかず眠っていると、自然に両手を広げてふるわせながらティンガナシヌヤグミの歌をうたっていた。不思議に思い、家に帰ってきた。

　帰ってみると、電話があり、自分がンマに出ていることが知らされた。五十三才のときだった。

近所の人の夢には私がお膳を頭に載せてナナムイに行ったり来たりするのが見えたという。

自分は身体も弱いのにどうしようかと思い、「神さま、自分の身体を上等にして助けてください」と拝んだ。三年間やれるかと心配だったが、一日の欠席もなく健康に務め、現在は以前よりも健康になっている。

神霊との交流

ンマに選出された者はマウをトモしなければならない。トモしたことのない者は急いでマウを上げる。

自分の代は神を見ることができる者が六名のうち五名いた。村人たちからすごいと言われた。

神ニガイの日は、早朝三時ごろ、神が鐘を鳴らすようにして起こすのだ。

また、ニガイの二、三日前には、早朝二時から三時ごろ、ウフンマの家の玄関に郵便屋のようにドサッと音を立ててウフユー（大世・豊かな富）を下ろしに来る。夜でも昼でも、二時から三時は神が知らせてくる時間だ。

神事

ウフンマ・カカランマ・ナカンマの順序で歩く。

ウフンマとナカンマは一つだ。ウフンマは外を一人で歩いてはいけない（いまは自由に

伊良部島佐良浜のウフンマたち。旧四月の長山ニガイで長山御嶽でのニガイを終え、比屋地御嶽に向かう。

旧四月の長山ニガイでクイチャーを踊る佐良浜の女性神役たち

なってしまった)。

マビトゥダミやウフユダミなどのとき、カカランマがオヨシをうたうと神のことばが聞こえたり絵が見えたりする。カリユシダミのような村ニガイのときにはオヨシをやらないが、神からの知らせはある。カカランマはその内容を自分(ウフンマ)に報告する。それを聞くとすぐに勘が働いて判断が自然に出てくる。神さまから勘が来ているのだ(以前、ユタから「あんたは学問の神を持っているような人で、判断力のある人だ」と言われた)。

ウフンマとカカランマは和合がいちばん大事だ。中村・本村のカカランマがそれぞれ別のものを見ても、自分のところのカカランマを信じている。

中村のカカランマはよく見る人であるが、自分(ウフンマ)のことはアカサれないという。

一、二年目ではわからないンマでも三年目で神の夢を見るような人もいるそうだ。

位上がり

ウフンマは村を抱いているので、位が上がると村ニガイをする。

ヤーザス(家庭の祈願を執行する宗教者)はユタや、位の上がったカカランマ・ナカンマのうちでわかる(神霊と交流する能力のある)人がやる。

さて、ここで語っておられるように、彼女は学問の神をもつとみなされ、神意を判じる能力を備えていると認められているのである。そして、神役就任の際に神の召命を受けたと確信する神秘的な体験をもつことによって、神事の際にカカランマが受けた神意の意味について自信をもって解くことができたのであろう。神から選ばれるという体験はカンカカリヤーやカカランマだけではなかったのである。そのライフ・ヒストリーは民間巫者の成巫過程に類似している。

もっとも、ウフンマは神籤によって選出されるのであるから、彼女のように優れた能力を備えた女性がいつも選出されるわけではない。そうした場合にあっても、カカランマに優越して神事全体を統括しうるのは、彼女が強調するような「ウフンマとカカランマは和合がいちばん大事だ」という考え方があるからであろう。これは、同期のカカランマ新崎さんの「(ウフンマやナカンマと) カカランマとは気が合わないといけない。そうでないと神様は荒れる」と語るところと符合する。この思想はこの地区の神役組織に長年にわたって伝えられてきたものであろう。また、新崎さんは「祭りに関することはすべてウフンマの指示を仰がなければならない」とも語っておられる。こうしたカカランマ自身の戒めもウフンマが統括することにはたらくと考えられる。

以上、儀礼統括者としてのひとりのウフンマの人生史、そしてウフンマとシャーマン的神役であるカカランマとの関係についてのささやかな報告である。

二　巫者から神役へ

はじめに

奄美・沖縄地方において、とりわけ宮古諸島は、現在でも、神祭りのなかで神の意志を知ることが重視されている。そのようなところでは、共同体の祭祀を執行する神役のなかに神の意志を知る巫者的神役とでも呼ぶべき者がおり、民間巫者から選出される場合が多い。宮古諸島の伊良部島佐良浜集落もそのような地域の一つである。

前節でとりあげた仲村シヅ子さんと同時期に中村の神役カカランマを務められた新崎安子さん(一九三六年六月五日生)は、個人儀礼に関わる民間巫者カンカカリヤーから、共同体の祭祀を担う神役カカランマに選出され、一九八九年一月から三年間にわたって神役をつとめてこられた。

その新崎さんの人生史の中心となるカンカカリヤーへの成巫過程やカカランマとしての職掌などについての聞き取りをここに報告したい。

なお、これは、一九九一年八月十日に佐渡山安公氏とともに初めて訪問したときの話を主としている。

カカランマの職掌

神様に、オヨシ（歌）をうたって、今日は何願いだよといって、願いを上がらすわけ。海の幸も畑の幸も健康の幸も学問の幸も、七つの島からこの佐良浜に寄せてくださいねとうたうわけ。初めに本村のカカランマがうたって、次に中村のカカランマがうたう。本村のカカランマと中村のカカランマのうたう順番も違う。本村と中村では、オヨシも違う。オヨシのことばは、昔は帳面もなくて、口で伝えてきたから、少しずつ変わってきたと、おばあちゃんたちが言っていた。

オヨシは村の人たちから神様にお願いする歌さね。

（それに答える神様のことばは）本村三名、中村三名のなかにだれか一人は神様の伝えを受ける人がいるそうだ。毎年、それぞれ三名のなかで必ず一人は受ける人が出るらしい。

お祭りのなかで神様のことばが自然と出るわけさね。また、見る人もいるしね。お祭りにいく前に、家にいて、今日はどんなにすると、神様の伝えを受けたりする。お祭りに参加している村の人たちのなかにも、神様がどんなふうに降りてきたとか、どの道を通ってきたとか、見ることもある。

中村はカカランマが受ける。本村の場合はナカンマが受ける。

大体はね、うちが受ける。見ることもできるし、聞くこともできる。

神からの啓示

　夢のなかで、神様が着物を持ってきて渡したり、線香を持ってきて渡したり、酒の瓶を持ってきて渡したりしてたよ。そして、ナナムイのところまで、ウフンマと二人でザアッと反物を持って。一生懸命、カカランマが話しながら泣いてるの、ナナムイのところで。自分が後でカカランマに選ばれるとは思わなかったので、病気になるのではないか、死ぬんじゃないかとか、大変なことが起きるんじゃないかと心配していた。村の有志の人たちが、カカランマに選ばれたよとお祝いに来るわけ。そのとき、いついつこんな夢を見ていたからこんなことになったんだ、ってわかったわけ。だけど、何の夢かわからなかったから、こわかった。人にも言えないしね。自分なんかが神様を祭ってまわるところを、佐良浜ではムイムイというけど、ああここでは夢のなかで何々をもらった、と感づいてきたね。ナナムイに行ってカカランマとして線香の束をよんでいるとき、ああ本当にこのナナムイであった、線香の束はこのくらいだった、って感づいたわけ。このウフンマが出てから、ああこの人と一緒に白い布をナナムイまではずしながら、巻かれているものを持ってまわって、ナナムイの道に来たらとまっていて、この白い布をウフンマが上から着るわけ。この白い布はウフンマがつけるべきだったんじゃないかと、後で考えたわけ。そして、ウフンマも夢を見ていた、って。うちと一緒にいつもまわっていた、って。だから、どうしていつも夢のなかで一緒にまわっているんだろうと不思議に思っていたらしいさ。お互いに選ばれた後で、このことを話したさ。こんな夢は二年前から見ているよ。だから、神様は二年ぐらい前から次のンマを選んでまわってる。

神の託宣

　お祭りでオヨシをうたっているときに、絵が出てくるよ。もし、神様の時計の針が三時ごろをさしていたら、アトユー（後世）ということになる。こんなふうに出てきた絵で神の知らせを判じる。また、神のことばも聞こえてくるけど、ほかの人たちはその動作によって、神様にウフユー（大世）をどういうかたちでお祝いしているか見てるわけ。だから、神様のものを受ける人は、きつい。とってもきつい。十二支の方角があって、それぞれの神様にオヨシをうたって一晩中やるから、一週間くらいは疲れるよ。そして、それぞれの神様がお告げを知らせるから、オヨシをうたっている動作やそぶりにあらわれるのをウフンマやナカンマが見る。神様が怒っている場合には、動作が荒くなるさね。それを後でウフンマやナカンマが、あれはどういう意味か、って聞くさね。三時までに十二曲うたわないといけないから、時間がないので、後で次々に聞くさね。中村のカカランマとは、気が合わないといけないね。そうでないと、神様は荒れるって。

オヨシはめいめい決まっていて、帳面で受け継いでいるから、一行でも間違えてはいけない。だから、頭のなかで、次は何、次は何と思い浮かべながら、やっているから、そういうことはない。間違えれば、願いがかなわなくなるからね。でも、うたいながら、神様がどう思っているのかをみんな覚えている。だから、静かにしてくれないと、神様も消えていくからね。

カカランマに出た最初の年、一月のマビトゥダミのときにナナムイで神様の姿が次々に現れて。また、絵が順々に出てきて。マビトゥダミはこんなもの、カリユシダミはこんなもの、と神様が一年の祭りを絵で教えているらしいね。だけど、二年目は、絵はあまり出なくて、ことばが出てきた。三年目は厳しくなる。神様がその人の心を信じているかどうか、いい心かどうか試していて、あまり教えないらしいね。お告げを受ける人も受けない人も、ウフンマにもナカンマにも三年目には必ず体に何かあるって。一年目は教える。二年目は自分で覚える。三年目は神様がこの人の心を見る。神様が絵やことばを出してきても、受ける人のシュゴ（マウガン・守護霊のこと）が働かないと、覚えられないよ。ナナムイでも、シュゴが働かなくて受けられず、居眠りしてしまう人もいる。だから、大きいニガイがあるときには、一週間ぐらい前から体を休めておく。

次のカリユシダミのとき、カリユシダミの神様の楽しそうに笑っている姿が見えて、それでやさしくてたくましくていい神様だ、ってわかった。どんなときでも、海の船を楽しく航海させているね、って思った。三月のウフユダミの神様は、ナナムイのなかの生活するところに大きいはかりがあったけど、これは神様が持ってきて、置いてあったらしいね。そして、鏡みたいな大きい岩の下に鉢巻してみんな座っていたよ。オヨシが始まったら、船の音がしてきたわけよ。ドッシーン、ドッシーンときてね。うちが降りてきてみたら、岩と岩との間に避難してきているわけ、いっぱいユーを積んで。この船はね、避難ではないよ、ユーを持ってきたよ、って言って。ごめんなさい、ごめんなさい、って、自然にことばが出たよ。ウフンマが、何をやっているか、って言うものだから、今船がユーを持って入ってきている、と。そして、オヨシが始まったら、人がいっぱい来て騒いでいるわけよ。ユーを下ろす音もほかの人たちに聞こえる、って。ドッシーン、ドッシーン、って。地震がしている、地震がしている、っていうけど、これはユーを下ろしているんだ、って。早くこれを聞けば、ユガフウ（世果報）だって。だから、みんな、ヤーキを願って、これを聞くためにおとなしくしている。

ナナムイに行ったらね、いろいろなものが聞こえてね、いろいろなものが見えてね、恐くもあり、ね、楽しくもあり。

二月には、イドゥニガイ（井戸願い）があるけど、そのときにもきれいな絹の着物が木の枝にかけられていて、お湯からあがってきて、髪けずっているところが見えたから、神様が着物をはずして池なんかで髪けずっているところだね、って。東の井戸と西の井戸があるけど、井戸の周囲は鏡台になっていて、ナナムイの神様はこの引き出しから鏡を出しているさね。

神様は自分はどんな神だ、っておっしゃらないけど、自分の知恵が働いて、ここの神様はこういった神様で、だ

沖縄本島中部にある浜比嘉島の墓。沖縄創世神アマミチューの墓と伝え、人々の信仰を集めている。

からこういったふうになるんだね、ってわかる。シートゥニガイ（生徒願い）のときに、昔の金持ちがかぶるような帽子が八つの柱のそれぞれにあったよ。そして、その帽子が動き出した。帽子が、自分は生き物ですよ、と言って。ああ生き物か、と。そしたら、蛇だった。蛇は知恵の神様だね。だから、学問ができない人も蛇みたいに曲がったり、伸びたり、いい人が出たり。知恵がなかった人は働いたり、下がったり、上がったりするんだね。自分は生き物の神様だよ、といったから、ああそうか、と。そのとき、初めて、学問の神様は生き物だ、ってわかった。

　自分はニガイのときにシュゴが働いて神様の教えをみんな受けることができてよかった。選ばれてよかった、って思う。

成巫過程

　そうね。出ない、ナナムイに行かない前から、自分はユタをしていたよ。自分のマウの神様のことだけだったけど、ナナムイに行って、十二神の神様の教えも受けるし、また見ることもできたから、よかったと思う。今からは、神様のことはだれにも負けないと思う。三年間、十分学びをしてきたから。

　小さいときからサーダカ（神高）であったわけさね。うちが道を開いてユタをやったのは、大体三十六才からだったね。

　うんと体を悪くしていたよ。三十三才のころから。末の子が生まれたときだったから。どこへ行っても、異常がない、異常がないと言われておったもんだから。沖縄で、気を失って入った病院の先生が、うちが歌をうたっていたもんだから、宗教に入ってごらん、って勧めた。コザ（沖縄市）のミルク（ミロク教）のおかあさん（親神様）がいたよ。小さい子どもを親戚に預けて、船を借り切りしてね、コザにいるおかあさんを連れて、比嘉という島（浜比嘉島）に渡ったよ。神高い島さ。向こうに連れていってね、島を回らしたさ。その後、村長選があったから、子どもを連れて向こうから帰ってきて。三日間くらい尿も出なくて。どんなになったか、と思っていたら、コザのおかあさんが、きつくなったら、神のせいだから、これは病気じゃないから、病院には行かずに、これを受けてごらん、と言ってたもんだから、きつくなったら歌をうたったり、カセットを鳴らしたりしなさい、と教えていたもんだから、こんなにやって、自然に直ったよ。病気のときは肩がこんなに上がっていたよ。座ることもできないから、窓の方に、頭を後ろにしてもたれていたよ、首が短くなって。歌をうたったりカセットを鳴らしたりしていたら、肩も自然に下りるようになって。この、きつくなったときにことばが出るのを忘れないでいなさい、と言ったからだけど、自分で覚えられないくらいのきつさであったよ。おばあとこの娘がね、うちがつかれるときには、生きてるのかねえ、どうしてるのかねえと心配していたみたいさね。だから、そのときに、かあちゃんが言うことばみんな覚えておいて、かあちゃんどんなに言っていた、どんなに言っていた、って言うものだから、書いておいてね。この歌はどういった意味になる、どういった意味になると自分で解釈してね。これから始まって、一つずつ一つずつ次第に覚えていってね。ユタをするようになって、人が相談に来て神様にお願いするときに、このことばで意味が解けるようになった。笠をかぶってきたら、本当はかぶってないんだけど、テレビみたいに絵がうつるさ。これはどういった意味になるか、と相手が聞いたら、あんたはお家の人にもだれにも言わないで黙ってきたね、と。笠をかぶっていると、隠れて来るという意味になる。その意味を神様が最初に教えてあったものだから、それをみんな書いてあった。また、神様が夢のなかで教えたことばはその日来る人にみんな当てはまっていたよ。

三十六才のときに、池間さんっていう本村のウフンマの位が上がった方がいらっしゃって、自分から先に道開けに来たからまず開いてごらん、こんなにしないとあんたはいつまでも病気ばかりをしているから、と言って。うちにはできないよ、と言っても、まず線香をつけてごらん、と言って。やったらね、神様の教えてたもんだから。これが初めてだったよ。その人がみんなに話をして。それが伝わって、伝わってきて。でも、人一人やるのも命がけだったよ。その当時は、一日一人やるのがやっとだったよ。自信が出てきたのは四十二才のころからだったね。

小さいとき、小学校のころから、よく霊を見ていたよ。そのときは、トイレ、そのころは豚小屋（ワーと呼ばれる）だったけど、その隣りに髪の長い人が立っていたり、芳しい匂いがしたり、臭い匂いがしたり、よく感づいていたよ。ユタになってから思うと、髪の長い人は幽霊じゃなく、自分を守っていた神様じゃないかね、と思うよ。こんなことが何度もあった。(1)

自分は眠っているけど、知らんうちに空を飛んでいるさ。そして、向こうのヒャーズまで行って、遠いところまで来た、帰らないとね、といって、帰ってきたことがあった。そして、木がいっぱいあったらね、この木の枝に引っかかったら大変だね、と思ってお家に帰ってきてたよ。あんなときが二回ほどあったよ。とんでるときに、何もやらないでもスイスイ飛んでるわけさね。自分の手が太くなったり、小さくなったりなっていた。飛んでいても、手が太くなってきた、どうする、どうする、早くお家に帰らないと、手が太くなってきた、って。(2)

マウの神をカミしたのは三十五才のころだった。あんまり病気するからね。自分の場合は、リューギー（竜宮）の神様が守護してくれる。マウを決めるニガイをしたときに、帽子をかぶった女の人が船から桟橋に下りてきたのがランプに映っていたよ。それから後で元気をなくしたので、ユタが、八重山オモト岳の木の神様も呼びなさい、

と言ったので、つないで守護の神としたら元気を取り戻した。(3)

注

（1） 一九九一年八月十四日、福田晃氏・佐渡山氏の聞き取りテープによる。

（2） 注（1）に同じ。

（3） 一九九二年八月五日、古橋信孝氏・佐渡山氏・真下の聞き取りテープによる。

三　竹富島カンツカサに聞く

(一)久間原御嶽の與那國光子さん

真下　私は平成十年、その春に刊行されたばかりの全国竹富島文化協会編『芸能の原風景』（瑞木書房）を手にし、すばらしい種子取祭の行事すべてを見学したいと強く思いました。そして九月末に島をお訪ねし、毎日の行事を見学するなかで、五日目のカンツカサの方々のウタキニガイのときに久間原御嶽のカンツカサである與那國さんと初めてお会いし、カンツカサになられたいきさつなどについて、御嶽まわりの道々に少しお聞きしたことでしたね。

與那國　そうでしたね。

真下　カンツカサは島の神行事の中心であり、島の伝統文化の柱となっている方だと思います。今回は、與那國さんからカンツカサになられたいきさつやいままで務めてこられたお気持ちなどについて、お聞きしたいと思います。

では、早速ですが、與那國さんが神様を拝むようになられたことについてお聞きしたいと思います。與那國さんは小さいときはどのようでしたか。

與那國　小学校高学年から中学校三年間の間、よく耳が痛くなって石垣の病院に行ったのですが、病気じゃないんですね。那覇の病院にも行ったことがあるんですよ。島にいるときはずうっと耳が痛いのですが、島から出るともう痛くない。

そこで、そのころカンツカサだった石川明《あき》さんが、「これは神ごとに通じることで、この子は神の子だ」と言って。それで、たしか小学校五、六年のころにコンジンというものを立てて拝みをするようになったんです。ただ、子どもでしたので、どういう意味かよくわかりませんでしたが。

真下　原因のわからない体の不調は、神をまつる人として選ばれたという、神様からの知らせなのでしょうね。コンジンを拝むことになられたというのは、宮古島地方のマウガン（守護神）をまつるという信仰と共通するもののように思われ、とても貴重なお話だと思います。ところで、そのころの生活はどのようでしたか。

與那國　私が生まれたのは昭和二十三年で、終戦後のものがない時代でした。電気も水道もなくて、井戸水を使う生活でした。私は小学校五年生のときから子守りに出たのですが、ナージカー（仲筋井戸）から水を運んでお年寄りの家庭や床屋さんなどに売りあるいたりもしました。床屋さんは水をたくさん使うんですね。月夜のよるには何十回も水を汲んで往復したこともあります。月夜は本当に明るいんです。そのころは学校の先生も島で生活しておられましたので、そこに水を運んでいってそろばんを教えてもらったこともありました。中学生になっても、ひとり朝早く登校して、学校のいろいろな仕事の手伝いをしていました。朝、お茶をわかした後、授業の始まりの鐘を鳴らして教室に入り、休み時間は職員室の湯飲みを洗ったりしていました。卒業した後も学校の補助員として過ごし、先生方からはとてもよくかわいがってもらったという思い出がありますね。

真下　年輩の方々にはなつかしい島の生活ですね。與那國さんは、体の不調など、つらいことも多かったのでしょうが、楽しい思い出もたくさん持っていらっしゃるのですね。それで、その後はどのようだったのですか。

與那國　その後、島を出て暮らし、また戻ってきた二十三才のときのこと。たまたまムヌシリの方と出会って、その人が「あなたはよく感じる（神高い）人で、子年生れでしょう。双子の一人で、もう一人があなたのことを守ってくれているので、何でもうまくゆくでしょう。あなたが島に戻されたのも、久間原御嶽のカンツカサになる人だからですよ」という話をされたんですね。私も、母がこの御嶽のスンヌツカサ（袖のツカサ＝二番ヅカサ）でしたから、年とったらやらなくちゃいけないと感じてはいたのですが。

真下　神高い方は、いろいろな機会に意味づけされて、神様をまつる使命を自覚してゆかれるのですね。

與那國　それで、久間原御嶽のフンヌツカサ（本のツカサ＝一番ヅカサ）は安里ヤエさんがなさった後、正式にそれを継ぐ人が出ないままでした。スンヌツカサ（袖の司＝二番ヅカサ）は、母の後を継いで姉がしばらく出ていましたが、あるとき周りの人々からすすめられてフンヌツカサの座る場所にあがって拝んだところ、神様から押さえられて・・・。それで、下りなさいということで下げられてしまって、その後十六年間もカンツカサが出ないままになっていました。

その間、私は、久間原御嶽のカンツカサに出るべきだと人から聞かされ、うわさも広がっていたのですが、子どもはまだ小さいし、せめてこの子どもたちが大学に入るようになったら、島のため、人のため、八重山のため、みんなのために神をつかさどるという決心をしようという気持ちを持っていたんです。

平成六年のある日、新田初子さん（波里若御嶽カンツカサ）がムヌシリから教えられ、私に言わなくちゃと思っているときに、神様が引き合わせたように、私も新田さんのところに髪の結い上げをお願いしに行ったんですよ。そして、ハツさんから「あんた、早くやらないとだめだよ」と言われたんです。それまで、神様にはいつも「子どもの道が開けるまで待ってください」と手を合わせてお願いしていたのですが、「あんた、もう待てないと言ってるよ」と言われて。そのときは「はい、はい」と聞いていて、神様はわかってくれるだろうと思っていたんです。それから何回も言われ続けたのですが、「待ってください」と祈り続けていました。平成九年はいろいろなことがあって、良くない年でした。でも、そのときはそれが神様を待たせているからだとは気づかなかったんです。本当は子年の平成八年にやらなければならないのにやらなかったために、私に苦しみが来たんです。それでも、そのとき私は踊りの師匠の補佐役をしていましたので、その責任もあるし、練習している踊りをこの年（平成九年）の種子取祭の最後の奉納芸能として踊らせてもらって、神様にお仕えしようと決心したんです。そして、グゥンアゲ（御恩上げ。なお、ブンアゲともいい、盆上げという意味でも理解されている）をやるということで日を取ってもらって、九月二十七日に決まったんです。そうしたらその後で、子どもたちの道（進路）も開けたんですよ。

真下　ああ、それはとてもよかったわけですね。やはり、神様に思いが通じたということなんですね。ところで、そのグゥンアゲという儀式はどんなことをなさるのですか。

與那國　それは、いままで與那國光子として生きてきたことへの感謝の礼ですね。御嶽々々の神様と井戸、それから実家や現在の家をまわって、いままでのお礼をする儀式なんです。

真下　そうすると、それは、俗人として生きてこられたことについて、神様に感謝なさるという儀礼、ということなんですね。それで、その次にはどんなことをなさったのですか。

與那國　この後、十一月十日にはカンビラキ（神開き）ということで、與那國光子は久間原御嶽のカンツカサとしてお務めしますという挨拶の儀式なんですね。御嶽々々をまわって、最後に自分の御嶽で初めて白い神衣装を着るんです。そして、実家で報告をし、また家では久間原御嶽の香炉を据えるのです。

真下　十一月の十日というと、島ではポインセチアの花がきれいに咲くころですね。そのカンビラキという儀式は與那國さんがカンツカサとして新たに誕生されたという儀式だということなのですね。

與那國　はい、そうです。

真下　そのころ、何か夢をごらんになるようなこともあったのですか。

與那國　ええ、夢もありました。グゥンアゲをすませてそのカンピラキをする前のことです。こんな年になってね、お産を一生懸命しようとしているんですよ。分娩室に入っているのかどうかわからないんですが、子どもが生まれそうなんですよ。で、ぱっと目をさますと、夢なんですよ。その話を新田さんに伝えたら、産んで生まれる、つまり神司として生まれるということを見せた、っていうんです。私はあまり夢は見ないのですが、見ると正夢でよく当たるんです。身体に異常が出たりしたこともあって、やっぱりやらないといけないと悟ったんです。

真下　やはり、そのような神様からのお知らせがあるものなんですね。この夢はこんな意味なのでしょうね。つまり、神様にお仕えすることは神様と結婚することであり、またそこで生まれる神の子がカンツカサとしての自分自身でもあるというような……。神に仕える女性たちは昔からこのような不思議な夢を見てきました。ところで、以前、お母さんもこうした特別な夢をごらんになる力を持っておられたとお聞きしましたが。

與那國　ええ。母がよそから頼まれて実家のザーでお祈りをすると、しばらく眠らされるんですね。すると、その間に夢を見て、そしてそれで判断するんですよ。母は、私の息子が受験したときも、夢を見て、その結果をあらかじめ教えてくれました。

真下　夢で占いをなさるというのは、古典文学の世界に平安時代の貴族の女性たちが大和の国（奈良県）の長谷寺や近江の国（滋賀県）の石山寺の観音様の前に籠もって霊夢を授かるという話があるのですが、そのようなことを思わせる興味深い、これも不思議なできことですね。さて、そのカンピラキの儀式を終えられて、どんなお気持ちだったですか。

與那國　そうですね。神衣装を着けたときに、なんていうんでしょうか、別に怖くはなくて。うれしい気持ちと、何か神様に迎えられたような、そんな気持ちですね。自分が自分でないような感じで・・・。

真下　こうした儀式を終えられて、カンツカサとしてお立ちになるということを私などが考えますと、不安と責任の重さがあるのかと思うのですが、そのようなことはどうなのでしょうか。

與那國　いや、そうじゃなくてね。神様がいろんなことを教えてくれる、という気持ちだったんですね。そして、それまではたくさんの人の前で方言で挨拶することはできなかったのですが、カンツカサになってからは方言で挨拶することもできるようになって。何か、神様の力がもらえているような気持ちですね。だから、不安や責任の重さというのでなく、カンビラキのときに神衣装を着けているときには、ことばでは言いあらわせない、迎えられているという気持ち、そしてカンツカサが生まれたということで島じゅうのみんなが喜んでくださっている、という思いだけなんですね。その大変さを感じたのはこの後からなんですよ。

久間原御嶽は長い間カンツカサが出ないままだったために、いろんなことを教えてくれる人たちがいてくださらない。だから、次の行事ではどんなものを準備すればいいのかということがわからないんですね。衣装も白い神衣裳しか作ってなくて……。

初めて務めたナーッキヨイの行事は、亀井秀一先生や喜舎場永珣先生、牧野清先生、上勢頭亨先生などの祭りについて書かれた本を一生懸命読んで、ああこういうもんなんだね、とまず勉強をやって、それから他のカンツカサと一緒に歩いて、線香や花米をどれくらい持つとか、いろいろなことを教わっていったんですよ。この行事ではムチャニ（イイヤチと同じく餅米・粟・小豆を蒸して練った後に、形を丸く作った供え餅）やウサイ（野菜などを煮て作ったご馳走の供え物）、シュナイブン（パパイヤ・モヤシ・海草・タコ・豆腐などをそれぞれ和え物にして盆の上に盛った供え物）を作らないといけないんだよ、と教わって。

このシュナイはまだ元気だった母が作ってくださったんですよ。私のために、最後のシュナイを精一杯作ってくれて。みんなが、おいしい、おいしいと言って食べてくれてね……。また、お供えする高い台にはどんな盃を置くか、足はどちらに向けるか、それからお膳は模様をよく見なさいなどと、行事のときにどんなにするかということについて、母がこまごまと教えてくれました。

真下　そうすると、與那國さんの場合は、先代の方が長く不在であったため、研究者の方が書いた書物を読んで神事の意味を勉強し、またその具体的なおまつりの仕方については他のカンツカサの方やお母さんから教わられた、ということで、たいへん苦労されたんですね。

與那國　そうなんですよ。

真下　そうして、初めての行事であるナーッキヨイを迎えられたわけですが、このナーッキヨイというのはどんな意味の神事なんですか。

與那國　これは来年に作る農作物の豊作を祈願して十二月頃に行う行事なのですが、竹富で作っている作物はもちろん、実際に作っていない農作物でも他の人が作ってくれてそれを私たちがいただいている、ということで、そのことにも感謝しながら豊作の祈願をする、ということです。これは常にそうですよね。食べている物はどこかで作ってくれていて、それをいただいている、ということで、いつもそれをわからなくちゃいけないな、ということなんです。

だから、ふつうは気づかないすごいことを知った、ということですよね。

真下　なるほど、そうしたことにも感謝しながら祈願をするんですね。それがこの行事の意味なのですね。

この初めての行事を体験されたなかでは、どんなことを感じられましたか。

與那國　そうですね。カンツカサがいなくても、久間原御嶽のオンビ（氏子）の人たちはいままで守ってきてくださった。そのおかげで、私がカンツカサとして入っても、いままでやってもらっていたことをそのままやってもらい、私は自分の座るところで儀式のカンフチ（神を呼ぶために神前で唱える神聖なことば）を言ったりして、すんなりとこの行事を務めることができました。

カンフチやニガイフチ（神に祈願する神聖なことば）は、この御嶽にカンツカサが長くいなかったため、プリントにしてみんなで誦んでいたそうですよ。それで、そのプリントにもあり、また本にも載せられていたので、「あっ、なるほど。このときにはこういうことをいえばいいんだな」と思い、それに自分の思いをプラスしてお祈りしました。「今年初めてナーッキヨイでカンツカサとして子年生まれの與那國光子です。これから一生懸命やりますけれども、足りないところは正して、神の力を貸してください。また、たくさん健康があって務めることができるから、これまで以上に健康をください。お願いします」と、こういうふうに頼んだのですね。そしてまた、「いろんなことを教えてください」って、そのときからずっとお祈りし続けているんです。

竹富島種子取祭第五日、各御嶽を巡って祈願するカンツカサたち

真下　なるほど。で、そのカンフチやニガイフチのことばにはわかりにくいところもあろうと思いますが、唱えておられると自然に、祈るような気持ちになられるのですか。

與那國　ええ、そうですね。だから、イビ名を誦んで、誦んだ後に――それは間違ってはいけないということで、いまはプリントを読みながらやっていますから――確実に神様が呼ばれて出てみえているみたいな……。それに対して今日の行事のことを伝え、そしてこれからのことをお願いし、そして一生懸命やるから力を貸してくださいというかたちをとるんですよね。

真下　その後の行事のなかで、私が初めてお会いした平成十年の種子取祭が何日にもわたる大きな行事としては初めてのものなんですか。

與那國　そうです。

真下　それを迎えられたときのお気持ちはいかがでしたか。

與那國　もう、そのときにはね、世持御嶽に四名のカンツカサがそろうはずだったのが、一人のカンツカサが病気で欠けてしまって……。その寂しさから御嶽で線香がうまく燃えてくれないんですね。それを見て、行事の最初から私は泣けてしまいました（涙ぐむ）。それで、早く四名のカンツカサがそろうように、神様の力で治してください、とさらに一生懸命お祈りをしたんです。そしたら、だんだんきれいに燃えるようになって……。

二日目が終わったときにはほんとにすごくきれいに燃えたんですよ。私はそれを見て、最後また泣きました。「ありがとうございます。わかってくれて」。そのカンツカサがまた元気になって帰ってくれるということを神様が約束してくれたような、そんな気がしました。

そしてまた、二人でやるべきものを一人で一生懸命務めたという思いがありましたね。二人でやれば習いながらできるのに、実際には全然反対になりましたでしょう。それで、終わったときには、ほっとしたんじゃなくて、なんか神様が喜んでくれて、約束してくれたような気持ちでした。

でも、足はこれまでいつも伸ばしたままで暮らしてきたので、長い時間ひざまずきができないんですよね。ひざまずきをしていても、むくんできて自分の足じゃないみたいなんですね。一日目の夜に行うユークイの最後の頃はやっと歩いているような状態でした。

真下　そのユークイが終わってもほとんど寝る時間がないんですよね。

與那國　寝ないんですよ。あのとき、家に戻ってきてみそぎをしてから、そのままずっと足を揉んでいたんですよ。

んです。それで、翌日はようやく歩くことができて。そして、二日目が終わった後にはもう自分が自分じゃないような体な

真下　もちろん、体も心も、ということですね。

與那國　そうなんですよ。だから、がんばらせてくれたのも、初めてなのにちゃんと務めさせてくださったのも神様の力だな、というのが実感ですよね。たとえば、二日目にはもう座れなくて、途中で家に帰ります、なんていうことはできないですものね。

それが終わって、翌日仕事に行くのも與那國光子としては大変なんですよ。でも、「與那國光子」として仕事に行かないと、このカンツカサという仕事は大変だと思われてはいけない、と思って、「與那國光子」に戻って仕事に出た、ということが一生忘れないできごとですね。

真下　私も平成十年の種子取祭を初めて見学いたしましたので、とても感激しました。竹富という島が観光地としてやっておられる一方で、その中心には神祭りがあってそれをしっかりとやっておられる、ということを感じたことでしたね。

それで、今年（平成十二年）はカンツカサとして三年目をお迎えになられ、数多くの行事を執り行ってこられて、いまどのようなお気持ちですか。

與那國　そうですね。いまでは、このカンツカサをもっと早くやればよかった、という気持ちなんです。

こうしてお務めをしてみんなから喜ばれ、また自分でも大変だと思っていたことがそれほど大変じゃないとわかったので、もっと早く、三十代にでも「やれ」と言われてやっていればよかったな、という気持ちですね。

真下　そうしますと、カンツカサになられて、以前にお体の調子が悪かったこともすっかりよくなられたのですか。

與那國　はい。

真下　すると、ご病気だったのも神様からのお知らせということなんですか。

與那國　はい。いろんな人のカンツカサになられたきっかけを聞いてみると、かならず体に合図がきているんですよ。私は、体が悪かったのは絶対病気ではない、これは神ごとだと、自分でわかって解決できたわけなんですね。

だから、いまカンツカサとしてやらねばいけないと言われている人はたくさんいると思うんです。昔は二番ヅカサがたくさん並んでいて、そしてその上に一番ヅカサがいたんですね。そんな人たちも、「あなた、そんなことしないといけないよ」と言われている人はいっぱいいると思うんです。でも、「なんで自分がやらないといけないの」って言って、みんなやらないようにしていると思うのです。けれども、そんなに大変なことじゃないし、神様からいっぱいいいことをもらえるから、ぜひそのことに気づいて、神衣装を着けてほしいんですよ。

真下　そうすることがまた、竹富島の精神的な中心である、神様をまつるということを伝えてゆくことにもなるんですね。

與那國　ええ。それで、なにもわからずにその道に入りますよね。で、先輩がおられてちゃんと教えてもらった方もおられますがね。そういう人も、やるべきだ、ということで呼ばれた、それも神様が呼んだということがあるわけです。だから、そういうのをいろいろ聞いてみたらなるほどということがたくさんあるんですよ。

そのことによって、島ではみんなが生かされている、うまい具合にいっているということで……。カンツカサという役目は、自分のためであり、みんなが喜んでくれるという、そういう役目ですのでね。

真下　ほんとうにそうですね。これからも島のみなさんのために、そしてご自身のために、大切な役目をお務めください。

本日はとても貴重な、よいお話をお聞かせくださいまして、ありがとうございました。

（二〇〇〇年九月七日収録）

(二) 波里若御嶽の新田初子さん

真下　今日はよろしくお願いします。

新田さんがカンツカサとしてお出になられたのはいつのことですか。

新田　平成四年一月二十四日です。満十年経ちました。でも、神の道というのはわからないことがまだいっぱいありますね。ただ、その日、その日をやり遂げてゆこうという気持ちで一生懸命に務めています。

真下　いろいろ儀式がたくさんあって、大変ですね。で、新田さんがカンツカサにお出になったのはどうしてだったのですか。

新田　それは、祖先が波里若御嶽二代目のカンツカサをやったんですよ。

初代はトゥイミャー（豊見親）の次女がされたんですが、二代目が上盛家から出て。それからずっと上盛家から出ていたんですが、途中でやる人がいなくなって、結局、嫁いだ娘がその嫁ぎ先でやっていたらしいんですね。そして、私がわかっているところでは、長くカンツカサをなさっていた大山マイチさんが八十五歳くらいのころに、お嫁さんの大山シズさんが出られました。

真下　そうすると、大山シズさんの後を受けられたのが新田さんですか。

新田　いや、違うんです。実は、このとき、この人から私が受けるということを神様と約束したんですが、子どもがまだ育たなくってね。三十年前のことで、民宿も始めたばかりでね。それで、新苗《あらなへ》さんが出て。この人も若いころからやりなさいと神様に言われていて、神衣装を付けておられたんですよ。そして、上盛家につながりのある人なので、この人しかいないということになって。十年間なさって、「八十五歳になったから交代して」って言われたけど、そのころも私はまだ大変な時期で、「もう二、三年がんばって」って言って続けてもらってたんです。ところが、とてもお元気だったのに、八十八歳のトーカチ（米寿）のお祝いをする直前に亡くなられて……。それから五年ほどは出なかったんですよ。家の主人も私がこの道に入ることは嫌いだったんですよ。結婚してすぐから、私がこの道をやらないといけないのはわかっていながら、反対していたんです。私も、家族が反対していると、なかなかね。それでも、苗さんが亡くなったので、自分のお宮だけはカンツカサとしてお祀りしていたんですよ。

そのうちに主人が亡くなり、一年が過ぎたら、毎日人がみんな集まってきて、いまだったら出られるんじゃない、って説得するんですよね。それで、主人が亡くなって三年してから、やりたいなあ、っていうことがあったんですよ。祭りというのは銅鑼をたたいて、村人の先頭に立って歩いてやるのが本当なのに、自分の気持ちはまだ晴れてなくて、私でできるのかなあ、と思って。こわかったんですよね。でも、よくよく考えて、カンツカサはそのとき二人しかいらっしゃらなくて、村の人たちがいま必要だと言っているときに出た方がいいかなあと思ってね。それで、自分がやらないといけないのか、毎日線香を立てて先祖に訴えていたんですよ。そうしたら、毎日同じ夢を見せられるんです。だれかが私を探している、それで私は見つからないようにすごく高く生えたチョマ（苧麻）畑の真ん中に小さくうずくまって隠れるんですよ。そうしたら、みんな四方八方からサーッと来て私をポンと囲んで。足が止まるから、アアッと思って、見たら周りに人がみんな立っている。ヒャーとびっくりして、何でこんなに隠れたのにわかるの、と思って。ワアーとびっくりして、いつも飛び起きていたんですよ。毎日一週間同じ夢を見ていたので、ああこれは逃げても避けても通れない、絶対やらないといけないんだなあ、と自分で判断したんです。なぜチョマ畑かというと、上から着る神衣装はチョマなんですよ。だから、カンツカサをやらないといけないんだよ、と言われていると判断して、思い切って出たんですよ。

真下　そうだったんですか。すると、小さいころから、何か特別のことがあったのですか。

新田　そうなんですよ。自分は十四歳のとき、カンツカサをやらないといけないという運命を背負って生まれてきたんだとわかったんですよ。

真下　どんなことがあったんですか。

新田　その十四歳のときに失明したんですよ。それで、病院に通ったけれども、どんどん悪くなる。右目がかすんで一メートル先が見えないんですね。そして、手術をしないといけないということになって困ってしまい、近所のおばあちゃんに相談したんですね。そうしたら、おばあちゃんは「こんな若い娘が手術することはない。医者が治せないものはユタが治す。それは神様仏様からの知らせかもしれないから」と、ユタの家に行くよう勧めたんです。石垣にいたユタの男の人は「自分の口を借りながらあなたのご先祖が言っているんですよ」と言いながら、「あなたの家は昔からカンツカサを出してきた家なので、長女のあなたはそれをやる運命を背負って生まれてきているんですよ」と話したんです。それまで何もわからなかったものだからびっくりしたんですが、竹富に帰ってカンツカサの大山シズさんに話をしてスン入り（御嶽の氏子になること）をさせてもらったんですよ。そして、祭事・行事のときは神拝みに参加するようになったんです。

ところが、その後結婚をして生まれた子どもが八ヶ月くらいになったとき、関節が痛んで箸も持てないくらいなんです。病院に行っても原因がわからなくて……。それで、今度は竹富にいたユタのおばあちゃんにみてもらったら、「神様の言う通りをしていないからだよ。給仕をしているけど、あんたの役目はそれじゃないでしょう。神様は、足たりない、手たりない、と言っている。だから、あんたの手足の関節が痛むんですよ」と言われて。

竹富島のニーラン石。海の彼方のニーラの国から訪れた神々が舟のとも綱を繋いだと伝える。旧九月のユーンカイ（世迎え）はこの石の前で海に向かって豊穣が祈願される。

それで、神衣装をやかんざしを作り、そして香炉を立てて神衣装を着ることにして、神様にお願いしたんですよ。そうしたら、日に日によくなって、それからは病気一つしたことがないんです。

主人が亡くなってから、ユタに連れられて、あちこちまわりました。（石垣島にある）御願崎《おがんざき》に行ったとき、「あんたはこれからカンツカサをやるんだね。神の道はざるに水を入れるようなものだ。入れても入れてもたまらない。だけど、いつかはざるにも水が溜まるときがある、と思ってがんばるんだよ」と言っているよ、と言われて、これからがんばろうと思っているのに、がたっと崩れてきてしまってワアーと泣いちゃったんですよね。神の道はこんなに厳しいんだなあ、と教えられて。

神に仕える者としてわからないでやらなかったらいけないこともあるだろうと思って、時々ユタの人たちの判断を聞いたりします。それで、これまでカンツカサがやらなかったようなことをいろいろ教えられてやりました。「あなたは「初」という名前でしょう。人がやらないことを初めてやる運命なんですよ」と言われて。たとえば、ピナイサーラ（西表島の滝）で先祖がお水をいっぱいいただいて田圃を作って、ここにお米を運んできて、先祖代々食べていたようです。豊年祭などにニーランから拝むんですが、そこまで行って拝んだ人はいなかったらしい。自分もわかっていたわけではないんですが、一度ピナイサーラに行ってみようということになって友だち四人ほどと行ったんですよ。すると、初めて見るところなのに、親に会ったような懐かしい気分で、ワーワー泣いたんですよ。そこは、先祖たちがそのお水をいっぱいいただいて田圃を作り、そのお米を竹富に運んできてずっと食べてきた水源だったんですね。それで、初めて拝んだんです。

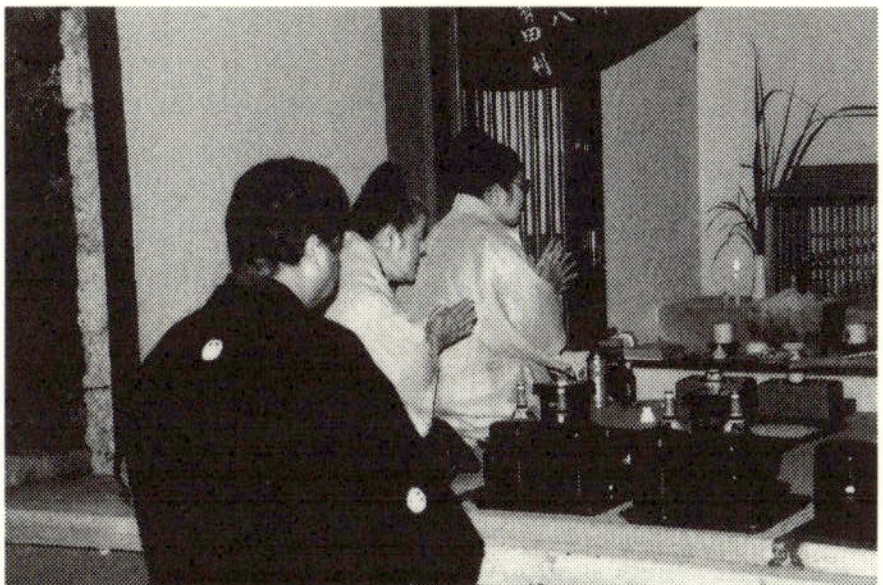
竹富島種子取祭第七日朝、世持御嶽で祈願するカンツカサたち

真下　ところで、先代のカンツカサの新苗さんがご病気になられたとき、カンフチなどはどのように受け継がれたのですか。

新田　カンフチは新さんが書いたものを送ってこられたんですよ。自分のお宮(御嶽)の分だけ書いておられたので。また、それ以外のカンフチやニガイフチは上勢頭のおじさん（亨氏）の本を調べて勉強してね。

真下　新田さんはお若いころから長く御嶽に入っておられたので、こういうものは自然に覚えられるというようなことはなかったのでしょうか。

新田　そうですね。こういうものは、耳で聞いていても、自分がそういう身にならないとやれないことですからね。

真下　ことばの意味もむずかしいんでしょうね。

新田　でも、私はずっと島から出ていませんから、そしておばあちゃんたちが屋敷のニガイや健康のニガイをしているのを見たり聞いたりしていましたから、書いたものを見たらすぐわかりましたね。カンフチの言い回しなども、耳のなかに聞き覚えがあって、そんなにむずかしくはなかったです。

真下　やはり、昔は島から出ないというのがふつうであり、そのようなかたちでカンツカサが受け継がれてきたということなのでしょうが、新田さんの場合はそういう理想的に近いかたちでカンツカサになってゆかれたのですね。

　それで、波里若御嶽（バイヤーオン）の神様はどのような神様なのですか。

新田　波里若は日月の神様と言われて、天の月と太陽なんですよ。だから、雨のニガイもあそこでやって、雨の神様といわれるんですよ。そして、そこで願い始めた、徳之島からいらっしゃったスーガードゥン（塩川殿）という方は、自然に太陽が出て照らさないと五穀豊穣をいただけないから天に願うしかないと願っておられた。そして、その方が亡くなったときに村人がここで祀ったんじゃないかなと思います。

真下　新田さんがカンツカサになられてから雨乞い行事は行われたことがあるのですか。

新田　いや、それはもうありませんね。

真下　御嶽の神様は、いつもはどこにいらっしゃるのですか。いつも御嶽にいらっしゃるんですか。それとも、お祀りのときにどこかからいらっしゃるのですか。

新田　ろうそくを灯して、しばらくしてやってこられるんです。とってもさわやかな風が吹き抜けていって、ああ、神様はいまいらっしゃったんだな、とわかるんですよ。だから、線香を焚いても空気が変わらないと神様は今日はいらっしゃらないのかなあと思うんですよ。

真下　神様はおそろしいものなんでしょうか。

新田　やはり、ちょっと間違うとこわいですね。

真下　新田さんのように、民宿をしながらカンツカサに出ておられるのは大変なことですね。

新田　種子取祭はほんとうに大変ですね。お客さんには全然かまっていられなくて。ほかの行事のときはお客さんに素泊まりにしてもらったり、御嶽に泊まる行事のときにはお客をとらないようにしたりしているんですけど。

真下　それだけにご苦労がおありになるんですね。

新田　この間、二月祭りをやりましたが……。そんなときは朝早く出かけるので、お客さんをあまりとらないようにするのですが、そういうときにかぎって必ずお客さんが多いんですね。でも、私に着せられた運命だから、両方を両立しないと私の役目が終わらないはずだから仕方ないよねと思って、朝早く起きて十人分御飯を作って出るんです。そういうときが大変だなあと思いますけど、それが自分が背負ってきた道だから仕方がないなあと思います。

真下　これからもそうやってゆかれるのですね。

新田　でも、やっぱり、一年いちねん、年とってゆきますから、体がどんどんいうことをきかなくなってゆくのでね。カンツカサの仕事は断ることができないけど、民宿はほかにもありますからね、御嶽での夜籠もりの行事のときなどにはなるべく断っているんですよ。両方やるのはいろいろ大変なんです。個人の願いなどは私ひとりでやることになるので、午後遅くなると、お客さんの食事をどうするかなあ、と心配になったりしてね。

真下　そういう大変なお務めを続けてこられて、昨年（平成十三年）の種子取祭にはムーヤマ（六山）のカンツカサがやっと揃いましたね。

新田　そうなんです。六人が揃うのに四十年かかったね、と言っているんです。

真下　これからも、島の人たちを守るカンツカサとして、また島の外の人たちをお世話なさる民宿の女将として、お務めくださるように願っております。

今日はどうもありがとうございました。

（二〇〇二年三月十八日収録）

（なお、『琉球国由来記』には「波利若御嶽」とある。）

㈢玻座間御嶽の富本定子さん

真下　今日はどうぞよろしくお願いいたします。

昨年（平成十三年）の種子取祭はムーヤマ（六山）のカンツカサがすべて揃ったことでしたが、どんなお気持ちでしたか。

富本　うれしかったですね。こうして若い人たちがどんどん出てきて、ね。

真下　富本さんはいつカンツカサに出られたのですか。

富本　私が出たのは平成七年八月三十一日でした。でも、年は七十歳になっ

竹富島の玻座間御嶽。島内で異なる日に行われていた粟の播種の日を統一した玻座間村の英雄根原金殿を祀る。

てからですので、カンツカサのことばを覚えるのもたいへんでした。上勢頭亨先生の本に昔の人の体験をみな書いてありますので、それをもとにして勉強させていただきました。

真下　富本さんは前のカンツカサの方から直接受け継がれたのですか。

富本　いいえ、亡くなられた後に出ました。前のカンツカサは石川明さんで、この富本の家の娘さんでした。それが石川家にお嫁にゆかれたんです。私は根原家の次女で、この富本家にお嫁にきたんです。玻座間御嶽（ウーリャオン）のカンツカサは、石川さんがやめられた後、うち（根原家）の母が代理で務めておりました。八十歳を過ぎてからやりましたが、九十歳余りになって、どうしても無理だから、とやめてしまいました。私も一年余りは拒んだけれど、身体にあちこち不調が出てくるんですね。どうしても出ないといけないのかねえ、と思いましたが、私は機を織っているから自分で神衣装を作ってからカンツカサに出ようと決めました。

真下　そうだったのですか。その神衣装を織り上げるのはどれくらいの時間がかかるのですか。

富本　一年ぐらいかかりますね。一反だけではだめですからね。白衣装は三枚、四枚くらい要るし、芭蕉衣装を二枚ほどもたないとカンツカサに出られない。

真下　そうすると、それを自分で織って神衣装に縫われたんですね。

富本　私は新田さんにも神衣装を作ってあげたんですよ。そして、その後に自分の分を作ることになったんです。

真下　では、新田さんの分を作られたときには、自分がカンツカサに出ることは考えてもおられなかったんですね。

富本　そうなんです。全く考えてもみなかった。

八重山のホールザーという、いちばん上のカンツカサの方が新田さんと一緒にミシャシ（美崎）御嶽に願いごとに行かれて、そこで私の名前が出たということで、新田さんが「玻座間御嶽のカンツカサはあなたじゃなきゃだめだそうだよ」と話されたので、「ええ、まさかっ」と言っていたんですが、その後身体にいろいろ異常が出たので、

「ほんとに出なけゃいかないのかねえ」とそれから心配して、最後は自分で考えられないからムヌシリのところを二、三ヶ所行ったんです。そうしたら、「お待ちしているから、カンツカサに出てちょうだい」ということだったので、納得がいったんです。

それで、カンツカサとして初めて行事に出たのが旧八月八日のユーンカイだったんですが、ほかのカンツカサの方から「あなたの席はここですよ」と言われて。そこはその人の席より上なんですよ。「なんで、私は出たばかりなのに」と言ったんですが、「あなたがいちばん先頭なんですよ」とおっしゃって。

真下　やはり、それは玻座間御嶽のカンツカサのお立場だからでしょうね。ところで、カンツカサになるカンビラキの儀式は八月三十一日になさったのですか。

富本　そうです。

真下　與那國光子さんはもっと後でなさったとお聞きしましたが、その時期は人によって違ってもよろしいのですか。

富本　そうなんです。私は、結願祭の前に出るようにとおっしゃられたけど、結願祭は神様へのお礼の行事だから、それを済ませてから出ることにしました。

真下　そうだったんですか。一年の願いを終えた後で、新しく出られたのですね。その最初の行事がユーンカイだったということですか。

富本　その日はユーンカイが終わってから、氏子の方の八十八歳のお祝いもあったんですよ。でも、丑寅（の方角）

竹富島種子取祭第七日朝、主事宅への参詣を終えて世持御嶽に入るカンツカサたち

にどんなにして願ったらいいかわからなかったですね。

真下　ユーンカイのときには先頭におられたということですが、そのときには何をどうするということはわかっておられたのですか。

富本　御嶽でのニガイフチなどはそれまでに書き写しておりましたので、ちゃんとわかっていました。そして、どこどこに願うというのは、それまでに「幹事」というお供の役を何度も務めてきていましたので、その点は別に不自由なかったです。

真下　初めて先頭でお務めになるというのはどんなお気持ちでしたか。

富本　たいへんだねえと思いましたが、うれしくもあって……。仲筋部落でもこうして（手で招く所作をして）迎えていらっしゃるでしょう。玻座間部落に行っても迎えていらっしゃる。もう、涙がポロポロポロポロッと流れてね。

真下　やはり、そのような立場に立たれると、気持ちも高まってくるんでしょうね。

　その平成七年のときは、カンツカサの方は何名いらっしゃったんですか。

富本　登野原（ミツ）さんと内盛（正子）さんと新田（初子）さんと私の四名でした。

真下　ところで、富本さんは小さいころに特別のことがあって神様を祀らねばならない、ということだったのでしょうか。

富本　いいえ、そんなことは全然なかったです。全然なかったから、そんな気にもなれなかったんです。石川のおばあちゃんが亡くなってもそんな気配もないし、うちの母が九十も余っていらっしゃるからということじゃなかったのかね。

真下　でも、そのときには、先ほどのお話のように身体に不調が出てきたんですね。

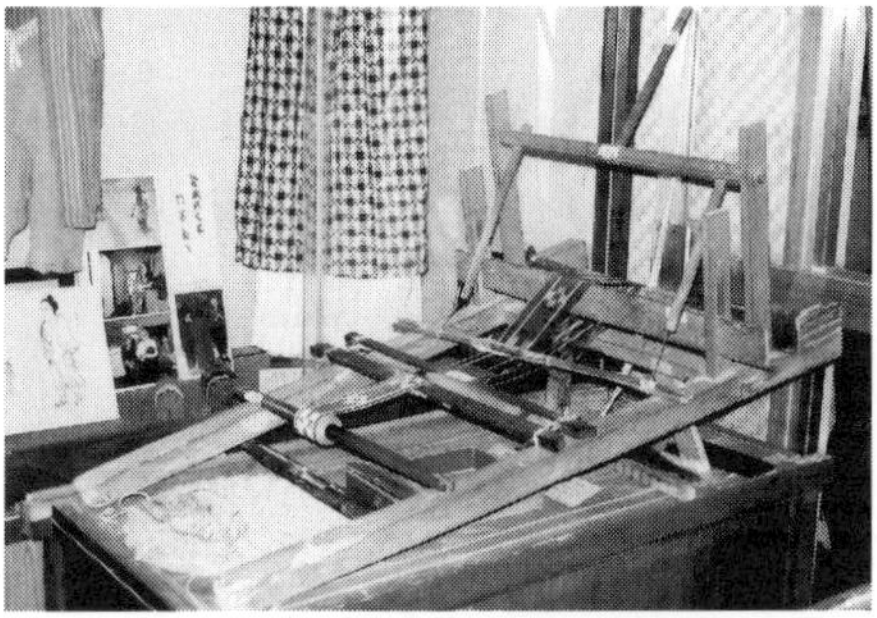

竹富島の地機（竹富島・喜宝院蒐集館蔵）

富本　新田さんがその話をされた後でその不調が出てきたんです。それで、どうしても支度をしないといかないね、ということになったんです。

真下　カンツカサをお務めになることになれば、それまでの生活とは違いますか。

富本　全く違いますね。

真下　富本さんはそれまで機織りのお仕事をなさってこられたわけですが、カンツカサになられてそのお仕事はどうなさったのですか。

富本　休みました。そして、暇ひまにやっていたんですが、平成九年に目を悪くしてできなくなりました。そのときは東大病院で手術し、日常生活は不自由ないくらいに回復しました。でも、機織りはできなくなりましたね。

真下　ご自身の神衣装は織られたわけですが、残念なことでしたね。

　私は平成十年の種子取祭を初めて見学させていただきました。そのとき、富本さんが病気でご不在だとお聞きしましたね。

富本　「そのとき、おねえさんがいなかったからたいへんだったよ」と言っていました。「何がたいへんだったの」と言ったら、「雨はすごいし、屋根は折れるし、鬼の面は取れるし、たいへんだった」と東京公演（種子取祭の直後に九段会館で行われた玻座間村芸能）のときにお話しされていました。その年一回だけ休みましたが、次の年からはずっと出ています。

真下　その種子取祭の奉納芸能の日（祭り第七日）に朝早く、玻座間御嶽で願いをされますが、あのときはどのようなことなのですか。

富本　あれは、あそこでムーヤマの神々に案内をかけるのです。玻座間御嶽は神様たちが集まるところみたいだね。

真下　玻座間御嶽の氏子の方々はどれくらいいらっしゃるのですか。

富本　たくさんの氏子がいらっしゃって、七十人くらいいらっしゃるんです。竹富島にはあまりいらっしゃらなくて、願いだけの祭りのときは私一人だけなんです。だけど、豊年祭とかナーッキヨイとかにはたくさんの人がいらっしゃいます。

真下　玻座間御嶽の神様である根原金殿はどんな神様だという伝えがあるのですか。

富本　根原神殿は粟の神様なんです。土地もいちばんいい土地ばかりをもっていらっしゃる。勢力が強いみたいですね。

真下　富本さんは玻座間御嶽だけでなく、世持御嶽のところでも先頭の上座に座っていらっしゃるのですか。

富本　そうです。ムーヤマの神様の前には私、火の神のそばには新田さんが座ります。座る場所が御嶽によって違います。

真下　座る位置ややり方がそれぞれ違いますから、覚えてゆかれるのはたいへんですね。

でも、そのようにたいへんなお仕事ですが、カンツカサをやらねばならないと思っておられるのはなぜでしょうか。

富本　それはやはり、カンツカサに出た以上は島の人々のためにやりましょうと思って、毎日火の神に健康をお願いしているんです。それから自分の担当の玻座間御嶽と清明御嶽とに旧暦の一日と十五日には自分とみなさんの健康と安全、繁栄をお願いしているんです。

真下　ありがたいことですね。こうしてお願いされている神様というものは、やさしいものなのでしょうか、それともこわいものなのでしょうか。

富本　私はこわくないですね。線香が燃えるのを見て、きれいに真っ白に燃えたら神様が喜んでいらっしゃるとわかるんです。

真下　そうして神様に守られているというお気持ちなのでしょうね。

富本　そうなんです。ですから、一日と十五日は雨が降っても、私は必ずウガンに行きます。

真下　七十歳になってから、こうしてカンツカサに出るというのはいかがですか。

富本　たいへんでしたね。もうちょっと若いときだったら物覚えもよかったかもしれないけど(笑)。もう十歳くらい若かったらよかったのにね。

真下　でも、それが神様のおぼしめしなのでしょうからね。

富本　「できる範囲で一生懸命がんばりますから、力を貸してください」と、いつも神様にお願いしているんです。

真下　大事な島の神様をこうして島のみなさんが祀っておられ、そして神様によって島が盛りたてられている、その中心にカンツカサの方々がおられる、ということですから、今後もお元気でお祭りを続けていっていただきたいと思います。

今日はどうもありがとうございました。

（二〇〇二年三月十九日収録）

第三章　女性神役の就任と社会
――竹富島のカンツカサたち――

はじめに

沖縄の女性神役がシャーマン的要素をしばしば有することについてはよく論じられてきた。彼女たちは神役就任の過程において神霊と交流し、ユタやカンカカリヤーなどと呼ばれる民間巫者の成巫過程に類似する状態となる。(1)これは、八重山諸島竹富島の女性神役たちにおいても同様である。

本章では彼女たちの神役就任過程を概観し、民間巫者の巫病に類似する現象が彼女たちの神役就任においてどのようにはたらくのか、また神役就任が社会的にどのように認知されるシステムとなっているのかなど、彼女たちの神役就任過程と社会との関わりについて論じるものとする。

一　竹富島女性神役の人生史

竹富島には、花城御嶽・波里若御嶽・久間原御嶽・幸本御嶽・仲筋御嶽・玻座間御嶽という六つの村のオン（御嶽）があり、カンツカサと呼ばれる女性神役たちがそれぞれの御嶽の祭祀を執り行っている。カンツカサにはフンヌツカサ（一番ヅカサ）、スンヌツカサ（二番ヅカサ）というようにその別があったが、現在はフンヌツカサのみで祭祀を執行している。なお、このほかに男性の神役として、御嶽の管理責任者であるカンマンガーがいる。八重山諸島ではツカサとカンマンガーはオンビ（氏子）の宗家であるトゥニムトゥから出されるのが古いかたちであったと思われるが、竹富島では社会的変動などによってトゥニムトゥとカンマンガーを担当する家は異なっており、またカンツカサも必ずしもトゥニムトゥから出ているわけではない。

カンツカサは村の祭祀・オンビの祭祀のほか、島びとたちの家・個人の儀礼を執り行う場合もある。これは宮古諸島などと同様である。

さて、現在、ムーヤマと呼ばれる六つの村のオンのうち、幸本御嶽以外のオンではそれぞれカンツカサが島内に居住し、その任務を果たしている。花城御嶽は内盛正子さん、波里若御嶽は新田初子さん、久間原御嶽は與那國光子さん、仲筋御嶽は島仲由美子さん、玻座間御嶽は富本定子さんである。

このうち、新田初子さん、與那國光子さん、富本定子さんについては別に聞書を掲げているので[2]、ここではまず内盛正子さん、島仲由美子さんのライフ・ヒストリーを掲げてみよう。

まず、花城御嶽のカンツカサ内盛正子さんについて[3]。

この花城御嶽の三代前のカンツカサは花城家出身の内盛クヤマさんで、正子さんの曾祖母であった。また、二代前は内盛家出身の仲盛マイチさんで、正子さんの祖父の妹であった。この継承は〈母から娘へ〉というかたちである。さらに、先代は内盛家出身の崎山苗さんで、正子さんの父の姉であった。これは〈叔母から姪へ〉というカンツカサの継承のかたちである。そして、この苗さんから正子さんに継承されたことになり、ここでは〈伯母から姪へ〉というかたちでカンツカサの役が継承されたことになるのであるが、後述するように正子さんは曾祖母の童名をもらっていたことから、自分自身ではこの曾祖母からカンツカサの役を受け継いだと意識しておられる。

なお、この御嶽のトゥニムトゥの家は阿佐伊家である。

内盛家の三女として生まれた。

童名はクヤマ。三女である自分は父方の曾祖母の名をもらう。曾祖母は花城御嶽のカンツカサであった。幼いころから体が弱かった。

小学校に入るか入らないころ、ある日の夕方、家の豚小屋のところで神様を見た。白い帽子をかぶり、真っ白い服を着た白ひげの顔の神様が舟の櫂をもって、手足をあげながら陽気に踊っていた。その様子を覗いていると、自分に向かって、神様は見るなというようなそぶりをした。

体が弱いので結婚すれば家族を不幸にすると思っていたが、人から強く勧められて三十三歳のときに東京で結婚し、保育園の保母をしていた。昭和四十三年、子どもが一歳八ヶ月のときに父親が病気となり、夫を残して竹富島に帰ってきた。昭和四十四年、再び東京に戻って子どもを育てていった。

昭和四十八年ごろから憂欝な気分になる。自分はガンで死ぬと思い込むようになった。こんな状態が二年間ほど続いた。

昭和五十年、当時花城御嶽のカンツカサを務めていた崎山苗さんの娘與那國和子さんが上京してきた。そして、自分に竹富島に帰ってくるよう勧めた。崎山さんは三世相《サンジンソウ》やムヌシリのところで占って自分を後継ぎにしようと決めていたようだ。夏休みに島に帰ると、その日はちょうど豊年祭の前日だった。

島に帰ると、崎山さんからカンツカサを継ぐように言われ、石垣島のムヌシリのところに連れて行かれた。そしてムヌシリから神に仕えるべき人間だと言われた。それで、自分のこれまでの苦しい毎日から抜け出したいと思ってカンツカサになってもよいと思うようになり、周りの人々の勧めもあってカンツカサになった。

昭和五十年十二月のナーッキヨイが終わった後に崎山さんから引き継ぎ、昭和五十一年の正月行事から務めている。

次に、仲筋御嶽のカンツカサ島仲由美子さんである。

この仲筋御嶽の先々代カンツカサは登野原ナエさんであり、また先代は登野原ミツさんであった。この継承は〈母から娘へ〉というかたちであった。なお、この登野原家は仲筋御嶽のトゥニムトゥである。

実家の野原家は波里若御嶽のオンビ（氏子）である。

子どものころに特別なことがあったかどうか、いま特に思い当たることがない。

昭和四十三年に結婚して沖縄本島、そして石垣島で生活した。

昭和四十八年、竹富島に移転し、島仲家（仲筋御嶽カンマンガー）で暮らすようになった。カンマンガーの夫だけでなく、自分もその補佐として、カンツカサの登野原ナエさん、次いでその後を継いだ娘の登野原ミツさんと一緒に御嶽に行き、祭事・行事を手伝ってきた。

そのころからいろんな夢を見せるようになる。しかし、このころの夢はカンツカサを継ぐことにつながる夢としては解釈していない。

姑たちがユタのところに行ったときに、自分がカンツカサをやる神高い生まれをしているとよく告げられていた。

昭和五十一、二年ごろのこと、仲筋御嶽の鳥居から奥の道を整備してきれいな砂を撒いたあとで、自分は夢を見せられた。大きな牛が家に入ってきて子どもたちを連れて逃げまわるという夢であった。牛は仏とも神ともいうので、登野原ナエさんのところにみてもらいに行った。ナエさんはよくわかる人で、そのとき自分が中に入って戸を閉めようとすると、神様がいらっしゃっているから閉めてはいけない、と言った。自分になぜ仲筋御嶽の神様がついているのか不思議だった。ナエさんはすぐに線香を立て、仲筋御嶽の神様が土地代を請求しておられるのだ、とアカシた。娘の登野原ミツさんが仲筋御嶽の神様はなぜ自分に来ないのかと尋ねると、ナエさんはこの作業を進めるのは氏子との間をつなぐ役割のカンマンガーだからだよと答えた。

その後もよく夢を見て、相談に行ったユタからはカンツカサをやらなければならないのではないかと言われることもあったが、自分では筋ではないからと考えていた。

登野原ミツさんが亡くなってからは新田初子さんに相談するようになった。新田さんは、こういう方面がよくわかる人だ。平成十一年ころからはホールザーの石垣弘子さんにも相談するようになった。

平成十二年四月四日の夜、公民館の役職者の後任の相談をしていて五日の午前一時四十分ごろ、東地区の集会所で話をしていたら、突然目に光が入りだした。稲妻のような光がピカピカし始め、どんどん入ってきて目を開けても閉じてもやまない。家に帰ってふとんのなかに入ってもずっとやまないので、消防団に連絡して石垣まで行くが、異常がないと診断された。

その後、お腹の部分に扇形の湿疹が出た。

石垣弘子さんは以前から、あなたが仲筋御嶽のカンツカサをやるべきだ、と言っていたが、このとき、これもシラセだから受けなさい、と言った。そして、来年はあなたの年回りが悪いから今年中に出なさい、と勧めた。

そのことばにガーンとしているうち、種子取祭のころより前に夢を見せられた。

その夢は次のようなものだった。

登野原ミツさんの家の祈願を新田初子さんがやっていて、そこにはきれいな桑の葉が並べられ、その上にお米がのせられていた。新田さんが今度はあなたがしなさいと言ったが、自分は断って、あなたがやらなければだれがするの、と言ったときに目が覚めた。

石垣さんにこの夢のことを話すと、もう決定だと言った。

それでオンビに相談して、十二月八日にカンビラキをした。

二　女性神役の就任過程

このお二人のカンツカサへの道を中心に考えてみよう。

内盛さんは小さいころから体が弱かったと言われる。また、神の姿を見るという特別な体験をしておられる。こうした幼いころの病気がちな体質や神秘的な体験は神に選ばれた神役や巫者たちにしばしばみられるもので、竹富島の他のカンツカサたちにもみられるところである。

竹富島の玻座間集落

たとえば、波里若御嶽の新田初子さんは十四歳のときに失明する病気になっておられる。そのとき、その病気は新田さんがカンツカサを務める運命なのだとする神からの知らせによるものだということがユタによってアカサれ、御嶽の神拝みに参加するようになって回復したのだという。新田さんは結婚して出産された後にも、原因不明の病気になっておられる。また、久間原御嶽の與那國光子さんは小学校四、五年生のとき、はるか南方の海を航海しているはずの船が遭難しているのが見え、後日それが事実であることがわかったという神秘的な体験をしておられる。さらに、原因不明の耳の病気にもなっておられる。このときには、あるカンツカサが與那國さんを神の子だといい、それから守護神を祀るようになったのだという。

しかし、その一方で島仲さんのように特別であったことを意識しておられない場合もある。これは玻座間御嶽の富本定子さんも同様で、幼いころから健康であって神高いしるしは何もなかったと述べておられる。

　彼女たちがしばしば有している幼いころの病弱な体質や神秘的な体験は神役の資質としての一つの傾向であり、神役就任のための準備段階の一つといい得るが、そこにはこうした個人差があって、カンツカサに就任するための必須な条件では必ずしもない。

　その直接的な契機となるのは、彼女たちが成人に達し、年を重ねてゆくなかで遭遇する不思議な体験である。

　島仲由美子さんは仲筋御嶽カンマンガーの島仲家出身の夫と結婚後、仲筋村の夫の実家に移り住むことになったが、そのころから神秘的な体験をするようになる。

竹富島の仲筋集落

　彼女がカンツカサを務める神高い生まれだと、姑たちがユタから何度も告げられるなかで、神秘的で暗示的な夢をしばしば見ておられる。しかし、彼女は自分の家がカンマンガーであってカンツカサを務める家筋ではないからと考え、こうした知らせを受け入れてこなかったという。けれども、カンツカサに就任する年の体験はそれを自覚する決定的なものとなる。

　その年の四月のある夜中に村の集会所で人々と相談しているさなか、突然彼女の目に稲妻のような光がピカピカと光り始め、目を閉じてもおさまらないという不思議なことが起こる。さらにその後、お腹の部分に扇形の奇妙な湿疹が出る。島仲さんから相談を受けた琉球王朝時代以来の八重山の最高神役ホールザーの石垣弘子さんは以前から島仲さんが仲筋御嶽のカンツカサをやるべきだと言っていたが、このときこれは神の知らせだと勧める。そして、そのことばに衝撃を受けるうち、さらに夢を見る。それを石垣さんはもう決定だと判じたのだという。
こうした不可思議な身体的変調や夢がカンツカサに就任すべきだとする神の意志のしるしと解釈されることになる。

同様のことは竹富島の他のカンツカサにもみられる。

新田さんの場合は、出産後の関節の激しい痛みが神の意志によると解釈され、カンツカサを受け継ぐことを神と約束する。すると、症状は日ごとによくなり、それからは病気一つしたことがないという。しかし、彼女が実際に波里若御嶽のカンツカサを継承することになるのはまだ後の、彼女がカンツカサになることを反対してきた夫の死後のことであった。一年が過ぎて、毎日オンビの人々が集まってきて、カンツカサに出るよう説得する。夫の死後三年が経ち、新田さんにもやりたいという気持ちが出てきたので、自分がすべきかどうか線香を立てて先祖に訴えた。すると、彼女は毎日同じ夢を見る。夢のなかでだれかが自分を探しているので、見つからないようにとても高く生えたチョマ畑の真ん中に小さくうずくまって隠れるが、みんなが自分のまわりをとり囲んだ。新田さんはこの不可思議な夢について、自分が逃げても避けられず、必ずカンツカサをやらねばならないと自分自身で解釈したという。結局、この一週間続いた不思議な夢がカンツカサ就任の決定的な契機となったのである。

與那國さんの場合は次のようなことであった。

彼女は若いころ島を出るが、二十三歳のときに島に戻ることになる。そのころ出会ったユタから久間原御嶽のカンツカサになる運命であることが告げられる。その後、さらに別の人からカンツカサに出るべきだと言われ、またそのうわさも広がる。しかし、そのころは子どもがまだ小さく、子どもたちが大学に入るようになってカンツカサを受けようという気持ちをもっていたという。平成六年のある日、神様は與那國さんがカンツカサを継ぐことをもう待てないと言っていると告げられるが、彼女は子どもの道が開けるまでもう少し待ってほしいと祈願した。ところが、その後何度も身体が変調をきたして苦しみ、長男も大学受験に失敗する。平成九年、種子取祭の最後の奉納芸能として踊ってカンツカサを務めようと決心した。すると、身体の変調も治まり、二人の子どもはそろって大学に合格したという。そして、カンツカサの就任儀礼であるカンビラキの前に、與那國さんはお産をしようとして子どもが生まれそうな夢を見たという。そのことを新田さんに相談すると、彼女がカンツカサとして生まれることを夢に見せたのだ、と解釈したという(4)。

このように、與那國さんの場合は原因不明の身体的変調が神の意志に反することとして解釈され、カンツカサ就任の決定的な契機となったのであり、彼女がカンツカサの継承を決意するとこうした変調は消滅することとなる。そして、カンツカサ就任の直前には不思議で象徴的な夢を見るのである。

内盛さんの場合は、カンツカサに就任する二年前から自分はガンで死ぬと思い込み、憂鬱な気分の状態が続いていたという。そこに先代カンツカサの使いが東京に住む内盛さんに島に帰ってくるように勧める。彼女を後継ぎにしようと決めていた先代からカンツカサを継ぐように言われてユタのところに連れて行かれ、神に仕えるべき人間だと告げられることになる。内盛さんはこれまでの苦しい毎日から抜け出したいと思い、周りの人々の勧めもあってカンツカサになったという。

このように、内盛さんの場合も精神的な不調に陥ったことと、ユタのハンジや三世相の占いによって彼女の名がカンツカサの後継者としてアカサれたことが必然的なこととして解釈され、こうしたことが決定的な契機となるのである。

富本さんの場合は、次のようなことであった。

若いころからカンツカサに就任する運命を意識しなかった富本さんは、七十歳近くになって、八重山のホールザーが新田さんと一緒に御嶽に祈願に行き、そこで富本さんの名がホールザーの口から出たことを新田さんから聞かされる。富本さんはまさかそんなはずはないと思って拒むが、身体にいろいろ変調が生じるようになる。富本さんがユタのところをまわってみると、神がカンツカサ就任を待っていることがアカサれ、彼女は納得できたという。

こうして、富本さんの場合はホールザーから玻座間御嶽のカンツカサの継承者として名がアカサれ、それを拒否することから身体的変調が生じたと解釈されるのである。ここでは、ホールザーによるカンツカサ継承者の名のアカシと富本さんの身体的変調がカンツカサ就任の直接的契機となっているのである。

三　神役就任の社会的承認

竹富島のカンツカサたちのこうした就任を祭祀組織においてどのように承認してゆくのかについて考えてみよう。八重山諸島では、御嶽祭祀はトゥニムトゥの家が中心となって執り行われる。御嶽の管理責任者であるカンマンガーはこのトゥニムトゥの当主が務め、また女性神役であるツカサはトゥニムトゥの家系に沿って継承されるのが古いかたちである。たとえば、石垣島川平では群星御嶽のカンムトゥヤーである南風野家の家系に沿ってこの御嶽のツカサが継承され、またカンマンガーも出されてきている(5)。

ところが、竹富島では社会の変動などによってこうした神役の継承が異なったものとなってきているようである。そこで、カンツカサを出す家について確認してみよう。

仲筋御嶽では、夫がそのカンマンガーを務める島仲さんがカンツカサ継承のことについて「自分は筋ではないから」と語られたように、そのトゥニムトゥである登野原家から先々代のカンツカサ（母ナエさん）と先代のカンツカサ（娘ミツさん）とを出していることからすれば、登野原家がこのカンツカサの家筋と意識されているようである。

また、久間原御嶽では、先々代と先代とは安里家から出たが、その前は與那國家から出たという。また、この與那國家と安里家とはつながりがあるのだという。そして、この與那國家が久間原御嶽のトゥニムトゥなのである。

しかし、こうした一方で、花城御嶽の場合は、トゥニムトゥは阿佐伊家であるが、カンツカサは少なくとも三代前からは内盛家の家系に沿ったかたちで継承されている。また、波里若御嶽の場合は、トゥニムトゥは古くは粟盛家であったが、島を離れたために新家に移ったという。そして、カンツカサの方は少なくとも三代前と先代は島の富農であった大山家から出ていた。琉球王朝時代、大山家はチクドゥンペーチン（筑登之親雲上）の役を務めており、カンツカサもこうした有力な家で継承されていたのだという。

こうした家系に沿う継承とは別に、先代との血縁関係が切れているような場合もみられる。たとえば、波里若御嶽の先々代大山シズさんのあとを継いだ新苗さんは家系に沿う継承ではない。また、仲筋御嶽の島仲さんも同様である。

このようにみてくると、竹富島のカンツカサ継承は家筋がある程度意識されてはいるが、その家系に必ずしも沿ったかたちではないということができる。

そのような状況のなかで、神役継承がどのようになされているかを考えてみよう。

現在、宮古諸島では女性神役の選出は神籤によるのが一般的になっている。このような場合、村の役員たちの前で行われる神籤によって誰が新たな神役に選出されたかということは明白であって、神によって選ばれるという制度のもとで疑いをはさむ余地はない。

また、八重山諸島の古いかたちの神役継承においてはトゥニムトゥの家系に繋がる女性であることが原則であり、新たな神役就任にはこうした条件を備えていることが第一となる。

それでは、先のような状況にある竹富島では、新たなカンツカサの就任をオンビたちが受け入れ、承認するためには、どのような条件が必要なのであろうか。

それには、まずカンツカサ就任予定者が神に選ばれたことを明確に示すしるしが必須であり、またそうした不可思議な夢や原因不明の病気などの現象が神によって選ばれたことのしるしであることを明らかにする権威ある判断が必要なのではなかろうか。

そこで、カンツカサたちの就任過程においてこれらの点を確認してみよう。

花城御嶽の内盛さんの場合、まずユタのハンジや三世相の占いにもとづいた先代カンツカサの指名は御嶽のオンビたちにとって権威をもつ。そしてこの動きとは無関係に、しかしこれと符合するように内盛さんも心身の不調な状態に陥る。それは、周りの人々にとって不可思議なことと感じられ、神に選ばれたことのしるしと受けとめられたであろう。

このことは、周りの人々から見守られながらユタのところに連れてゆかれてくだされたハンジによってゆるぎないものと受けとめられる。

仲筋御嶽の島仲さんの場合は何度も不可思議な夢を見るが、彼女はそれを仲筋御嶽のカンツカサであった登野原ナエさんに、そしてその後は波里若御嶽のカンツカサ新田さんに、さらにはホールザーの石垣さんにも相談してきた。

竹富島のカンツカサは村やオンビの祭祀を執行するだけでなく、家や個人の儀礼をも執り行っている。そして、とりわけこうした個人の相談の場合、必ずしも自分の家が所属する御嶽のカンツカサでなく、よくアカスと評判の高いカンツカサのところに行くのだという。こうした評判の高いカンツカサのアカシは権威をもち、そのアカシは島びとたちの間にうわさとして広がりやすいのだろう。そして、この島仲さんの場合、さらに琉球王朝時代以来の八重山の最高神役ホールザーが相談を受けて彼女の神秘的で暗示的な夢を明かし、彼女がカンツカサ就任を決意する上で決定的な役割を果たす。竹富島のカンツカサ就任におけるホールザーのこうした関与は玻座間御嶽のカンツカサ富本さんの場合にもみられる。彼女の場合、思いがけずホールザーの口から玻座間御嶽のカンツカサを継ぐべき人としてその名前が出たことが告げられる。

なお、ホールザーがその管轄地域である八重山の島々の女性神役たちに対して就任への指導など関与していることは、黒島のツカサの場合において報告されている(6)。

さて、こうした権威のある神役やユタの口から神のことばが発せられたということは、彼女および周りの人々にとって揺るがしがたいことと受けとめられたであろう。そして、彼女はそのことに抗うことで身体にいろいろな異常が生じる。こうしたことは、周りの人々にとって神の意志に背いた結果として理解されることになったであろう。

これらに対して、波里若御嶽カンツカサの新田さんや久間原御嶽の與那國さんの場合は若いころから神に仕えるにふさわしいしるしを示し、周りの人々によく知られていたものと思われる。

新田さんの場合、十四歳のときに襲われた失明の危機は石垣島のユタによってカンツカサになる運命のしるしであることがアカサれるが、彼女のこうした運命は御嶽にスン入りすることが許されることによってオンビたちのよく知るところとなった。また、出産後の身体の不調によって神衣装が作られることになったことも周りの人々にはよく知られたことであろう。神に選ばれたとアカサれる、こうした事象が受け入れられることによって、人々が新さんの後継者として就任するよう彼女に勧めたのだと思われる。

また、與那國さんの場合も、子どものころから神高い生まれの人と受けとめられてきた。原因不明の耳の不調は評判の高いカンツカサ石川明さんによって彼女が神の子としてのしるしと判じられたということであるが、それは彼女が特別な子どもであることを権威づけることになったのであろう。しかし、トゥニムトゥの家に生まれて子どものときから示す、こうした資質の持ち主であることがオンビたちに知れわたり、先代カンツカサの死去後に後継者としてうわさになったのであろう。

なお、與那國さんの場合、カンツカサ就任を決意する過程において波里若御嶽のカンツカサ新田さんの関与がみられることも注目される。平成八年の祈願行事のときに彼女の口から與那國さんの名が発せられたというのである。これは、ホールザーの口からその名が発せられたという富本さんの場合と同様である。ここに示された神のことばは與那國さんのみならず、オンビたちにも権威ある神の意志と受けとめられたであろう。それは島びとたちが高く評価する新田さんの宗教的能力ゆえのことであった。

このように、彼女たちが神に選ばれたことを明確に示すしるしがあり、そのことを明らかにする権威ある判断があることによって、オンビの人々はカンツカサの後継者として承認し、受け入れたものと思われる。

さて、こうした彼女たちの神に選ばれたしるしの社会化という段階から、オンビによるカンツカサ就任の承認という重要な手続きの段階に移行する。これは、豊年祭やナーッキヨイなどオンビが集まる機会に通常は御嶽の管理責任者であるカンマンガーが、例外的な場合は世話役・長老がカンツカサの後継者であることを披露し、人々の承認を得るというものである。島仲さんの場合は、夫がカンマンガーであったため、長老が披露することになったのだという。

こうして無事にオンビの承認が得られたとき、神に選ばれたとされる女性ははじめて新たなカンツカサとして就任することとなるのである。

おわりに

高梨一美氏は、沖縄の女性神役たちが神役就任過程においてしばしば不可思議な夢や原因不明の病気を体験し、ユタのハンジなどによってそれが神に選ばれたしるしであることを自覚してその運命を受け入れ、神役に就く自信

を獲得することになると説いておられる。(7)

本章で述べてみたことは、こうした女性たちが社会からどのように受け入れられ、新たな神役として承認されることになるのかということであった。

竹富島では、現在カンツカサの継承はトゥニムトゥの家系に沿ったものでは必ずしもないため、彼女が神に選ばれたことを明確に示すしるしが必須であり、そしてそれが神によって選ばれた決定的なしるしだとする権威ある判断が必要なのである。そうした手続きがあって、彼女はオンビの承認を受けることができるのである。

彼女たちの心身に生じた不可思議な体験がいかに社会化されるのかという問題なのである。

注

（1）　太田好信「女性神役の経験―八重山・黒島からの事例―」（『民族学研究』第五十二巻第四号、一九八八年三月）、高梨一美「神に追われる女たち―沖縄の女性司祭者の就任過程の検討―」（『巫と女神』平凡社、一九八九年）、渋谷研「沖縄におけるノロとユタ―憑依と相関関係の問題を中心に―」（『日本民俗学』第一八六号、一九九一年三月）、同「対峙する神々―宗教的職能者間の対立と共存をめぐる一考察―」（『民族学研究』第五十六巻第四号、一九九二年三月）、拙稿「南島民間神話発生の諸相―宮古諸島を中心に―」（『神々の祭祀と伝承』同朋舎出版、一九九三年）、福田晃『神語り・昔語りの伝承世界』（第一書房、一九九七年）、保坂達雄「神を抱くツカサの生活―沖縄八重山の事例から―」（『民俗宗教の地平』春秋社、一九九七年、『神と巫女の古代伝承論』岩田書院、二〇〇三年、所収）など。

（2）　拙稿「神司に聞く―久間原御嶽の與那國光子さん（一）―」（『星砂の島』第五号、二〇〇一年一月）、同「神司に聞く―久間原御嶽の與那國光子さん（二）―」（『星砂の島』第六号、二〇〇二年三月）、同「神司に聞く―波里若御嶽の新田初子さん―」（『星砂の島』第七号、二〇〇三年三月）、同「神司に聞く―玻座間御嶽の富本定子さん―」（『星砂の島』第七号、二〇〇三年三月）。いずれも本書第三部第二章所収。

（3）　狩俣恵一「神司に聞く―花城御嶽の内盛正子さん―」（『星砂の島』第四号、二〇〇〇年一月）が内盛さんからの聞書を報告している。拙稿では狩俣氏の報告に学びながら、内盛さんから五回にわたってお話をうかがったところをまとめている。

（4）神婚神話との関わりを思わせる不可思議な夢で、神話を夢や幻想のなかで体験したとみるべきものであろう（本書第三部第一章参照）。

（5）保坂注（1）論文。

（6）太田注（1）論文。

（7）高梨注（1）論文。

第四章　祭祀と芸能

——宮古・八重山の祭祀をめぐって——

はじめに

沖縄地方は日本国内において民俗的な神々への信仰をもっとも濃密に保持し、祭祀を伝承している地域である。なかでも、宮古諸島および八重山諸島では一年間に多数の神行事が行われている。しかし、両諸島のうち、宮古諸島ではしばしば神霊の憑依・託宣が必要とされるような厳しい神祭りが行われているのに対して、八重山諸島では祭祀のなかで神に奉納される芸能が豊かに伝承されてきており、好対照をなすといってよい。

そこで、本章では、この両地域の神々への祭祀と芸能の関わりについて考えてみよう。

倉林正次氏は古代以来の日本の祭祀が神事と宴からなり、また宴はさらに直会と饗宴からなっていることを説いておられる。(1) また、波照間永吉氏は、沖縄八重山の祭祀を例として、御嶽を中心から周辺へ、参加者・歌謡・空間が構造化されて存していることを論じておられる。(2)

こうした論を踏まえて、祭祀のもっとも中心となる部分であって神と直接触れ合うことになる神事空間、そしてやや拡大した直会的空間、さらにその外側となる饗宴的空間という三つの空間においてはどのような芸能あるいは芸能的要素が存しているかを考えるものとする。

まず宮古諸島の祭祀として、宮古島狩俣の祖神祭りを中心に取りあげる。

この祭祀では女性神役たちが聖なる森に数日籠もる。森のなかでの神事はうかがい知れないが、集落近くに草の冠を頭にかぶって神そのものとなって現れてくるとき、聖なる建物その他において舞の所作を伴いながらフサと呼ばれる呪詞を朗誦する。ここに神事のなかでの芸能的所作を見出すことができる。しかし、これは神または人々に見せるためのものではない。また、このとき村人たちは祖神たちを拝むのみで、芸能を奉納することはない。

一方、八重山諸島の祭祀では、祀られる神に対して芸能を奉納することが多く見出される。ここでは竹富島の種子取祭を中心に取りあげることになるが、この祭祀では女性神役たちが御嶽で神霊を祀り、その前に設えられた舞台において村人たちが御嶽の神に対して芸能を厳粛に奉納する。さらに、舞台の外側の庭において集団的な芸能が行われ、祭祀をはやすものとなっている。波照間氏の論じられたように、御嶽・舞台・庭というかたちで祭祀がみごとに構造化されているといえよう。

このような、神事空間における芸能的所作と神事周辺の直会的空間および饗宴的空間における芸能という観点から、祭祀と芸能という問題にアプローチしてみたい。

一　宮古島狩俣祖神祭りの概要

沖縄宮古島の西北端、西平安名崎の付け根にある狩俣集落は戸数二百八十戸余りの半農半漁の古い村落であるが、この集落では祖神祭りという、女性神役たちが神自身と化す秘儀的な祭祀が行われてきた。

この祖神祭り(3)は、宮古島の北東にある小島、大神島で旧暦六月から十月（以下の記述はすべて旧暦によっており、そのことを断らないこととする）にかけて行われた後を受け、宮古島西北部の狩俣・島尻の二集落で十月から十二月にかけて五回にわたって執り行われる大がかりな祭祀である。しかし、秘儀性が強いために大神島の祭祀の次第は殆

宮古島狩俣の東の門。この集落はかつて石垣で囲まれ、三方には門が備わっていた。

ど知られず、また島尻のものも部分的に知られているに過ぎない。狩俣のもののみが秘儀である山の神事の部分を除いておおよその次第がわかってきた。

狩俣ではこの祭りを中心として数多くの祭祀が行われてきた。また、こうした村落の祭祀には神役たちが伝承する、祖先の神々の物語を叙述する呪詞が多数朗誦されている。それらの呪詞は、天よりの降下・泉発見・村立てのモチーフをもつものや兄妹婚姻・漂着・穀物起源・村立てのモチーフをもつものなど、神話というべきものである。

こうした祭祀を執行する女性神役たちの組織は複雑なものであるが、祖先神そのものと化す神役たちの就任過程は民間巫者の巫病の発現・成巫儀礼・巫病の本復という成巫過程に類似している。彼女たちはしばしば、若い頃、また神役就任以前には身体の不調に悩まされるが、神籤によって選出されたときに夢の啓示を得たり、神の召命を暗示する不思議な体験をしたりした後、神役に就任してきわめて健康に過ごしてゆく[4]。そして、この役職は終身制でないため、およそ十二年を目途として、神の指示に従って引退することとなる。

さて、狩俣の祖神祭りについては岡本恵昭氏によって初めて詳細な報告がなされて以来、新里幸昭・本永清・比嘉康雄の各氏らによっておよその次第が明らかにされてきている[5]。ここでは、これらの報告を踏まえつつ、筆者の調査したところを加えて、その次第を述べることとする。

狩俣集落では十月から祖神祭りが始まる。一月から九月までは農耕の豊穣祈願・感謝などの神事が夏の祭りとして行われるが、ミーニシ（北から吹く冬の強い季節風）の吹き始める十月から十二月にかけて冬の祭りとして祖神祭りが行われる。

その第一回ジーブバナは十月初亥日に始まって午日に終わる。亥日、神役たちはザーと呼ばれる聖地に集まって呪詞フサを朗誦する。次いで、丑日にこのザーから集落の上方に連なる聖域を通り、集落の東南にある聖地ンナグル山において神迎えを行った後、ニスヌヤマと呼ばれる聖なる森（神山）に籠もる。神々は天から降りてきたり、また地から上がってきたりするという。神役たちは丑日から数えて五日目の巳日に祖神となって下山し、集落に顕現してザーで円陣を組んで左右に身体を揺すりながらフサを朗誦する。なお、このザーという聖地は祖神祭りの始まりにあたって重要な役割を担い、終わりには神役たちの身体から祖先の神々の神霊を離す重要な聖地の一つである。

この第一回の神事は遠い祖先の神霊を迎えるものである。

なお、この第一回の神事にみられるような、神山での籠もりと集落への顕現という構造は他の四回の神事においても基本的に見出される。

第二回の神事イダスウプナーは神役就任儀礼という性格をもつ。

イダスウプナー第一日は十一月初酉日の午後、神役たちがザーを通ってテンドーのところでフサを朗誦するところから始まる。その後、再びザーに下り、ニスの門をくぐってニスヌヤマに籠もった祖神たちは二日目の夜、夜闇のなか群行して音もなく新しく祖神に選出された女性の家を訪れ、山に伴ってゆくという。岡本氏によれば、翌日早朝山から聞こえてくる「ヤマヌフシライウイナウヌマヌス」のフサによって新祖神の家族たちは神に隠されていた女性が他の祖神たちによって無事見つけ出されたことを知るのだという(6)。この神事はイダスカンと呼ばれている。

第四日の子日未明、祖神たちはニスヌヤマから下山し、マイニヤームトゥ（ウプグフムトゥの南東にある建物で、ンマティダの子のヤマヌフシライが住んでいたと信ぜられ、その神が祀られている聖所）・ウプグフムトゥ（天から降臨した村立ての女神ンマティダを祀り、祖神祭りの中心となる聖所）・ニスヌヤームトゥ（ウプグフムトゥの北西にある建物で、ンマティ

狩俣祖神祭り第三回第一日、テンドーでの神事を終えてザーの前を通って山入りする祖神たち

ダの子孫のアサマダマが住んでいたと信ぜられ、その神が祀られている聖所）の順に回って各ムトゥで接待を受け、フサを朗誦する。その後、あたりが明るくなる前にニスヌヤームトゥの横の道から上ってニスヌヤマに帰ってゆき、ンマティダの住んだと伝えるフンムイと呼ばれる聖地を通ってニスヌヤマに帰ってゆく。この日の昼頃にはユーシでの神事が行われ、午後にはムトゥへの下山がなされる。このときはニスヌヤームトゥ・ウプグフムトゥ・マイニヤームトゥの順に回り、各ムトゥの前庭ではフサが朗誦される。一列になって群行する際、新たに加わった祖神は足の運び方などの所作がぎこちないこともあって、見守る祖神経験者の老婆たちから指導がなされることもある。そして、ザーからテンドーを通って山に帰る。

その日の夜、祖神たちは再び集落に下ってくる。三方からウプグフムトゥの前庭に集まってくるようであるが、その様子を見ることはできない。厳しいタブーがあり、見た者は命を落とすという。まずハライグイと同じ旋律の呪詞が朗誦され、次いで円陣の中心に集まって「ヤーキャヤーキャヤ」と声高く叫びながら手にもったティーフサ（草束）で互いの身体を激しく打ち合う。続いて、フサヌヌスの主導によって七種類のフサが朗誦される。月明かりのもと、祖神経験者の老婆たちのみによって見守られるなかで約三時間、休むことなく次々に朗誦されてゆくフサの調べは、ときに高く、また荘重である。その後、祖神たちはザーまで行き、神衣装を解く。この後、神役たちはそれぞれの所属するムトゥにおいて巳日まで宿泊する。

第三回のマトゥガヤーはイダスウプナーの後の申日午後、マトゥガヤーと呼ばれる屋号の家での神事から始まるが、祖神による集落の祓いの神事スマバイがその中心なのであろう。

第一日の申日午後、マトゥガヤー家での神事を終えた神役たちはザーを通ってテンドーでの神事を行い、その後再び下ってきてニスヌヤマに向かう。

第二日の酉日夜、祖神たちはニスヌヤマから下りてきて村人たちが明かりを消して忌み籠もる集落内を祓って回るという。この神事も厳しいタブーがあり、これを見た者は死ぬといわれている。ニスヌヤマから一列になって大通りを群行し、集落の東入り口にある石門のところで邪悪なものを祓う内容の短いフサを朗誦した後、三方に分かれて集落内を祓って回るのだという。

ミーニシが吹くこの冬の時期、灰暗色の厚い雲が空を覆い、北に広がる海には大きな波が打ち寄せてリーフに激しく白波が立つ。草や木々の葉は激しい季節風に揺さぶられ、荒々しい葉ずれの音を立てる。まがまがしいものの跳梁跋扈する季節であることが実感される。

第三日の戌日午後、祖神たちはテンドーに現れ、マイパナダという石垣の上に集落の方に向かって二列に立ってフサを朗誦する。その後、山のなかでは新たに就任した神役たちの髪に神霊を象徴すると思われる植物の飾りを挿し、神婚を意味すると思われる秘儀が行われるようであるが、その内容は定かではない。

こうした神事の後を受けて行われるのが第四回の神事アーブガーである。

アーブガーは集落の東方、村域のはずれの畑地にある聖地である。この神事では祖神たちがアーブガーまで群行し、畑の祓いをし、農作物の豊穣を招来することが中心となる。

マトゥガヤーの神事を終えて三日目の寅日朝、祖神たちはザーを出発し、大通りを通ってアーブガーまで群行してゆく。途中の二カ所の畑地とアーブガーのところで横一列となって神衣装の裾を両手で持ち、ユークイのフサを朗誦する。天からユーが落ちてくるのを裾でしっかり受けとめるのだという。戻る際には、大通りの両側に広がる畑地にティーフサの葉を落としてゆく。その後、ニスヌヤマまで行き、神衣装を脱いですぐ下山し、帰宅する。昼

狩俣祖神祭り第五回第四日のユーシ参り

狩俣祖神祭り第五回最終日、マイニヤームトゥの庭での行事を終えてザーに向かう祖神たち

頃、各ムトゥでの神事、次いでテンドーでの神事が行われ、祖神たちはニスヌヤマに入ってゆく。その翌日の卯日午後、ニスヌヤマから下山してザーに行き、フサを朗誦する。そして、そこで神衣装を解き、一泊して三日目の辰日に帰宅する。

最後の第五回神事トゥディアギは十二月初申日に始まり、子日に終わる。

第一日の申日、ザーから北東の海を臨む聖域の一角にあるテンドーと呼ばれる聖地のところでフサを朗誦する。その後、再びザーまで下り、そこからニスヌヤマへの入り口にある石門を通って山に籠もる。第四日の亥日午後、島尻集落への道の途次にあるユーシ山と呼ばれる、ウイカ（祖神たちのかぶる草冠）用のキャーンという蔓草を採る丘に行き、丘に向かって一列に並んでフサを朗誦し、山へ帰ってゆく。その夜半、祖神たちはウプグフムトゥに顕現してムトゥの建物に籠もり、十数種類にのぼる多数のフサを朗誦する。夜明け方までの約八時間、ほとんど間断なく朗誦し続けるのである。そして、第五日の子日、夜の明けきらぬ前に山に帰ってゆくが、その後さらに聖域の背後にあるブドゥイザーという聖地まで行き、フサを朗誦するようである。

同じ日の午後三時頃、祖神たちはニスの門から集落に下り、一列となって群行し、ニスヌヤームトゥ・ウプグフムトゥ・マイニヤームトゥの前庭ではそれぞれ円陣を組んでフサを朗誦する。さらにその後ザーまで行き、そこで身体に憑依していた神霊を離し、神から人に戻るのである。

この第五回の神事の性格は祖神の神霊を送り返すものであって、第一回の神事と対応するものである。

このように、狩俣集落の祖神祭りは村立ての頃の祖先の神々が年に一度、集落という小世界に来訪し、まがまがしいものを祓い、農作物の豊作を約束した後に帰ってゆくというかたちをとるもので、このときにはまた神役就任の機会ともされていると考えられるもので、その結果三ヶ月にも及ぶ大がかりな祭祀になっていると思われるのである。

二　宮古島狩俣祖神祭りにおける芸能的要素

狩俣の祖神祭りはこうした厳しいタブーの伴う、きわめて厳粛な神事である。そのなかに芸能的要素を見出そうとするのは適切でないように思われるかもしれない。しかしながら、この祭りを執行する女性神役たちは観衆のいない神事空間において神自身となって両手を左右に上げ下ろし、身体を揺らすという所作とともにフサと呼ばれる呪詞を朗誦するようである。これは他人に見せようとする芸能そのものではないが、芸能的要素を備えた所作とみることができよう。

この点を祖神祭りの第三回マトゥガヤーにおけるテンドーでの行事をとりあげて考えてみる。

前にも述べたように、第三日の戌日午後に祖神となった女性神役たちはテンドーに現れ、マイパナダという石垣の上で集落の方に向かって二列に立ってフサを朗誦する。

このとき、祖神たちは三種類のフサを朗誦するが、それぞれのフサに合わせて所作を異にしながら、両手を左右に上げ下ろし、身体を揺らす動作をする。これは神の舞踊というべきものであるが、こうした呪詞朗誦と舞踊は人

テンドーの石垣付近

間に観せることを意識したものではない。

なお、神役たちの語るところでは、彼女たちがテンドーでこうしたフサを朗誦すると、集落の南のパイヌサトゥにある墓地のところでも神役終了時の祝いをしないまま亡くなった祖神の神役たちが自分たちと同じようにこちらに向き立ってフサを誦んでいるのが見えるという。

ところで、この神事の意義についてはいまだ判明しないが、こうしたフサの朗誦がその意義の中心に関わるものであろう。

このときに朗誦されるフサについて、『南島歌謡大成Ⅲ　宮古篇』では「ウプヤマビキリャ、ミャームギ、那覇港など」、『平良市史』第七巻・資料編5「民俗・歌謡」では「那覇港、トーナジ、ウプヤマビキリャ」、『遊行する祖霊神』では「イスカパナヌーリ、那覇港」としていて、定まらない。しかし、これは『南島歌謡大成Ⅲ　宮古篇』のいうところがほぼ確かなもので、「ミャームギのフサ」「那覇港」「ウプヤマビキリャ」の三つであり、この順序で朗誦されている。

これらのフサのうち、「ミャームギのフサ」は、『南島歌謡大成Ⅲ　宮古篇』によれば、第一回の神事ジーブバナにおいて昼に、ニスヌヤマにあるウドゥヌのなかでフサヌスが朗誦するのだという。また、第二回の神事イダスウプナーの第四日夜に行われるユナーン、第五回の神事トゥディアギの第四日夜から次の日の明け方まで行われるアサーンにおいて、それぞれフサヌスが主導して朗誦する。その内容は、ミャームギが同じ一族の姉妹たちから殺され、妻がその仇討ちをしたというもののようである。

次に朗誦される「那覇港」は、同じく『南島歌謡大成Ⅲ　宮古篇』によれば、「ミャームギのフサ」と同様、ジーブバナにおいて昼にウドゥヌのなかでフサヌヌスが朗誦するのだという。また、やはり「ミャームギのフサ」と同じく、イダスウプナー第四日夜のユナーン、トゥディアギ第四日夜から次の日の明け方までのアサーンにおいてフサヌヌスが主導して朗誦する。その内容は、那覇への旅に出ることを止めたために兄弟が助かったというもののようである。

そして最後の「ウプヤマビキリャ」は、『平良市史』第七巻・資料編5「民俗・歌謡」によれば、マトゥガヤー第三日にテンドーで朗誦されるが、このフサはこの一回しか朗誦されないのだという。

その内容は、祖神たちがテンドーのマイパナダという石垣の上で舞踊し、そのさまを村落の昔の有力者たちが拝むというもので、先の『平良市史』第七巻・資料編5「民俗・歌謡」によるとアカヌスクプヤーの伝承を叙述しているという。この伝承は筆者の調査ではいまだ明らかでないが、ウプヤマビキリャについては次のように聞いている。それによると、ウプヤという屋号の家では西の浜に舟で流れ着いた男を娘の婿にしたが、これがすぐれた人物だったので、マビキリャと呼ばれることになった、その人物が村の他の有力者たちや村役人と一緒に立派な石垣を作った、というものである。(7) そしてこのフサはこの石垣の上で舞っている、新たに就任した神役たちをそれらの人々がふもとのザーで拝んでいるという内容なのだという。そのとき、ザーでは祖神の結婚式の祝いをするのだということである。

さて、この女性神役たちの舞踊は神の舞いというべきものであるが、イダスウプナーにおいて新しく祖神に就任した女性神役は、先にも述べたように、祖神を引退した先輩の老女から行列の際の足の踏み方について指導を受けていた。芸能のように観衆に見られるものでない、こうした神事の所作においても踏むべき足の運びがあるとされているのである。

折口信夫氏は巫覡の憑依・託宣に文学の発生をみようとされたが、(8) それは芸能の発生論ともなるものであった。

そして、その言語表現の特徴として左右相称性を挙げておられるが、それは巫覡のこうした無意識下における身体的所作についてもいい得ることであろう。折口氏がいわれる、こうした巫覡の左右相称性は人間の身体性から生み出されたものであったといえよう。それは人間におのずから備わったものである。しかし、こうした憑依が突発的なものであり、深いトランス状態に陥ったものである場合、その所作は自然発生的なものであって、これ以外の型をもつわけではない。

狩俣の女性神役たちの場合、こうしたものと同様に神そのものとして振舞うのであるが、彼女たちは深いトランス状態にあるわけではない。その神事に朗誦される呪詞と演じられる舞踊とは長年にわたって人から人へと伝承されてきたものである。したがって、これらは型を備えたものとなるのである。しかも、彼女たちの舞踊は集団的なものであるから、観衆はいなくとも、互いの視線が意識の上で、または無意識のうちにはたらいて洗練されてゆくのであろう。もっとも、この神事は、「ウプヤマビキリヤ」のなかで叙述されているように、かつては男性集団が祖神たちを遠くから拝むものであったのかもしれない。現代の祭祀においても、ウプグフムトゥの庭に現れて舞踊する祖神たちをパイヌヤーに籠もる男性集団が三十三拝をしながら拝む場面がみられる。そうであれば、そうした視線を受けていっそう洗練されることになろう。もちろん、男性集団にとって、また彼女たち自身においても、女性神役たちは神そのものとして受けとめられているのであるから、芸能のように観衆の批評を呼び込むものではあり得ない。しかし、他人の視線が存在することが無意識のうちに彼女たちの所作を整えることにはたらいてゆくのだと考えられる。

三　竹富島種子取祭の概要

八重山諸島の中心である石垣島から高速船で十分のところに竹富島がある。石垣で囲まれた赤瓦屋根の家並みが続く、人口三百人余の島である。この島は隆起珊瑚礁の小さな島で水が豊かでなく、粟作中心の農業が営まれてきた。しかし、現在では観光産業を主とした生活に転換し、島の日常生活のリズムもかつての生活とは大きく異なるものとなっている。

この粟の播種に伴う豊穣祈願の祭祀が島最大の行事である種子取祭である。(9) 伝承によれば、根原金殿という英雄が島内六ヶ村で別々の日に行われていた粟の播種の日を戊子日に統一し、祭祀を執り行ったことに始まるという。根原金殿を含む六ヶ村の英雄はそれぞれ六ヶ所の御嶽に祖先神として祀られ、「ムーヤマ（六山）の神々」と呼ばれている。

これらの御嶽の神々の祭祀を執行するのがカンツカサ（神ツカサ）と呼ばれる女性神役である。竹富島の女性神役は終身制を原則とするが、その就任に際しては民間巫者の成巫過程に類似した過程を経ることが多い。すなわち、彼女たちは神に選ばれたことを確信する証となる事象をそれぞれもっているのである。(10) 現在ではムーヤマと呼ばれる六ヶ所の御嶽に各一名ずつのカンツカサだけしかいないが、以前はこれらのカンツカサが一番ヅカサということで、それを頂点としてその下位に二番ヅカサ以下が奉仕していた。

さて、伝承の上では島内に六ヶ村があったとされているが、現在では島の中央にあるンブフルと呼ばれる小高い丘を境として、北に玻座間、南に仲筋という二つの集落が存在している。この二集落が協同して種子取祭を執り行っている。

竹富島種子取祭第一日夜の初練習

竹富島種子取祭第五日の粟の播種儀礼

その祭祀はかつては十日間の行事であったが、現在は最終日の物忌み行事については行われておらず、新暦十月・十一月中の甲申日から壬辰日までの九日間の行事となっている。

初日は玻座間・仲筋両集落それぞれの芸能を代々統括してきたホンジャー家の神前でトゥルッキ(取り付け)という役配りの儀礼が行われ、その配役にもとづいて芸能の練習が正式に始まることとなる。そして、二日目から四日目までは両集落のホンジャー家などで引き続き練習を行う。

五日目は根原金殿が定めたという戊子日に当たり、各戸では粟の播種儀礼を執り行う。これは、その家の当主などが実際に畑で粟の種子を蒔き、ススキの葉を結んだサン三本をその周りに挿してカザングチ（飾り口）と呼ばれる呪詞を唱えるものである。なお、現在では島内で粟作は殆どなされておらず、この儀礼を執り行う家もごくわずかである。この日の朝、カンツカサたちは島の祖先神それぞれを祀っている各御嶽を巡って祈願を行う。彼女たちは集団で各御嶽を巡るが、それぞれの御嶽ではそこを担当するカンツカサが上座に座ってそこでの神事を執行することになる。この日の御嶽での神事はムーヤマの神々を七・八日目に芸能の奉納される場となる世持《ユムチ》御嶽に案内する意味を有しているのだという。この日、各戸では粟と小豆と米を材料にイーヤチと呼ばれる祭りのための餅を作る。そして、その年の祭りの責任者となる「主事」役に初めて選ばれた家では盛大な宴が催されることになる。その次の六日目はソージ（精進）の日である。前日に蒔いた粟の種子がしっかりと畑に根を下ろすように、人々は物音を立てず忌み籠もりする習わしであった。さらに、この日の夜は、芸能の練習が行われている各集落のホンジャー宅や各公民館において公民館長・各主事・長老などを迎えて奉納芸能のシクミ（仕込み）と呼ばれるリハーサルが行われる。

七・八日目は、火の神を祀る世持御嶽において、火の神・農耕の神やここに招来されたムーヤマの神々に対して祈願や芸能の奉納が行われることになる。

七日目の朝、まだ夜の明けないうちに世持御嶽の東隣りにある弥勒奉安殿において、ミルク（弥勒）面を祀ってきた與那國・大山両家の当主や公民館長・各主事、長老などによってミルク起こしの儀が執り行われる。一方、世持御嶽の西隣りにある玻座間御嶽ではカンツカサたちが二日間の行事の執行の無事であることを祈願する儀礼を執り行う。祭祀全体の執行を担当する役員たちという男の儀礼とカンツカサたちという女の儀礼とが対比されるかたちで平行して行われる。そして、それぞれの儀礼を執り行った後、両者は世持御嶽で合流することとなる。

この世持御嶽の祠前には舞台が設けられているが、長老や役員たちはこの舞台でカンタイの儀を執り行う。このカンタイの儀はかつて長

竹富島世持御嶽の庭

竹富島種子取祭第七日朝のミルク起こしの儀

老・役員たちが士族たち貴人を歓待することを目的とした儀式であったという。一方、カンツカサたちは神にいちばん近い位置である世持御嶽祠内のイビの前で祈願の神事を始める。これらの儀礼をそれぞれ終え、カンツカサたちと長老・役員たちは列を組んで道歌をうたいながら主事宅を訪れて祝福する。このとき、まず庭で巻踊りを踊り、家と当主を祝福する。次いで座敷に上がり、アヨーやユンタと呼ばれる歌謡をうたって豊かな稔りを願う。これを参詣の儀と呼んでいる。そして、主事宅から再び列を組んで銅鑼を鳴らし、道歌をうたいながら世持御嶽まで戻ってくる。一行は御嶽前の庭において巻踊りを踊り、その後庭の芸能が行われる。次いで、祠前の舞台において舞台の芸能が行われることとなる。

夕方、一方の村の奉納芸能の上演が終了した後、夜明けまでユークイが行われる。御嶽神前で参加者全員がイバン（九年母の葉）を授かって鉢巻のなかに入れ、それを締めて各戸を訪問し、祝福してまわる儀礼である。仲筋集落は一グループ、玻座間集落は東と西の二地区二グループからなるが、もっとも多くをまわる地区では午前三時過ぎまで続く。そして、午前五時、三グループが最後に訪れてユークイを止めることになるのは根原金殿の子孫である根原家であり、そこで神から授けられたイバンを戻すことになる。

その後、一行は世持御嶽まで行き、芸能が演じられる。そして、前日と同じく、主事宅の訪問、庭の芸能、さらに前日とは異なる集落が奉納する舞台の芸能、と続く。

最終日の九日目は祭りの後片づけと役員たちによる反省会が開かれ、九日間に及ぶ種子取祭の行事は終了することになる。

四　竹富島種子取祭における芸能

この祭祀と芸能及び芸能的所作との関わりは世持御嶽を中心とする世界、主事宅訪問の際の主事宅及びユークイ儀礼の際の各家という世界においてみられるが、ここでは世持御嶽を中心とする世界について注目したい。

この世界は大きく分けて、次のような三つの空間からなっている。まず、この御嶽は祠内のイビを中心としてその前に香炉が置かれているが、そこではカンツカサが神事を執行し、その後ろに神に祈願する島の人々が居並ぶ。この人々が居並ぶところはカンツカサたちの座るところからやや低くなっていて、厳密にいうなら、この空間はカンツカサたちの祠内の場と一般島民の祠前の場とに分かれているといえようが、ここでは神への祈願の空間として大きく捉えておきたい。次に、そこから一メートルほど低くなった境内に設けられた舞台と観衆席からなる空間である。ここでは神への奉納芸能が演じられ、舞台の上座には来賓や役員・長老が、そしてそれ以外の席には一般観衆が陣取る。さらに、ここから同じ程度に低くなった、御嶽入り口の鳥居前には広場が広がっており、「庭」と呼ばれるこの空間では男性集団や女性集団の集団的な芸能が演じられる。

さて、この三つの空間のうち、第一の祈願の空間は芸能の演じられる第二・第三の空間での動きとは関係なく進行し、カンツカサたちはここにおいてさまざまな祈願神事を執り行い、三十三拝などの所作を行う。ここでは、祖神祭りなどに比べると、芸能的要素はより希薄である。これに対して、第二・第三の空間ではそれぞれ性格の異なる芸能が演じられるが、第三の空間において集団の芸能が演じられた後に、第二の空間に移動してさらに神への奉納芸能が演じられることになる。

この第三の空間で演じられるのは、青年男性集団による勇壮な「棒術」や男子小・中学生の「太鼓」など、女性

竹富島種子取祭第七日の庭の芸能「ンマヌーシャ（馬乗者）」

集団による播種から収穫までの農作業を舞踊化した「マミドー」や「マサカイ」などの踊りである。こうした演目は勇壮な雰囲気や豊穣のイメージを醸し出すものであり、豊かな祝儀性をもっていると考えられる。このことから、これらの芸能は御嶽空間の中心である神からもっとも遠い御嶽外側の庭において祭祀を祝福し、はやそうとするものであったのであろう。

　ところで、これらの芸能が演じられる第三の空間は、第二の空間が厳粛でより保守的であるのに比して、ある程度の自由さや新しさを許容するもののようである。

　沖縄や奄美の島々では子どもたちが別の地域に住み着いた場合、その地域で「郷友会」と呼ばれる、同じ島出身者同士の新しいコミュニティを作っているが、この竹富島でも、石垣郷友会、沖縄郷友会、東京郷友会などがある。いま、種子取祭の芸能はこれらの郷友会の人々の協力なくしてはできないという。けれども、これらの人々が郷友会という組織として芸能の上演に参加することができるのはこの第三の空間だけで、石垣郷友会は「祝い種子取」という踊りを出している。かつてはそのようなことも許されなかったが、種子取祭を維持するために認められることになったのだという。竹富島出身の人々によって構成されているとはいえ島の集落と別の団体が厳粛な種子取祭に参加するということは、神からはもっとも遠い、この第三の空間においてのみ受け入れることが可能だったのである。そのことは一方で、郷友会の大勢の踊り手たちが祝儀性豊かな芸能の上演を盛んにすることによって種子取祭の御嶽空間全体への祝福をいっそう高めることになったともいえよう。

　さて、第三の空間での集団的な芸能の上演が終了した後、第二の空間である世持御嶽境内に設けられた舞台において神への奉納芸能が演じられることになる。七日目、八日目という二日間で、仲筋・玻座間両集落から、男性による豊穣予祝のキョンギン（狂言）や仇討ち物の組踊り、女性による祝儀的な舞踊など、合わせて六十数種が演じられる。

芸能奉納の二日間は基本的に一つの集落がどちらかの一日を担当することとなる。そのいずれの日もその日を担当する集落の「長者」で始まる。竹富島には、芸能を奉納する際の代表となる、ホンジャーと呼ばれる役があり、両集落においてそれぞれ一つの家の家系に沿って継承されている。この「長者」という演目はそのホンジャーが翁姿で登場し、芸能の統括者としての名告りをする。そして、農作の祈願、島役人への上演許可の願い、芸能開始の口上を順に唱えてゆく。ホンジャーはススキの葉と粟の豊かな穂とを先端にしばり付けた杖を片手にしている。次に、「ミルク（弥勒）」が演じられる。弥勒起こしの儀によってこの世界に迎えられたミルク（弥勒）神が登場し、豊穣の世界を約束する。このミルク（弥勒）は與那國家の当主が演じるため、この演目は両日とも同じことが繰り返されることになる。

このように両日の演目は同じものから始まるが、その次からは玻座間集落の出し物と仲筋集落の出し物とでは異なっている。玻座間集落では、男性によるキョンギンを「鍛冶工」「組頭」「世持」「世曳き」の順に演じ、その

竹富島種子取祭第七・八日の舞台の芸能、ホンジャーによる「長者」

竹富島種子取祭第七・八日の舞台の芸能「ミルク（弥勒）」

合間に女性の舞踊を行う。「鍛冶工」は畑工作用の篦を作る鍛冶の過程、「組頭」はその農具で行う畑の整地作業、「世持」はカザングチを唱えて行う種蒔き作業、そして「世曳き」は豊作祝いをそれぞれ演じるものである。これらは一連の農耕の次第として構成されているということができる。このことは仲筋集落の場合も同様である。この集落の出し物では、男性のキョンギンは「シドゥリヤニ」「アマンチ（天人）」「種子蒔」の順に演じられるが、これも翁四人による豊作祈願、アマンチによる種子の授与と農作業の教示、村の責任者による種子蒔きをそれぞれ演じたもので、やはり一連の農作過程に沿っている。

この後は、玻座間集落では「伏山敵討」、仲筋集落では「父子忠臣」という仇討ち物の祝儀的な組踊りなどを演じ、最後は仲筋のキョンギン「鬼取り」で終えることになっている。

さて、こうした第二の空間で演じられる奉納芸能についてまず注目されるのは、第三の空間の芸能に比して、その雰囲気はより厳粛であり、またその意識はより保守的である。神に豊かな稔りを祈願するために奉納される芸能であるから、すぐれたものであることが求められ、芸能の技巧（わざ）としてもより高度なものがめざされることになる。ホンジャー宅での厳しい練習はこうした神々に奉納するためなのである。カンツカサたちが、神役就任に際して神に選ばれたことを知らせる不可思議な身体的変調を感じ取り、神の存在を確信することになるというように、竹富島の人々の神への信仰は深く篤いといえよう。これらはそのような神々に奉納するための芸能なのである。

もっとも、他方で、観衆の楽しみ（それは神が楽しむことでもある）にも心が配られることにもなる。滑稽なことばや所作が織り込まれることになるのは、神前での予祝的な笑いという意味と同時に観衆たちの喜びをも意識したものであろう。

また、保守的である一方で、競争の原理もはたらくことによって新しい演目も取り込まれることになる。狩俣恵一氏は、種子取祭の奉納芸能が大正期には少なく、それが増加してきたことを指摘されるが、その要因として玻座

竹富島種子取祭第八日の舞台の芸能「アマンチ（天人）」

間・仲筋両集落の競争によるものと論じておられる。[11] 確かに、両集落の奉納芸能上演には強烈な対抗意識が感じられるところである。こうした対抗意識は他地域の祭祀においても見出されるが、この場合は二つの集落の対立のかたちであり、対抗意識が盛り上がりやすいといえよう。こうしたことが島外で演じられている演目を積極的に取り込む力としてはたらいたものと思われる。互いに競い合うことによって、祭りのエネルギーが高められているのである。

　次に注目されるのは、これらの奉納芸能の柱となるものが農作に関するものであり、その一連の過程に沿う構成がなされていることである。そして、「世持」が五日目の粟の播種儀礼をそっくりそのまま舞台で再演するものであるように、神から種子を授かり、それを畑に蒔くという過程にとりわけ力点があることが注目される。これは、やはり播種における祈願祭祀であるからであろう。

　なお、このような農作の一連の過程を叙述したものとして、この祭祀のなかの主事宅への参詣の儀やユークイのときにうたわれる「稲が種子アヨー」「根下りユンタ」があるが、奉納芸能の構成にはこうした歌謡にみられる発想がはたらいたのではなかろうか。

　以上、これらの芸能は農耕の過程を御嶽神前の舞台で再演し、豊かな稔りへの神の祝福を願うものであったのである。

　さらに、この奉納芸能においてさまざまな神が登場することも注目される。まず「ミルク（弥勒）」であるが、このなかに登場するミルク（弥勒）神は八重山諸島の他の多くの集落では主として豊年祭に出現するもので、厳しいタブーを伴わない神である。この神は本来仏教の弥勒仏に由来するが、東南アジアや東アジアでは弥勒仏が社会救済のために出現するというメシア思想が広まっていた。宮田登氏によれば、八重山諸島の弥勒信仰はこの地域にそれ以前から存していた来訪神信仰とこうした弥勒信仰とが習合したものとされる。[12]この竹富島では、その仮面を代々管理し、当主が演じる家が定まっており、古風さをとどめている。ミルク（弥勒）神は配扇を手にして子どもたちを連れて現れるが、その後には粟の穂を手に捧げた男性などが付き従う。粟の豊かな稔りなど、ユー（豊穣）の到来を約束してくれるのである。

また、「アマンチ（天人）」に登場して種子を授けるアマンチ（アマミキヨ）も天の神である。穀物の種子が天からもたらされたものであることを説く神話は沖縄に多く伝承されており、この演目はこうした神話を再演したものということができる。

しかし、これらの神は祭祀の中心であるムーヤマの神々や火の神とは異なった存在で、御嶽に祀られる神ではない。種子取祭のなかでミルク（弥勒）神は弥勒起こしの儀によって祭りの場に迎えられるが、カンツカサたちによる祈願が行われるわけではない。また、アマンチという天の神は芸能の世界だけのものである。これらの神々は、ミルクユー（弥勒世）が実現し、種子が天からもたらされるという思想を演じる際の芸能的な神なのである。

これら三つの空間は、第一の空間が神事空間、第二の空間が直会的空間、第三の空間が饗宴的空間として捉えることができるが、それぞれの空間において演じられる芸能及び芸能的所作はこのようにそれぞれ異なった特徴を有するのである。

おわりに

このように、宮古島狩俣の祖神祭りではその神祭りの厳しさゆえ、八重山竹富島の種子取祭のように神への奉納芸能が豊かに伝承されるということではなかったのであろう。しかし、神事空間において女性神役たちが神自身と化して舞う所作は芸能的要素を豊かに備えている。そして、それはだれ一人として観ることを許さない秘儀的な空間であったとしても、神の所作として伝承されるものである限り、様式性をもつのであり、そこには芸能的要素が備わることになったと考えられる。また、こうした芸能的要素が洗練されてゆくのは他人の視線によるのであろう。これに対して、八重山竹富島の種子取祭の神事空間では女性神役たちの所作の芸能的要素は希薄である。これは神への祈願の厳粛さによるものではあろう。しかし、この祭祀では、こうした神事空間を中心としてその外側に二つの異なる空間を構成し、それぞれにおいて芸能を演じることによって祭祀を祝福し、神への祈願の効果をいっそう高めようとしたものと考えられるのである。

以上、沖縄宮古・八重山諸島の祭祀における、その空間と芸能および芸能的所作との関わりについて論じてみた次第である。

注

（1）　倉林正次『祭りの構造』（日本放送出版協会、一九七五年）。
（2）　波照間永吉「八重山歌謡の形態――場と歌唱法を中心に――」（『文学』第五十二巻第六号、一九八四年六月、『南島祭祀歌謡の研究』砂子屋書房、一九九九年、所収）。
（3）　祖神祭りの概要については、拙稿「沖縄の祭祀と神役――宮古島狩俣の祖神祭りをめぐって――」（『祭祀研究』創刊号、二〇〇一年十二月）と内容的に重なるが、論の展開上あえて論述している。ただ、その後の調査で新たに聞き得た行事内容については加筆し、また、判明した若干の誤りの記述については訂正している。
（4）　拙稿「神役・巫者と神話――沖縄宮古諸島から――」（福田晃・荒木博之編『巫覡・盲僧の伝承世界　第一集』三弥井書店、一九九九年、本書第三部第一章所収）など。
（5）　岡本恵昭「宮古島の祖神祭」（『まつり』第十七号、一九七一年六月）、新里幸昭「狩俣部落の神祭りと年中行事」（『南島歌謡大成Ⅲ　宮古篇』角川書店、一九七八年）、『平良市史』第七巻・資料編5「民俗・歌謡」（平良市教育委員会、一九八七年）、本永清「宮古島」（『日本の神々　第十三巻　南西諸島』白水社、一九八七年）、比嘉康雄『神々の古層③遊行する祖霊神〔ウヤガン・宮古島〕』（ニライ社、一九九一年）など。

（6）平良市史編纂委員会編『平良市史』第七巻・資料編5「民俗・歌謡」（平良市教育委員会、一九八七年）。

（7）この伝承はフサの内容からずれていることが注意される。神役たちがフサの意味を理解しようとするとき、ムトゥでの行事の際などに語り合うことになるのだという。フサの伝承とは別に説話的な伝承が存し、ムトゥがこうした説話形態の神話・伝説の伝承の場になっていることが注目されるのである。

（8）折口信夫「国文学の発生　第一稿」（『古代研究　国文学篇』大岡山書店、一九二九年）。

（9）種子取祭の概要については全国竹富島文化協会編『芸能の原風景』（瑞木書房、一九九八年）を参考にしつつ、筆者の調査したところを加え記述している。

（10）拙稿「神司に聞く――久間原御嶽の與那國光子さん（1）（2）」（『星砂の島』第五・六号、二〇〇一年一月・二〇〇二年三月）、同「神司に聞く―波里若御嶽の新田初子さん―」（『星砂の島』第七号、二〇〇三年三月）、同「神司に聞く―玻座間御嶽の富本定子さん―」（同）など（以上、本書第三部第二章所収）。

（11）注（9）書。

（12）宮田登『ミロク信仰の研究』（未来社、一九七〇年）。

あとがき

奄美・沖縄の島々に人を訪ねて通いはじめるようになってから、もう何年になるだろうか。はじめのうちは研究会の実施する夏の民話調査に参加してのことであったが、ここ十五、六年は、あの集落の神役のご婦人、この島の長老というように、親しくさせていただいている方々を訪ねて年に数回は通っている。そこで教わるのは土地の生活習俗についてだけでなく、地域社会の現在の様子やそのなかで一人の人間として生きておられる、その生き方や考え方、感じ方などである。また、集落の青年たちと一緒に酒を飲みながら聞かせてもらうさまざまな話からも多くのことを教わっている。私はその地域に生きている人々や現実の社会にできるだけ近づき、そのなかに身を置くようなかたちで感じ、考えてみたいのである。

さて、拙著は奄美・沖縄の島々に響きわたり、またひそやかに話される神話について論じようとしたものである。「声の神話」と題したのは、文字に書かれた神話と異なって、声によって発せられ伝承される神話の生成・流動する様相やはたらきをそうした声を発する人間やその社会との関わりにおいて見出したいと考えたからである。

こうしたオーラルなことばのわざは「口承文芸」と呼ばれていたが、近年川田順造氏が「声」ということばで捉え直された（『聲』筑摩書房、一九八八年）。ことばの伝承性ではなく、その生成するところを重視しようとされてのことであった。私も、文字化され、資料化されてしまうところからは捉えがたい、声として発せられることばのわざを捉え、それを発する人々との関わりを考えようとして、「声の神話」と呼んでみたのである（なお、工藤隆氏に「声の神話と文字の神話―古層モデルで古事記を読む―」〈『声の古代―古層の歌の現場から―』武蔵野書院、二〇〇二年十一月〉

がある）。

このような「声の神話」は声として発せられねば、存在しないに等しい。したがって、土地の方々とのいい出会いがあってはじめて神話やその周辺の話を教わることができるのである。それらは神々への信仰と深く結びついてタブーとされるところもあるが、幸い、多くの方々のご好意によって数多くのお教えをいただいた。お一人おひとりのお名前はあげ得ないが、皆様には深く感謝申し上げる次第である。けれども、こうして一つの書物として編んでみると、お教えいただいてきたことを十分に学び得ず、また「声の神話」そのものにもいまだ迫り得ていないことに気づかされる。ひとえに著者の力の至らぬところであり、今後さらに学んでゆかねばならないと反省している。

しかし、私が、ささやかではあるが、こうして研究を続けることができたのは、長きにわたって山下欣一先生や福田晃先生など奄美沖縄民間文芸研究会（現在は奄美沖縄民間文芸学会と改称する）の方々のなかで学ばせていただいたこと、また学部学生時代以来故国崎望久太郎先生に、そして大学院研究生時代からは故松前健先生にも、それぞれご指導いただいてきたことのおかげである。厚く御礼申し上げる次第である。そして、宮古島狩俣の祭祀を見学しながら話し合ってきた古橋信孝氏、居駒永幸氏のお二人からも多くを学ばせていただいていることにも感謝したい。

本書で主たるフィールドとしているのは奄美・沖縄地方のなかでも、とりわけ宮古・八重山であるが、この地域を訪ねる上で宮古島在住の佐渡山安公氏、そして八重山竹富島出身の狩俣恵一氏のご助力がなければなしえなかったであろう。お二人がそれぞれ築いてこられた地元の方々との信頼関係に導かれ、はじめてお話をうかがうことが可能となったのである。今回、佐渡山氏からは表紙写真と本文中の写真のご協力もいただいている。お二人には深く感謝申し上げている。

本書を刊行してくださった瑞木書房の小林基裕氏はかつて奄美沖縄民間文芸研究会の民話調査に参加されたことがあり、それ以来親しくさせていただいている。今回、私の拙い文章をこうしたフィールドのなかで読み解いてくださって、貴重なご意見を頂戴することができたのはありがたいことであった。

このように、拙著は多くの方々のご協力がなければできあがらなかったものである。重ねて厚く御礼申し上げる次第である。

なお、本書のなかで「本土地方」というやや耳慣れないことばを用いていることについて、一言。

宮古島に通いはじめたころのこと、宮古民話の会との交流会において、私は「奄美から沖縄本島を経て、この南の島にやって来ました」と挨拶した。この年の夏、奄美大島名瀬の鹿児島県立図書館奄美分館で論文や調査資料を収集し、徳之島で聞き取りをし、沖縄本島南部での民話調査に合流し、そして宮古島に来たのだった。この私のスピーチを聞いて、司会をしていた、私と同年代の青年が即座に「この南の島に北の島からようこそいらっしゃいました」と応じてくれた。そのとき、私は自らが無意識に中央と南という発想に拠っていたことに気づき、恥じた。彼はそうした発言を南と北というかたちですぐさま対等の関係に置き換えてくれたのだった。

本書でフィールドとした地域を「奄美・沖縄地方」と呼ぶとき、その北の地域を「本土地方」と呼ぶことによって、このように相対化したいと思っているからである。

フィールドからは多くのことを教わってきた。人々の智恵や知識は豊かで、学ぶことは尽きない。今回、私は、この書をまとめるにあたって、あまりに長く書斎に籠もることとなってしまった。それでは、ふたたび、リュックを左肩にかけてゆっくりと集落を歩きながら、また古老をお訪ねすることとしよう。

二〇〇三年七月十七日　祇園祭神輿神幸の夜に

著者

初出一覧

第一部　声の神話をめぐって

第一章　声の神話の生態

同題（福田晃編『伝承文化の展望―日本の民俗・古典・芸能―』三弥井書店、二〇〇三年）

第二章　声の神話の形態

民間神話と呪詞（福田晃編『民話の原風景―南島の伝承世界―』世界思想社、一九九三年）

第三章　声の神話の表現

神話の表現・叙述―文献神話から民間神話に及んで―（服部幸造・美濃部重克編『講座日本の伝承文学第三巻　散文文学〈物語〉の世界』三弥井書店、一九九五年）序から第四節まで

第四章　声の神話の地域性

ノロ・ツカサの神歌―奄美・沖縄の宗教伝承―（岩瀬博・福田晃・渡邊昭五編『講座日本の伝承文学第八巻　在地伝承の世界〔西日本〕』三弥井書店、二〇〇〇年）

第二部　説話の伝播と伝承

第一章　奄美・沖縄地方の民話の特質

日本の民話と琉球（福田晃・常光徹・斎藤寿始子編『日本の民話を学ぶ人のために』世界思想社、二〇〇〇年）

第二章　始祖神話伝承の形成

南島説話の源流―宮古の始祖神伝承をめぐって―（福田晃編『日本昔話研究集成』第二巻「昔話の発生と伝播」名著出版、一九八四年）

第三章　神婚神話伝承の形成

宮古島漲水御嶽伝承の位相（『ゆがたい』第三号、一九八一年十月、福田晃編『日本昔話研究集成』第四巻「昔話の形態」名著出版、一九八四年）

第四章　艶笑譚の伝播と変容

はじめに・第一節・第三～六節　南島の鱏女房譚（昔話研究懇話会編『昔話―研究と資料―』第十三号〈昔話の地域性〉、三弥井書店、一九八四年）

第二節　宮古島ンナフカ祭祀由来伝承をめぐって（『奄美沖縄民間文芸研究』第六号、奄美沖縄民間文芸研究会、一九八三年十一月）第二節

第三部　声の神話の社会

第一章　神役・巫者と声の神話

神役・巫者と神話――沖縄宮古諸島から――（福田晃・荒木博之編『巫覡・盲僧の伝承世界　第一集』三弥井書店、一九九九年）

第二章　女性神役の人生史

第一節　沖縄伊良部島佐良浜集落の女性神役ウフンマについて（『巫覡盲僧学会会報』第十二号、巫覡盲僧学会、二〇〇〇年三月）

第二節　巫者から神役へ―宮古諸島伊良部島の場合―（『奄美沖縄民間文芸研究』第十九号、奄美沖縄民間文芸

研究会、一九九七年七月）
第三節　神司に聞く——久間原御嶽の與那國光子さん（1）（2）（『星砂の島』第五・六号、全国竹富島文化協会、二〇〇一年一月・二〇〇二年三月）
神司に聞く—波里若御嶽の新田初子さん—（『星砂の島』第七号、全国竹富島文化協会、二〇〇三年三月）
神司に聞く—玻座間御嶽の富本定子さん—（『星砂の島』第七号、全国竹富島文化協会、二〇〇三年三月）

第三章　女性神役の就任と社会
書き下ろし

第四章　祭祀と芸能
宮古・八重山の祭祀と芸能（『説話・伝承学』第十一号、説話・伝承学会、二〇〇三年三月）

著者略歴

真下　厚（ましも・あつし）
立命館大学文学部教授
専門分野　日本古代文学・民俗学

声の神話――奄美・沖縄の島じまから――

2003（平成15）年９月15日初版１刷発行　定価はカバーに表示

著　者　真　下　　厚
発行者　小　林　基　裕
組　版　ぷりんてぃあ第二
印　刷　㈱エーヴィスシステム
製　本　㈱新　里　製　本　所

発行所　瑞木《みづき》書房　〒252-0816　神奈川県藤沢市遠藤3611
TEL／FAX　0466-47-1270

発売所　慶　友　社　〒101-0051　東京都千代田区神保町２-48
TEL／FAX　03-3261-1361

ISBN4-87449-041-7　C3039 ⒸMashimo Atsushi

索　引

【あ　行】

【か　行】

【さ　行】

【た　行】

【な　行】

【は　行】

【ま　行】

【や　行】

【ら　行】

【わ　行】

【ん　行】